나를 함부로 판단할 수 없다

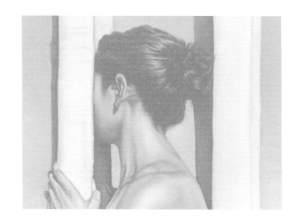

타인의
시선에서
자유로워지는
심리 수업

나를 함부로 판단할 수 없다
PASSING JUDGMENT

테리 앱터 지음 | 최윤영 옮김

다섯
조랑

테리 앱터는 평범한 일상을 관찰하여 우리가 하는 행동의 이유와 동기를 밝히는 데 탁월하다. 이 책에서도 특유의 예리한 시선으로 우리 삶에 스며든 각종 판단을 깊이 있게 통찰하고 있다. 책을 덮는 순간, 당신은 칭찬과 비난을 새로운 눈으로 바라보게 될 것이다.

- 캐럴 길리건, 뉴욕 대학교 법학 교수

이 책은 나 자신은 물론 다른 사람을 좀 더 깊이 있게 이해하도록 돕는다. 지금까지 모두가 중요하게 생각하지 않았던 관계의 또 다른 측면, 즉 아무리 사소한 관계조차 끊임없는 판단으로 이루어진다는 사실을 깊이 있게 설명하고 있다.

- 리바 타웁, 케임브리지 대학교 과학사 및 과학철학 교수

학문적 통찰과 실제 사례를 적절히 섞어가며 독자의 이해를 돕고 있다. 일상 속에서 끊임없이 주고받는 칭찬과 비난은 우리의 사회적 관계를 강화하거나 약화할 수

있음을 설명한다. 더불어 전문가의 시선으로 칭찬과 비난의 다양한 방법을 고찰한다. 전문적인 내용을 아주 쉽고 재미있게 풀어내고 있다. 행동 관찰을 바탕으로 한 과학적 연구는 우리가 일상적으로 하는 행동에 가치를 부여한다.

- 폴 시브라이트, 툴루즈 경제대학교 교수

아낌없이 칭찬해 주고 싶은 책이다. 우선, 테리 앱터는 신경과학 및 사회심리학 이론을 토대로 태어나면서부터 죽을 때까지 계속되는 판단의 이유를 명쾌하게 설명한다. 여기에 쉽고 재미있는 각종 사례를 더 해 우리의 삶을 되돌아보고, 어떻게 하면 좀 더 책임감 있게 다른 사람을 판단할 수 있을지를 제안한다. 누구나 배울 게 많은 책이다. 꼭 추천하고 싶다.

- 루텔렌 요셀슨, 필딩 대학원 임상심리학 교수

심리학 이론에 관심 있는 독자, 좀 더 나은 사람이 되고 싶은 독자라면 꼭 봐야 할 책이다. 한번 손에 잡으면 결코 놓기 힘들 것이다.

- 《북리스트》

칭찬과 비난에 대한 깊이 있는 담론을 담았다. 부모와 자녀, 남편과 아내, 친구 및 동료 사이에서 칭찬과 비난이 어떻게 작용하는지 친절하게 알려 준다. 이 책은 타인의 시선에 민감한 독자들에게 도움을 줄 것이다.

- 《커커스 리뷰》

이 책에 쏟아진 찬사

인정받고 싶지만 평가에 매달리긴 싫은 당신에게

부모와 자녀, 남편과 아내, 친구 및 동료 사이의 상호작용에는 칭찬과 비난이 자연스레 오가게 마련이다. 때로 상대방의 칭찬 한마디는 맛있는 음식보다 더 큰 힘을 준다. 반면 차가운 비난은 상처와 모욕을 주고, 듣는 이의 인격과 자존심마저 무너뜨린다. 마음에서 기쁨과 즐거움을 앗아가는 것은 물론이다. 칭찬과 비난은 단순히 말로만 표현하지 않는다. 긍정적이거나 부정적인 반응, 인정이나 거부, 얼굴 표정이나 눈동자의 움직임, 말 없는 한숨, 신체적인 움직임 등으로도 알 수 있다. 스스로도 잘 알아채지 못할 만큼, 상호작용에는 거의 매 순간 칭찬과 비난이 동반된다 해도 과언이 아니다.

무언가를 인지할 때 우리는 1000분의 1~2초 내에 자동적으로 해당 대상에 대한 정보를 처리한다. 동시에 그 대상에 관해 긍정적인 혹은 부정적인 의견까지 형성한다.[1] 내일 해야 할 일이나 곧 처리해야 할 업무 등은 보다 의식적인 영역에 머무를 수 있지만, 그 의식의 바탕에도 이른바 '자동 판단 장치'가 존재한다는 점은 마찬가지다. 자동 판단 장치는 인류의 생존에 필수적인 유산으로, 우리는 이 판단 장치를 통해 상대방이 다가가도 좋은 사람인지 피해야 할 사람인지 가늠한다. 다시 말해 친구인지 적인지, 믿을 만한 사람인지, 친근한 외모가 오히려 우리를 속아 넘어가게 하기 위한 것은 아닌지 등을 평가한다. 이러한 반응 과정은 매우 중요한 부분으로, 어느 신경과학자는 이를 두고 다음과 같이 언급했다.

"우리가 경험하는 모든 감정은, 적어도 어느 정도까지는 칭찬과 비난의 두 영역으로 귀결된다. (……) 다가가도 좋은 사람인지 피해야 할 사람인지 결정하는 것은, 유기체적 존재가 그를 둘러싼 환경과 결부시켜 내리는 가장 기본적인 정서적 의사결정이다."[2]

사회가 점차 복잡해지면서 인간의 뇌 역시 이전보다 더욱 예리하게 탐색하며 다양한 평가를 할 수 있도록 진화했다. 우리는 여전히 상대방이 위험한 인물인지, 믿을 만한 사람인지 평가한다. 그와 동시에 이전보다 훨씬 복잡하고 높은 차원에서 대인 관계를 염려한다. 이를테면 상대가 나의 문제나 어려움을 이해해 줄 수 있는 사람인지, 마음은 잘 맞는지, 함께 밥을 먹으며 이야기하고 때로는 농담도 주고받고 토론할 수 있을 만한 사람인지, 상대가 내게 긍정적인 태도를 취하는지 등이다. 요컨대 접근과 회피, 승인과 거절이 우리의 생각과 감

정, 행동을 형성한다.[3]

매일 아침 우리는 주변 사람들에 대한 긍정적인 혹은 부정적인 반응으로 하루를 시작한다. 내 경우를 예로 들어 보자. 조용히 계단을 올라온 남편이 갓 내린 커피 한 잔을 말없이 건넨다. 아침 일찍 있을 회의나 날씨, 챙겨야 할 우비 등을 생각하고 있던 나는 그런 남편을 보며 마음속으로 아낌없이 칭찬한다. '정말 멋진 남편이야!' 이 같은 무언의 칭찬을 알아듣기라도 한 듯 남편이 미소로 화답한다. 아침에 활력을 더하는 따뜻한 커피에 대한 기대, 그 기대를 저버리지 않고 건네어 준 사랑의 커피 한 잔. 나의 빡빡한 일정을 말없이 이해해 주는 남편의 배려는, 남편에 대한 칭찬을 마구 쏟아놓게 만드는 촉매제와 같다. 반면 남편이 라디오 소리를 크게 틀어 놓을 때면 짜증부터 솟구친다. 칭찬은커녕 비난하고 싶은 마음이 몰아친다. '저 시끄러운 소리 때문에 내가 얼마나 불쾌한지 남편도 알아야 해!' 더욱이 내 신경이 날카로워져 있을 때는 '저 사람 너무 배려 없는 거 아냐?'라는 생각이 머릿속을 맴돈다. 이런 내 마음은 입이나 눈을 통해 어떻게든 표현된다. 눈살을 찌푸린 남편의 얼굴을 보면 알 수 있다. 그 순간 남편의 표정은 '대체 내가 뭘 잘못한 거야?'라고 말하는 듯하다. 일종의 자기 방어다. 1분쯤 후 남편은 결국 입술을 굳게 다문 채 라디오 소리를 줄인다. 내 짜증도 말끔히 사라진다.

2층에서 부엌으로 내려갈 때 으레 나는 10대 딸아이들의 감독관으로 변한다. 사실 아이들의 존재는 내게 큰 기쁨이다. 평소에는 대개 '어쩜 저렇게 예쁠까!' 생각한다. 하지만 후광마저 비치는 듯했던 아이들의 몸과 얼굴, 움직임 하나하나, 달콤한 체취는, 책과 가방 등 온갖 물건이 어지럽게 널린 식탁, 먹다 흘린 시리얼, 뚜껑도 닫지 않은 채 방치된 잼, 내 서류에 잔뜩 쏟아 놓은 끈적끈적한 주스를 보는 순간 전혀 다른 반응으로 바뀐다. '어쩜 저렇게 부주의하고 지저분할까!' 입 밖으로 잔소리가 나가기 직전, 다행히 열세 살짜리 딸아이가 알아서 싱크대에 그릇을 가져다 놓으며 정리를 시작한다. 그럴 때면 나의 관심사는 자연스레 다른 곳, 이를테면 아이들이 밥을 먹었는지 등으로 넘어간다.

그러다 종종 딸들과 눈이 마주치는데, 어느 날 보니 큰아이의 눈빛에 근심이 가득했다. 나는 딸아이가 지나치게 염려하는 것을 싫어한다는 걸 잘 알기 때문에 걱정스러운 마음을 숨긴 채 최대한 아무렇지 않게 물었다. "무슨 일 있니?" 녀석은 이내 목소리를 높이며 어린 아이처럼 징징대더니, 끙끙 앓던 속내를 조심스레 꺼내 놓았다. 아이의 이야기를 완전히 이해할 수는 없었지만, 요약하자면 친구 사이에 각자 이해관계가 다르고 그로 인해 누군가가 자신을 '나쁜 친구'로 생각할까 봐 불안하다는 것이었다. "심각하게 생각할 것 없어! 누가 우리 딸을 그런 일로 비난할 수 있겠어?" 나는 딸아이의 불안과 걱정을 최대한 없애 주려 했지만, 오히려 아이는 한껏 인상을 찌푸리며 나를 비난했다. "엄마는 나를 이해하려는 노력조차 하지 않는군요!" 그러나 아이의 불평은 나의 깊은 포옹 한 번에 이내 수그러들었다. 엄마에 대한 미안한 마음과 자신이 '나쁜 아이'로 비칠까 불안해하는 마음이 동시에 밀려들었던 것이다.

이처럼 열여섯 아이가 스스로를 타인으로부터 완전히 분리해 내는 행동은 이 시기의 전형적인 특징이다. 아이는 이를 통해 자신에 대한 확고한 우월감을 쟁취한다. 어떤 날은 집을 나서는 길에 온갖 얼룩이 잔뜩 묻은, 여태껏 한 번도 보여 준 적 없는 긴 안내문을 그제야 내밀며 서명을 해달라고 했다. 나는 어쩜 이렇게 준비성이 없느냐고 핀잔을 주면서도, 혹시라도 아이가 이것 말고 나에게 말을 안 한 게 또 있는 건 아닌지 걱정스러운 마음이 들었다('급하게 읽느라 내가 안내문에서 놓친 부분이 있지는 않을까?' 같은 생각을 하며 말이다). 비난과 질책으로 둘 사이의 공기는 무겁게 가라앉았다. 하지만 칭찬의 가장 기본적인 형태, 즉 서로를 향한 눈빛 교환 한 번으로 우리 사이는 언제 그랬냐는 듯 이내 활기를 되찾았다.

지난 30여 년간, 나는 칭찬과 비난에 대한 인간의 집착과 그것이 인간관계에서 수행하는 핵심적인 역할에 관한 연구를 진행해 왔다. 내가 이 분야에 관심을 갖게 된 계기는, 연구 조교로 근무하던 시절 신생아와 엄마의 상호작용을 기록하면서부터다.[4] 당시 나는 끊임없이 움직이는 아이들의 팔다리와 머리, 입을 몇 시간이고 관찰하곤 했다. 그러면서 엄마들의 시선을 좇았다. 엄마들은 아이를 꼭 끌어안고 높이 들었다가 다시 느슨하게 안으며 자세를 낮추는 등 다양한 자세로 아이를 안았다. 나는 그 과정에서 민감하게 반응하는 아이들의 모습을 빠짐없이 기록했다. 이와 더불어 엄마들의 목소리 변화에도 집중했다. 엄마들은 심지어 집에 찾아온 손님과 이야기를 나누는 와중에도 아이에게 말을 거는 듯한 모습을 보였다. 이러한 관찰은 3개월 동안 계속되었는데, 연구가 2단계에 접어들 즈음 되니 무엇인가를 살피는 듯한 아이들의 눈빛에 기대감이 가득했다. 배고픔을 채워 줄 음식과 엄마의 따스함 외에 다른 무언가를 원하는 듯 보였다. 단순한 사랑도 아닌 듯했다. 아이들이 원하는 것은 곧 '너는 우리에게 기쁨을 주는 아름다운 존재야'라는 메시지가 담긴 사랑이었다. 엄마에게 이 같은 칭찬을 받지 못한 아이들의 실망감은 극에 달했다. 자지러지게 울면서 마치 버림받거나 위험에 처한 듯한 신호를 보냈다. 엄마의 품에 안겨 있을 때조차 말이다.

　다른 사람의 인정과 거부에 대한 기본적인 이해관계는, 아이가 성장하면서 점차 원인과 결과를 둘러싼 보다 복잡한 양상으로 바뀌어 간다. 세 살 무렵이 되면 아이에게는 자의식이 생겨난다. 그때 무언가를 '스스로' 해냈다는 뿌듯함과 이에 동반되는 칭찬은, '나쁜 행동'에 따라오는 비난에 대한 공포심과 대적한다. 실제로 다섯 살부터 열다섯 살까지[5]의 아이들을 관찰한 결과, 이 또래의 아이들은 다른 사람의 판단에 귀를 기울이며 그것을 통제하는 데 엄청난 에너지를 쏟고 있었다. 더구나 부모나 교사가 정한 일반적인 규칙을 지켜야 하는 경우, 아이들의 마음속에는 규칙을 어겼을 때 비난받을 수 있다는 불안감이 늘 존재했다. 또한 '물건을 부수는 것은 사람을 다치게 하는 것과 전혀 다르다' 혹은 '상대방에게 끼친 피해의 심각성은 여러 단계로 나뉜다'와 같이 나쁜 행동의 개념을 보다 넓은 의미에서 정의하고 학습한 경우에도, 아이들은 일단 비난받거나 자신이 성가신 존재라는 느낌을 받으면 기분 상하는 것은 물론 자존심에도 큰 상처를 받았다. 너무 큰 소리로 떠들지 말라는 사소한 비난에도 말이다. 반면 조용히 앉아 있거나 밥을 먹는 것처럼 작은 일에도 '잘했어' 또는 '정말 훌륭해'라는 칭찬을 받으면 아이들은 활짝 웃으며 기뻐했다.

당시 내 딸아이들은 아동기를 지나 사춘기로 접어들고 있었다. 칭찬과 비난의 격렬한 파고가 한창 진행 중인 때였다. 어느 순간에는 더할 나위 없이 착한 아이들이었다가 어느 순간에는 지적받을 일만 골라서 하는 못된 아이들로 변해 있었다. 그럴 때면 나는 거침없이 비난의 말을 쏟아 냈다. "좀 더 조심했어야지!" "너무 배려 없는 거 아니니?" "어쩜 그렇게 생각 없이 행동하니?"

다른 부모들과 마찬가지로 나 역시 평소에는 나쁜 행동과 나쁜 아이는 다르다는 것을 늘 마음에 새기고 있다. 하지만 아이 때문에 화가 날 때면 그런 생각은 온데간데없이 사라지고 만다.[6] 아이들은 비난을 받으면 어느 순간 모든 관계를 차단하고 스스로 외톨이가 되기도 한다. 비난에 직면한 아이들은 입술을 앙다물고 마른 침을 꿀꺽 삼키는 것으로 마음속 응어리를 표현한다. 화나는 마음이 수그러들기 전까지 팔짱을 낀 채 비스듬히 서서 자신은 나쁜 아이가 아니라는 사실을 온몸으로 나타내기도 한다. 그리고 자신의 이런 당당한 태도가 효과가 있는지 부모의 표정을 유심히 관찰한다. 때로 부모는 아이들의 요구 사항이 제각기 다르고 부모의 인내심마저 바닥나 버린 어쩔 수 없는 상황에서 아이에게 '공정하지 않다' 혹은 '너무 지독하다'라는 비난을 받을 때가 있다. 여느 부모처럼 나도 매 순간 스스로를 나무란다. '좀 더 참을걸.' '필요 이상으로 화내지 말걸.' '세심하게 대해 줄걸.' '이기적으로 행동하지 말걸.' 그리고 이렇게 후회와 함께 바닥난 나의 자존감은 오직 아이들을 통해, 아이들이 활짝 웃는 얼굴로 나를 끌어안으며 최고의 엄마라고 칭찬해 줄 때 다시금 회복된다.

청소년기에 관한 나의 연구에서도 칭찬과 비난은 핵심 주제다.[7] 아이들은 10대로 접어들면서 친구의 판단을 중요하게 생각하고 부모의 판단은 점차 묵살한다. "당신이 어떻게 생각하든 나는 신경 안 써." 상대방을 가장 무시할 때 쓰는 이 말이 10대 자녀와 부모 사이의 대화에서는 빈번히 나타난다. 나 또한 우리 아이들에게 수없이 들어 본 말이다. 상대방이 나의 판단을 주목하는지의 여부는, 상대가 나를 존경하는지 또 내가 그에게 영향력 있는 존재인지를 판가름하는 척도다. 그래서 부모들은 종종 "가장 두려운 것은 내 판단을 아이가 거부하는 것이다"라거나 "아이가 내 생각을 무시하면 말할 수 없이 처참하다"라고 말한다.

이처럼 10대 자녀와 부모 사이에는 끊임없는 다툼이 발생하는데,[8] 겉으로 보기에는 무심한 듯 보이지만 아이들은 여전히 부모의 판단에 계속해서 신경을 쓴다. 청소년기 아이들은 '누군가로부터 판단받는 것'을 극도로 싫어한다. 부모의 칭찬과 비난에 대한 집착에서 어떻게든 벗어나려 하는 것도 이 같은 이유에서다. 아이들은 부모의 판단과 스스로의 판단을 완전히 분리해 냄으로써 자아 정체성을 발견하고 형성해 가는데, 이 과정에서 자기 자신에 대한 스스로의 판단과 새로이 구축한 정체성을 부모로부터 인정받기 원한다. 이처럼 부모를 거부하면서도 한편으로 부모에게 인정받고 싶어 하는 양면적인 감정을 통해 아이들은 청소년기의 관계를 형성해 나간다.[9]

　　친구나 동료, 부부 사이를 막론하고 누구나 칭찬을 들으면 기분이 좋아진다. 반면 비난에는 금세 마음이 상한다. 무조건적인 사랑, 이것은 누군가의 판단에서 벗어난 특별한 안식처를 제공한다는 점에서 아주 매력적인 개념으로 보인다. 그러나 가장 가깝고, 절대 변하지 않을 것 같은 관계에서조차 판단에서 자유롭지 못하다. 사랑 그 자체는 무조건적일 수 있다. 그러나 사람 간의 관계에는 사랑 외에도 많은 것들이 포함된다. 아이들은 부모로부터 무조건적인 사랑을 받는다. 하지만 그 사랑이 버릇없는 행동을 했을 때의 부끄러움이나 부모의 목소리가 높아졌을 때 느끼는 공포, 혹은 관심을 요하는 자신의 몸짓이나 신호가 묵살당했을 때의 절망까지 보호해 줄 수는 없다. 사랑에 빠진 남녀도 마찬가지다. 처음에는 서로의 모든 것을 기꺼이 받아 주며 죽을 때까지 사랑하겠노라 맹세하지만, 결혼을 하고 시간이 지나면서 남편과 아내는 서로에 대한 배려, 집중, 공정함, 심지어 사랑의 본질까지 운운하며 끊임없는 판단을 이어 간다.

흔히 나이가 들면서 느끼는 기쁨 중 하나로 다른 사람의 시선에서 해방되는 것을 꼽는다. 하지만 이 같은 평정심과 자신감은 엄청난 노력을 통해서만 획득할 수 있다. 이른바 '중년의 위기'에 관해 연구할 당시 나는 이러한 성인기의 발달이 확고한 의지, 즉 다른 사람의 칭찬과 비난에 쉽게 흔들리지 않으려 노력함으로써 자기 삶에 대한 통제권을 되찾고 스스로의 판단을 보다 신뢰하겠다는 굳은 결심을 통해 이뤄진다는 것을 알았다.[10]

이처럼 '판단'에 대한 나의 오랜 연구는, 판단 기능을 지닌 우리 뇌의 진화 과정이라는 새로운 연구 주제를 발견함으로써 비로소 형식을 갖추기 시작했다.[11] 지난 150년 동안 인간의 뇌는 정보 처리 역량, 문제 해결 능력, 패턴 인지 및 사용 능력, 항로 탐색 및 생존 능력 등 광범위한 범위에서 연구되었다. 인간의 뇌가 유독 크게 진화된 것은 이처럼 실생활에 필요한 다양한 역량을 수행하기 위해서라고 여겨졌다. 그러나 30년 전, 이와는 전혀 다른 가설이 등장했다.

사실 진화적 관점에서 보면, 커다란 뇌를 유지하기 위해서는 상당한 대가를 지불해야 한다. 예컨대 뇌는 인간이 하루에 흡수하는 에너지의 무려 20퍼센트를 혼자 소비한다. 또 출산 시에는 아이의 커다란 머리가 엄마의 좁은 산도를 통과해야 하기 때문에 산모와 아이 모두 위험도가 증가한다. 이러한 위험을 최소화하기 위해 아이의 뇌는 덜 성숙한, 다소 취약한 상태로 태어나는데, 그 결과 출생 후에도 꽤 오랜 시간 의존적일 수밖에 없다. 이는 비단 뇌에 국한되지 않는다. 다른 장기들도 비슷한 진화의 과정을 겪는다. 그런데 미성숙한 뇌가 오히려 이점으로 작용할 때도 있다. 오랜 시간 다른 사람에게 의존함으로써 개인적인 유대 관계가 강화되고, 이를 통해 우리 뇌는 가소성, 즉 다른 환경에 적응할 수 있는 능력을 갖추게 되기 때문이다.

여러 사람과 어울려 살아가기 위해서는 다양한 환경에 적응하는 능력이 반드시 필요하다. 이 같은 관점에서 인간의 커다란 뇌는 애착과 협동, 의사소통 및 판단에 필요한 각종 요구 사항이 반영된 것이라고 볼 수 있다. 이들 네 가지는 인간의 사회성에 가장 기본적인 요소다. 다시 말해 우리의 뇌는 기본적인 사회적 역량을 구현하기 위해 자연히 커질 수밖에 없었던 것이다.

이러한 '사회적 뇌 가설'[12]은 다른 종에 대한 연구를 통해서도 뒷받침되었다. 즉 사회적인 종이냐 아니냐에 따라 뇌의 크기가 다르다는 것이 밝혀졌다. 예를 들어 무리를 지어 다니는 새는 혼자 생활하는 새보다 뇌가 컸다.[13] 더욱이 어떤 생물체든, 심지어 메뚜기마저도 홀로 있는 것에서 벗어나 떼를 지어 생활하기 시작하면 다른 개체의 행동에 주의를 기울이게 되면서 학습과 기억을 관장하는 뇌의 크기가 약 3분의 1이 커졌다.[14] 요컨대 인간은 물론 새와 메뚜기 등의 뇌 크기는 사회성과 연관이 있었다.

뇌의 발달 및 기능과 관련된 또 다른 연구도 사회적 뇌 가설을 뒷받침한다. 태어날 때 우리 뇌의 무게는 성인 뇌의 4분의 1밖에 되지 않지만, 그럼에도 인간의 활동에 필요한 거의 모든 신경세포, 즉 뇌세포는 이미 다 갖추고 있다. 이 가운데 태어났을 때는 없다가 다른 사람과의 상호작용을 통해 급속히 발달하는 것이 하나 있는데, 바로 신경세포 간의 대규모 의사소통 네트워크다.[15] 사회적 이해 기능에 활용되는 이 네트워크가 신생아와 성인 뇌의 무게 차이를 설명해 준다. 즉 네트워크의 발달로 인해 우리의 뇌는 처음 태어날 때보다 무려 네 배나 무거워진다. 이 같은 의사소통 네트워크는 옥스퍼드 대학교 진화생물학과 로빈 던바Robin Dunbar 교수가 명명한, 이른바 '대규모의 복잡한 사회에서 요구되는 계산적 요구'에 필수적이다.[16] 오늘날 우리는 타인의 신뢰도, 포용성, 친절함은 물론이고 타인의 의도와 나에 대한 타인의 반응까지도 끊임없이 계산하며 살아간다. '상대방에게 내가 신뢰할 만한 사람으로 비칠까?' '내가 관대한 사람으로 보일까?' '저 사람은 나와 친구가 되고 싶어 할까?' '내가 저들에게 인정받고 무리에 속할 수 있을까?'

일부 독자들은 우리가 태생적으로 판단하는 존재이고, 다른 사람의 판단이 우리에게 깊은 영향을 준다는 사실에 의구심을 갖거나 동의하지 않을 수 있다. 어떤 사람들은 남을 판단하지 말아야 한다는 이상을 고집하기도 한다. 그도 그럴 것이 일반적으로 '판단'이라는 개념 자체가 누군가를 비판할 때 사용되며, 부정적 판단과 동일시되기 때문이다. 판단을 경계하는 속담도 많다. '좋게 말할 것이 없다면 아예 말하지 마라'가 대표적이다. 학창시절 교사들이 주로 인용했던 격언이다. 성경의 신약에서는 '비판받지 않으려거든 비판하지 말라.'라며 아주 직접적으로 판단을 삼가라고 경고한다. 이 같은 격언은 인간의 판단이 자칫 왜곡되거나 편향될 수 있음을 경계하면서, 누구나 다른 사람의 부정적 판단에 노출될 수 있음을 명시하고 있다. 그럼에도 우리는 긍정적으로든 부정적으로든 끊임없이 누군가를 판단한다. 왜냐하면 이 같은 방식으로 인간이 진화되었기 때문이다.

판단과 관련된 또 다른 이상으로는 '다른 사람이 어떻게 생각하든 상관없다'라는 식으로 여기는 것이다. 즉, 다른 사람이 나를 좋게 보든 나쁘게 보든, 중요한 것은 '스스로 나를 잘 아는 것'이라는 생각이다. 향후 보다 구체적으로 언급하겠지만, 자기 판단은 매우 중요한 부분이다. 하지만 내가 나를 어떻게 보느냐는 나에 대한 다른 사람의 판단에 영향을 받는다. 자신감과 자기 믿음은 다양한 형태의 관계 속에서 생겨난다. 가깝고 친밀한 관계는 물론 대중적이고 사회적인 여러 관계들을 통해 자라난다. 자기 자신에 대해 생각하는 것과 다른 사람으로부터 존경과 칭찬을 받는 것 사이에는 특별한 상관관계가 없을 수도 있다. 하지만 인간의 뇌는 다른 사람의 판단에 주목하도록 진화되어 왔다. 그래서 칭찬의 말에는 기쁨과 위안을 얻고 자신감이 높아지는 반면, 비난의 말에는 슬픔과 분노를 느끼고 마음의 병까지 얻는 것이다. 심지어 칭찬과 비난은 우리의 수명에도 영향을 미친다.[17]

우리 뇌 속의 '판단 장치'는 무척이나 혼란스럽고 복잡한 구조를 가진다. 그래서 이 장치의 활용법을 잘 익혀 능숙하게 다루는 것이 평생의 과업이라 해도 과언이 아니다. 칭찬과 비난은 그 자체로 매우 복잡한 판단 체계로 구성된다. 칭찬이 늘 도움이 되는 것도, 비난이 늘 해가 되는 것도 아니다. 칭찬이 항상 위안을 주는 것도 아니며, 비난이 매번 상처를 안겨 주는 것도 아니다. 칭찬과 비난은 모두 결코 피할 수 없는, 우리 인생에 꼭 필요한 부분이다. 이 책을 통해 우리의 판단 과정을 좀 더 깊이 이해하고, 가장 친밀하고 지속적인 관계에서부터 일시적이고 가벼운 관계에 이르기까지 모든 영역의 관계를 성장시킬 수 있기를 바란다. 매일매일의 일상 속에서 우리는 의식적으로든 무의식적으로든, 긍정적으로든 부정적으로든 끊임없이 누군가를 판단하며, 나 역시 다른 사람의 판단에 주목한다. 그 사실을 진정 깨닫고 나면 한쪽으로 치우친 생각을 조절하고 다른 사람의 견해를 수용하며, 나 그리고 다른 사람에 대한 강력하고 혼란스러운 반응을 제대로 이해할 수 있게 될 것이다.

차례
🌿

1장

그냥 보는 눈은 없다, 판단하는 눈만 있을 뿐

"그것이 도덕적인 평가든 일반적인 판단이든
우리는 매 순간 상황이나 사람에 대해 판단을 내린다."

칭찬과 비난에 대한 인간의 집착은 출생 직후부터 시작된다. 온전히 다른 사람에게 의지해야 하는 갓난아이조차 자신에게 반응해 주는 사람과 본능적으로 애착 관계를 형성하려 한다. 그러면서 아이는 타인의 칭찬이 주는 가치를 빠르게 습득한다. 동시에 비난의 참혹한 결과로 뒤따르는 두려움도 학습한다.

이 같은 학습의 바탕을 이루는 것이 바로 '마음보기mindsight'다.[1] 마음보기란 다른 사람의 주관적 생각을 읽어 내는 능력을 뜻한다.[2] 마음보기를 통해 우리는 상대방의 행동에서 목적과 의도를 파악하고, 감정과 목표, 욕구를 확인한다. 내가 다른 사람을 판단하고, 나에 대한 다른 사람의 판단을 이해하는 것 역시 마음보기를 통해 이루어진다. 미국의 심리학 선구자 윌리엄 제임스William James는 이 같은 판단이 인간의 생존에 꼭 필요한 부분이라고 역설했다. "상대방의 얼굴을 살피며 나에 대해 어떤 평가를 하는지, 마음에 들어 하는지 못마땅해하는지 자세히 들여다보지 않았다면 저는 지금까지 살아남지 못했을 겁니다."[3] 실제로 다른 사람의 판단 결과를 확인하는 데 가장 흔히 사용되는 곳이 바로 얼굴이다.

자궁 속 태아가 아직 아무것도 보지 못하는 시기에도 눈은 이미 정보를 받아들일 준비를 하고 있다.[4] 망막세포는 뇌로 자발적인 신호를 보내고, 이 과정에서 생겨나는 파장이 눈을 휩쓸고 지나간다. 그래서 태어나 처음으로 눈을 뜬 순간, 아이는 이미 사람의 얼굴을 식별하고 반응할 준비가 되어 있다. 일종의 반사작용처럼 자신을 안고 있는 사람을 쳐다보고 자신과 눈 맞추는 사람에게 관심을 보임으로써,[5] 아이는 자신을 보살펴 주는 사람에게 반응할 준비를 하고 있는 것이다. 그래서 부모와 아이는 '상호 응시' 속에 묶여 있는 관계로 볼 수 있다. 둘은 끊임없이 서로의 얼굴을 쳐다보면서 깊은 애정을 느낀다.[6]

상호 응시는 '사랑의 눈 맞춤'으로 표현되기도 한다. 오직 사랑으로 가득한 눈 맞춤은 언어도 초월하며, 오직 서로에게만 집중하게 만든다. 놀라운 것은 젖먹이 아이조차 눈 맞춤의 순간에는 성적인 사랑을 할 때와 똑같은 호르몬이 분비된다는 것이다. 정신과 의사 대니얼 스턴Daniel Stern은 이 같은 화학 작용을 통해 다른 사람이 무엇을 보는지, 또 나를 어떻게 생각하는지가 우리에게 얼마나 중요한지 설명한다.[7]

태어나고 얼마 지나지 않아 아이는 이마부터 턱에 이르는 얼굴 근육의 움직임을 능숙하게 읽어 내는 능력을 갖추게 된다. 일반적인 환경에서 충분한 보살핌을 받는다고 가정할 경우,[8] 아이는 바로 눈앞에 보이는 사람이 자신을 무척 사랑스러워한다는 것을 학습한다. 그러다 생후 2개월쯤 되면 자신에게 눈 맞추는 사람에게 미소로 화답한다.[9] 그런데 이 미소는 그저 흉내 내는 것 이상의 의미를 지닌다. 아이들은 걷거나 말하기 전, 심지어 기어 다니기도 전에 입술이 웃는 모양으로 변하면 눈가에 주름이 생기고 목소리가 밝아지며, 무언가를 인정한다는 의미라는 것을 학습한다.[10] 얼마 후 아이들은 0.04초라는 아주 짧은 시간 안에 얼굴을 파악하고, 0.1초 안에 판단까지 내린다. 상대방이 친구인지 적인지, 친절한지 불친절한지, 호감형인지 비호감형인지, 능숙한지 서투른지, 믿을 만한지 그렇지 못한지 등에 대해서 말이다.[11]

생후 6개월 정도가 지나면 다른 사람의 손이나 팔 같은 신체의 움직임을 보고도 상대방의 마음을 읽어 낼 수 있게 된다. 마음보기의 능력이 훨씬 커지는 것이다.[12] 우리의 뇌 속에는 아주 커다란 규모의 '거울 시스템'이 작동하고 있다. 뉴런, 즉 뇌세포는 다른 사람이 움직이는 것을 보면 마치 내가 움직이는 것으로 인식하는데, 이 거울 시스템을 통해 상대방의 움직임이 무엇을 의미하는지를 직관적으로 파악한다. 예를 들어 우리가 의자에 가만히 앉아 있지 못하고 계속 움직이며 입술을 깨물고 어깨를 들썩이고 제자리에서 왔다 갔다 하는 사람을 본다고 해보자. 이러한 경우 우리는 단박에 그 사람이 무언가 불편하거나 긴장된 상태, 혹은 기분이 좋지 않은 상태임을 알 수 있다. 굳이 자기 경험을 되살려 상대방의 감정 상태를 파악해 보려 애쓰지 않아도 된다. 뇌가 알아서 자동으로 알려 주기 때문이다. 이처럼 상대방의 행동을 볼 때 일어나는 뇌세포 활동은 내가 상대방과 비슷한 행동을 할 때 일어나는 뇌세포 활동과 거의 유사하다.[13] 우리의 뇌는 마치 팬터마임처럼 눈으로 보는 것 그대로를 뇌에서 재현해 낸다.[14]

우리는 누군가를 보면 반드시 판단을 한다.[15] 입술의 형태를 보고 믿을 만한 사람인지 평가하기도 하고, 눈빛의 느낌으로 친근한 사람인지 아닌지 가려내기도 한다. 누군가에게 푹 빠져 있을 때는 다소 위험한 신호까지도 무시하기가 쉽다. 하지만 시간이 지나면서 상대에게 차츰 실망하고 배신감마저 느끼게 되면, 상대방의 얼굴이 이전과는 완전히 다르게 보인다. 다정했던 미소는 사악한 웃음으로, 따뜻했던 눈빛은 끔찍한 눈길로 느껴진다. 반대로 처음에는 크게 믿음이 가지 않았던 얼굴도 유머 감각이나 무언가 신뢰할 만한 점을 발견하고 나면 꽤 호감 가는 얼굴로 보인다. 결국 우리의 경험이 판단을 좌우한다. 그런데 판단은 시간이 지나면서 굳어지기도 하고 바뀌기도 한다.

한편, 아이들은 다른 사람에 대한 복잡한 판단 능력을 개발해 가는 동시에 다른 사람 또한 자신을 판단한다는 사실을 학습해 간다. 어린아이 역시 타인의 판단에 사회적으로 예민한 인식을 갖고 있다. 혹시 이 같은 사실에 의문을 제기하는 사람이 있는가? 그렇다면 두세 살짜리 아이들의 홍조 현상, 즉 얼굴이 발갛게 달아오르는 모습을 상상해 보라. 아이들의 얼굴은 종종 자기도 모르게 갑자기 붉어진다. 마치 뺨을 찰싹 맞은 듯 말이다. 그러면서 아이들은 이런 생각을 하며 불안해한다. '내가 뭘 잘못했지? 사람들이 왜 나를 보고 웃지? 왜 나를 빤히 쳐다보는 걸까?' 그리고 그 순간 아이들은 그 상황에서 빨리 벗어나고 싶다는 강한 욕구를 느낀다. 찰스 다윈Charles Darwin은 이 같은 어린아이의 홍조 현상을 '인간의 모든 표현 가운데 가장 독특하고 인간다운 모습'[16]이라고 표현했다. 그러면서 이것을 자신에 대한 다른 사람의 판단을 인식하는 능력이 점차 발달하고 있다는 증거라고 설명했다. 내가 다른 사람에게 어떻게 보이는지, 또 나와 관계 있는 사람들이 나를 어떻게 보는지에 대해 스스로 인식할 수 있는 아이만이 홍조를 띨 수 있기 때문이다.[17] 그런데 이러한 수치심의 표출에는 사회적인 목적도 있다. 거부를 당해 자기 마음이 불편하다는 메시지를 외부에 보내는 것이다. '당신의 판단이 신경 쓰여요. 규칙을 어겨서 미안해요. 그래도 나를 받아 주고 인정해 주세요.'[18]

눈 맞춤으로 마음을 읽다

◊

흔히들 눈은 마음의 거울이라고 한다. 실제로 눈은 무수히 많은 주관적 정보를 드러낸다. 우선 눈동자의 크기를 보면 감정 상태를 알 수 있다. 사랑의 감정을 느낄 때는 눈동자가 커지고 증오의 감정을 느낄 때는 눈동자가 작아진다. 진심 어린 웃음과 가식적인 웃음도 입술이 아닌 눈 주변 근육의 움직임으로 가려낼 수 있다.[19] 상대방의 눈을 들여다보는 행위는 아주 강력하고 친밀한 행동으로 풀이된다. 이런 직접적인 응시가 많은 것을 드러내기 때문이다.

어린아이가 큰 소리로 우는 것은 "나 좀 봐 주세요!"라는 뜻으로, 인간의 가장 기본적인 욕구를 나타낸다.[20] 즉 긍정적인 관심을 요구하는 신호다.[21] 이때 적절한 관심을 못 받으면 아이는 방치되고 만다. 아이는 질투를 느끼고 상대방의 관심을 앗아간 대상에 주목한다. 다른 사람들이 무엇을 보고 있는지, 그것을 인정의 눈길로 바라보는지 거부의 눈길로 바라보는지 끊임없이 확인한다.[22] 그런데 이 같은 확인 작업은 생존에 아주 중요한 요소다. 그래서 태어난 지 10주만 지나도 아이들은 본능적으로 다른 사람이 바라보는 곳을 함께 응시한다.[23]

아이들은 생애 최초의 게임 '까꿍 놀이'를 통해서 다른 사람을 보고, 또 자기 모습을 다른 사람에게 보여 줌으로써 매력을 한껏 발산한다. 아이 앞의 어른은 자신의 얼굴이나 아이의 눈을 가렸다가 슬며시 걷어 내며 "까꿍!" 하고 외친다. 놀이에 익숙해지고 나면 아이들은 자지러지게 웃으며 즐거워한다. 입술을 슬며시 들어올리며 "까꿍" 하고 말하는 어른의 입 모양을 흉내 내기도 한다. 그러면서 정확하지는 않지만 제법 비슷한 소리를 내며 "또! 또!"를 연발한다.

아이들의 놀이는 일종의 경험을 처리해 가는 과정이다. 다양한 놀이를 접하면서 호기심이 살아나기도 하고 불안이 생겨나기도 한다. 까꿍 놀이는 함께 있던 사람이 사라지거나 방에서 없어졌다가 다시 등장하는 대표적인 놀이다. 아이들은 부모의 부재를 통해 불안을, 그리고 부모의 재등장을 통해 말할 수 없는 기쁨을 경험한다. 유아의 관점에서 누군가가 사라졌다가 다시 나타나는 것은 마냥 신기한 일이다. 8개월 이전의 유아에게는 사물 혹은 사람의 모습이 눈에 보이지 않더라도 여전히 그 자리에 머물러 있다는 개념이 없다. 그래서 아무런 설명 없이 누군가가 내 앞에 나타났다가 사라지고 다시 나타나는 모습은 그저 신비롭다. 이러한 관점에서 아이가 주도적으로 등장하고 사라질 수 있는 까꿍 놀이는 매우 재미있는 경험인 셈이다. 더욱이 아이들은 놀이 과정에서 상대방의 관심을 독차지할 수 있다.

이후 아이들이 두세 살 정도가 되면 까꿍 놀이는 숨바꼭질 놀이로 발전한다. 눈을 꼭 감은 채로 숨거나 때로는 눈만 감는다. 그런데 숨바꼭질 놀이에는 매우 특이한 점이 한 가지 있다. 보통 이 정도 연령이 되면 아이들은 자신의 눈에 보이지 않는 사물 혹은 사람도 다른 사람의 눈에는 보일 수 있다는 것을 잘 알고 있다. 그래서 자신의 발이나 팔, 머리까지 상대방이 볼 수 있다는 것을 인정하면서도, 자신은 완벽히 숨어 있다고 믿는다.[24]

이 같은 모순, 즉 '내 몸이 보인다 해도 너는 나를 찾을 수는 없어'라는 생각은 어른들이 보기에 그저 순수하고 귀엽기만 하다. 이에 흥미를 느낀 제임스 러셀James Russell은 '보는 것'과 관련된 아이들의 '혼재된 생각'이 특정 사실에 기초할 것이라고 추측하고, 케임브리지 대학교 실험심리학과 동료들과 함께 일련의 실험을 진행해 몇 가지 결과를 도출해 냈다. 우선, 2~3세 아이들에게는 눈을 가리거나 감은 채로 숨는 것이 지극히 합리적이며 당연한 행동이다. 또 이 또래의 아이들은 다른 사람들 역시 눈을 가리거나 감은 채로 숨는 것이 당연하다고 믿었다. 그리고 눈을 뜨고 있다 해도 서로가 눈을 맞추지 않은 상태에서는 상대방이 자신을 보지 못한다고 생각했다. 요컨대, 아이들의 기본적인 생각 속에는 '당신이 내 눈을 보지 않거나 내가 당신의 눈을 보고 있지 않는 한, 당신은 나를 볼 수 없어'라는 믿음이 존재하는 것이다.

다양한 실험 내용을 조합한 결과 러셀은 마주보기의 중요성을 발견해 냈다. 이와 관련하여 2~3세 아이들의 생각을 정리하면 다음과 같다. '눈을 감으면 나는 당신에게서 숨어 버릴 수 있어. 눈을 감거나 가리는 순간, 나는 나를 향한 당신의 시선에서 벗어날 수 있기 때문이야. 심지어 당신이 내 몸을 보고 있다 해도 당신은 나를 볼 수 없어. 나는 당신에게서 숨어 버렸으니까. 중요한 건 나를 보는 당신을, 나도 함께 보고 있느냐야.'[25]

한편 다른 사람의 시선에 너무나 민감한 우리는, 수많은 사람들 속에서도 나를 향한 시선만큼은 정확하게 집어낸다.[26] 따뜻함, 인정, 존경이 담긴 시선에는 우리의 기분도 한껏 좋아진다. 하지만 그 시선에는 반대로 의심과 비난, 반감이 섞여 있을 수도 있다. 이처럼 모든 시선은 판단으로 가득 차 있다. 우리는 그 판단의 의미를 재빨리 읽어내고자 한다. 누군가의 시선이 제법 오래 지속되는 경우, 그 시선은 우리 뇌의 감정 중추를 자극한다.[27] 다소 어둡고 고정된 시선에는 우리 뇌가 '내가 음식인 줄 아니? 그렇게 빤히 쳐다보게' 혹은 '내가 마치 적군이라도 되는 듯 뚫어져라 보네' 하고 반응한다. 하지만 따뜻하고 부드러운 시선에는 안전하게 보호받는 듯한, 수용되는 기분을 느낀다.[28]

감정을 전하는 목소리

◊

다른 사람을 판단하는 데 있어 눈으로 보는 것은 아주 중요한 역할을 한다. 하지만 보는 것만이 마음보기의 유일한 방법은 아니다. 예컨대 부모의 목소리는 어린아이에게 강력한 유인책이 된다. 엄마가 말을 하면 아이들은 거의 100퍼센트 돌아본다. 아빠의 목소리도 비슷한 힘을 지니고 있다. 아빠의 목소리에는 약 85퍼센트의 아이들이 반응한다.[29] 그래서 앞을 보지 못하는 아이들도 대인 관계 속으로 빠르게 진입할 수 있다. 시각 장애를 지닌 아이들 역시 다른 사람의 판단에 대해 앞을 볼 수 있는 아이들과 동일한 수준의 민감도를 보인다.[30]

인간의 목소리는 매우 풍부한 표현력과 함께 유연성도 지녔다. 덕분에 다양한 어조와 음색을 만들어 낼 수 있음은 물론 광범위한 영역의 창의적이고 특색 있는 표현도 얼마든지 가능하다. 지난 40여 년간 필립 리버만Philip Lieberman은 목소리의 진화와 다른 사람을 이해하고 판단하는 뇌의 능력 간의 연관성을 증명하기 위해 무수히 많은 연구를 진행해 왔다. 인간과 침팬지에게는 공통적으로 입술, 후두, 목구멍, 폐가 존재한다. 이 기관들을 통해 인간은 다른 영장류에게서는 기대할 수 없는 신체적 기능을 수행할 수 있다. 약 10만 년 전, 인간의 입이 점차 작아지고 들어가기 시작하면서 혀도 유연하게 진화되기 시작했다. 또 5만 년 동안 목은 길어지고 입은 짧아졌는데, 리버만은 인간이 매일같이 참여하는 '발성 활동'을 원활하게 수행하기 위해 이같이 진화했다고 설명한다.[31] 목과 입의 진화로 성도(성대에서 입술 또는 콧구멍에 이르는 통로 - 옮긴이)의 길이가 늘어나면서 꿀꿀거리며 소리만 내던 것에서 노래도 부르고 전화 통화도 할 수 있게 되었다는 것이다.

하지만 이러한 입의 진화에는 대가가 따랐다. 입이 말하는 기능에 최적화되면서 구조상 코의 역할을 대체하게 되었고, 그 결과 후각의 기능은 점차 퇴화되었다. 진화적 관점에서 이 같은 거래로 얻은 것은 매우 컸다. 바로 언어를 얻었기 때문이다.

언어는 관계 확장의 가능성을 열어 준다. 곧, 대인 관계는 언어를 통해 가족을 넘어서 다양하고 복잡한 형태로 발전한다. 또한 언어는 여러 정보가 문화 속에 저장될 수 있도록 함으로써 세대 간 의사소통이 가능하도록 조정해 준다. 언어는 우리 안의 판단 장치 속에서 미묘한 차이를 만들어 내는 한편, 각자의 판단을 다른 사람과 공유할 수 있도록 지원한다.

인간은 단어와 구문을 처리하고 생성해 내는 데 매우 익숙하다. 그래서 뇌가 한창 발달하는 시기에 특정 언어에 노출된 아이는 자연스레 해당 언어를 습득한다. 우리 뇌의 언어 능력은 단순히 언어의 뜻을 이해하는 데 국한되지 않는다. 다시 말해, 인간은 감정적인 반응을 유발하는 다양한 어조와 음색을 구분하고 창조해 내는 독특한 능력을 갖고 있다. 목소리를 듣고 추론하는 능력은 언어 없이는 생각할 수 없다.[32] 우리는 목소리에서 상대방의 의도와 바람, 두려움을 읽어 내며 나이와 성별, 성격을 가늠하기도 한다. 이렇듯 우리는 목소리의 다양한 어조와 음색을 통해 상대방을 판단한다.

심지어 어린아이는 잠을 자고 있을 때에도 목소리로 표현된 감정을 처리하고 이에 반응한다. 오리건 사회학습센터의 앨리스 그레이엄Alice Graham, 필립 피셔Philip Fisher, 제니퍼 파이퍼Jennifer Pfeifer는 잠자고 있는 아이들에게 사람의 녹음된 목소리를 들려주고 이때 나타나는 뇌의 반응을 사진으로 찍어 관찰했다. 녹음된 내용은 횡설수설하고 불분명했지만 목소리에서 느껴지는 감정은 극도의 분노에서부터 약간 화난 듯한 느낌, 안정적인 어조, 신나는 분위기까지 다양하게 연출했다. 그 결과, 6개월 연령의 어린아이들은 수면 중에도 목소리의 감정적인 상태에 반응했다.[33] 이 같은 실험 내용은 『잠자는 아기는 무엇을 들을까?What Sleeping Babies Hear』[34]라는 제목의 책으로 출간되기도 했다. 결국 인간은 태어나면서부터 주변 사람들의 목소리에 집중함으로써 그들이 나를 수용하는지 혹은 거부하는지에 대한 단서를 찾는다.

어린아이들의 깊이 있는 판단

◊

아주 어린 아이들의 경우, 단순히 좋아하거나 싫어하는 감정만 느낄 뿐 다른 사람을 판단하지는 않는다고 여겨져 왔다. 이 견해에 따르면 아이들의 좋고 싫은 감정은 '내가 원하는 것을 주는 사람'과 '내가 원하는 것을 주지 않는 사람'에 대한 반응일 뿐이다.[35] 즉 '내가 배고플 때 먹을 것을 주는 사람'은 '좋은 사람'인 반면, '내가 안기고 싶을 때 안아 주지 않는 사람'은 '나쁜 사람'으로 받아들인다는 것이다.[36] 그러나 새롭게 등장한 연구 결과에 따르면 생후 1년이 채 되지 않은 아이들도 다른 사람을 판단하며, 이 같은 판단에는 아주 깊이 있고 미묘한 차이까지 포함되어 있는 것으로 밝혀졌다.

11개월 무렵의 아이들은 자신과 '같은 행동'을 하는 사람을 선호한다. 네하 마하얀Neha Mahajan과 캐런 윈Karen Wynn은 아직 말 못 하는 어린아이들을 대상으로 장난감 인형을 가지고 실험을 진행했다.[37] 그 결과, 80퍼센트의 아이들이 자신이 좋아하는 음식을 싫어한 인형보다 '음음음'이라는 소리를 내며 같이 좋아해 준 인형과 놀고 싶어 했다. 이처럼 아이들은 자기와 같은 것을 좋아하는 대상에게 일종의 소속감을 느낀다. 하지만 아이들의 반응은 이 범위를 훌쩍 넘어선다. 즉, 어린아이들은 사회생활의 다음 단계로 진입하는 방법을 가르쳐 주는 사람에게 흥미를 느끼는 것이다.

좋아하는 마음을 드러내는 한 가지 방법으로 우리는 상대방의 얼굴이나 모습을 오래도록 응시한다. 아주 어린 아이들은 부모를 제외하고는 어른들보다는 아이들에게 보다 집중하는 경향이 있다. 특히 자신보다 약간 큰 또래의 아이들을 더욱 선호한다. 그리고 여자아이는 여자아이에게, 남자아이는 남자아이에게 관심을 보인다.[38] 사회생활 진입에 더 도움이 될 것 같은 대상을 선호하는 것이다.[39]

그러나 아이들의 선호도가 이 같은 실질적인 이유만을 바탕으로 형성되는 것은 아니다. 많은 경우 도덕적인 원리에도 커다란 영향을 받는다. 6개월밖에 안 된 어린아이도 마찬가지다. 가령, 두 번째 인형이 떨어뜨린 공을 첫 번째 인형은 집어서 돌려준 반면 세 번째 인형은 재빨리 집어 도망갔다면, 아이는 친구에게 도움을 준 첫 번째 인형을 장난감으로 선택할 가능성이 높다. 한 살짜리 아이에게 같은 상황을 보여 주고 원하는 인형에게 선물을 주라고 하면, 십중팔구 도망가 버린 인형보다는 도움을 준 인형을 선택할 것이다.[40]

'인간을 인간답게 만드는 것'이라는 주제를 두고 오랜 시간 연구해 온 진화인류학자 마이클 토마셀로Michael Tomasello는,[41] 인류 이전의 조상, 즉 유인원과 여러 공통점을 보인 마지막 동물의 유전자 속에 이미 다른 사람과 도움을 주고받거나 협력하는 사람은 인정하고 그렇지 않은 사람은 거부하는 습성이 내재되어 있었을 것이라고 주장한다.[42] '이 사람에게 접근하는 것이 안전한가?'라는 문제에 있어 도움이나 협력 같은 가치는 아주 기본적인 요소이며, 이를 바탕으로 우리는 상대방에 대한 즉각적인 판단을 내린다. 심리학자들은 이를 두고 '행복 교환 비율Welfare Trade-off ratio'이라고 일컫는다.

대개 우리는 상대방의 좋은 점과 나쁜 점을 금방 알아차린다. 장점이 많은 사람을 볼 때 우리는 그와 함께하면 배울 점이 많다는 것을 인식한다. 심지어 위험 요인이 따르는 경우에도 말이다. 그래서 다른 사람을 평가할 때면 우리는 발생 가능한 위험을 통제할 수 있는지 자기 역량을 점검한다. '저 사람의 장점을 취하는 과정에서 생기는 위험 요인을 나의 강점과 약점으로 통제할 수 있는가?' 우리는 자동적으로, 또 무의식적으로 이 같은 '거래'의 득실을 계산하면서 인정과 거부의 감정을 느끼고, 상대방에게 접근하거나 소속 집단으로 포함되거나 그들과 상호작용하는 것이 안전한지, 아니면 피하고 배제해야 하는지를 결정한다.[43]

인정하고 다가가고 싶은 대상과 거부하고 피하고 싶은 대상을 구분하는 것은 매우 중요한 문제다. 그래서 우리 뇌는 서로 다른 이

두 가지 반응을 각기 다른 부분에서 분리하여 관장한다.[44] 이와 관련하여 감정을 주관하는 뇌의 체계, 곧 정서 신경과학 분야의 세계적인 권위자 리처드 데이비드Richard Davidson은 다음과 같이 말했다. "해롭거나 위협적인 자극을 반드시 피해야 하는 경우를 생각해 봅시다. 갑자기 돌멩이가 떨어지거나 동굴에서 곰이 나타나 재빨리 도망가야 하는 상황처럼 말이죠. 이때 중요한 것은 우리의 앞길을 방해하는 무언가가 있어서는 안 된다는 것입니다. 진화 역시 이와 비슷한 원리로 진행됩니다. 그래서 접근과 회피라는 두 가지 대조적인 반응을 우리 뇌의 각기 다른 영역이 관장하게 된 것이죠. 따라서 실수로 잘못된 판단이 일어날 가능성은 거의 없습니다."[45] 이 같은 신경학적 '확실성'은 편견이나 단순화, 각종 혼란 등 뇌 속의 판단 장치가 내는 오류를 잡아 주는 역할을 하며, 이는 대인 관계에서 아주 중요한 부분이다. 관련 내용은 향후 보다 자세히 살펴보도록 하겠다.

같은 증거를 보고도 다른 판단을 하는 이유

◊

일부 철학자 및 심리학자는 인간의 판단을 단지 그럴듯한 설명과 이유로 포장된 개인적 선호에 불과하다고 믿는다.[46] 정말로 우리가

'판단'이라고 일컫는 반응이 지극히 단순한 주관적 선호도에 불과한 가? '판단'은 합리적인 평가의 결과가 아니라 미리 정해져 있는 영구적인 것인가? 어린아이에게마저 판단 성향이 나타난다는 것이 낙인된, 변하지 않는 속성을 증명해 주는 것은 아닐까?

인간의 판단은 주관적이며 평가적이다. 그리고 감정적, 개념적으로 다양한 의미를 내포하고 있다. 칭찬과 비난, 존경과 경멸을 표시할 때는 단순히 짭짤한 브레첼이냐 달콤한 도넛이냐, 평범한 장식이냐 눈에 띄는 장식이냐, 무료한 방학이냐 활기찬 방학이냐를 선택할 때의 개인적 선호보다 훨씬 의미 있는 반응을 나타낸다. 이 같은 우리의 판단은 어린 시절 경험한 사랑과 수용, 신뢰와 불안, 두려움과 거절을 통해 형성된 뿌리 깊은 가치의 표현이다. 누군가가 나를 거부하며 불쾌히 여긴다거나 두려워한다고 해보자. 그럴 때 나는 단순히 그 사람의 개인적인 선호 문제일 뿐이라며 스스로를 위로할 수도 있다. 하지만 상대방의 존재를 마음에 두고 특별히 신경 쓰고 있다면, 그 같은 상대방의 판단이 나의 부족한 부분에 대한 비난으로 받아들여질 수 있다. 결국 왜곡된 것이든 과장된 것이든, 다른 사람의 판단은 나의 대인 관계의 범위를 결정한다.

판단의 감정적, 직관적 속성에 대한 많은 논쟁 가운데 특별히 눈여겨볼 만한 주장이 있다. 우리 시대를 대표하는 세계적인 사상가이자 뉴욕 대학교 스턴 경영대학원에서 윤리적 리더십을 강의하는 조너선 하이트Jonathan Haidt 교수는 인간의 마음은 일종의 '도덕적 기계'로 만들어졌다고 이야기한다.[47] 우리가 언어를 사용하고 성생활을 즐기며 음악을 감상하는 다양한 활동을 추구하도록 만들어진 것처럼, 판단하려는 욕구 역시 본래부터 내재된 인간의 속성이라는 것이다. 이러한 판단 욕구는 우리 뇌의 사회적 기능이 발달하면서, 또 다양한 관계 및 집단에 의지하여 살아가면서 함께 진화되었다.[48]

인간의 판단이 직관적이고 감정적인 속성을 지녔다는 사실을 증명하기 위해 하이트 교수는 한 가지 비유를 사용했다. 코끼리 등에 올라탄 사람이 한 명 있다. 그는 자신이 코끼리의 모든 움직임을 통제할 수 있다고 믿는다. 하지만 사람보다 무게가 훨씬 많이 나가는 코끼리는 철저히 직관적이며 이성과는 전혀 거리가 멀다. 오랜 시간을 두고 아주 조심스레 다루지 않는 한, 사람은 이 강력한 동물의 힘을 좀처럼 당해 낼 수 없다. 그런데 자기 뜻대로 코끼리를 이끄는 데 얼마쯤 성공하고 나면, 이 사람은 자신이 코끼리를 완벽히 통제할 수 있다는 착각에 빠진다.[49] 하이트 교수는 이 비유를 다음과 같이 설명한다.

"대부분의 사람들은 자신의 판단이 합당한 이유에서 도출된 것이라고 믿지만, 실제로 이 같은 믿음에는 별다른 근거가 없다. 오히려 우리의 판단에는 편향적 직관이 섞여 있는 경우가 많다. 따라서 자신의 판단이 논리적인 근거를 바탕으로 하고 있다는 믿음은, 사람이 코끼리를 완벽히 통제할 수 있다고 생각하는 것만큼 스스로를 속이는 일이다."

한 연구에 따르면 두 사람이 똑같은 증거를 바라보고 있어도 이 증거가 자신의 직관적 판단에 부합하느냐에 따라 전혀 다른 평가를 내렸다.[50] 이처럼 아무리 강력한 증거도 감정을 넘어서지는 못한다.[51]

우리는 판단을 할 때 감정적 요소를 배제하여 최대한 개입되지 않도록 한다. 그러나 우리의 감정은 결코 판단의 결과를 비이성적이거나 불합리하게 만들지 않는다.[52] 좋고 싫음, 긍정적인 것과 부정적인 것[53]을 가려내는 이러한 정서적(혹은 감정적) 반응은 오히려 내재되어 있는 깊은 가치를 분명하게 밝히고 우리의 관계를 좋은 방향으로 이끌어 간다. 판단의 근거는 대개 일생 동안 겪은 모든 감정들의 이력과 관련이 있다. 여기에는 초기 애착 관계에서 나타나는 갈망과 두려움, 충족되지 못한 욕구와 끔찍한 상실의 기억, 죄의식을 느낀 경험이나 스스로 부족하다고 생각했던 일, 희망이나 두려움에서 오는 여러 가지 기대 등이 전부 포함된다.[54] 우리가 내리는 판단에는 지극히 개인적인 취향과 열정, 시각이 모두 반영되는 셈이다. 이러한 판단은 우리가 다른 사람을 경험하며 그들을 알아 가고[55] 서로 유대를 형성하는 하나의 수단이 된다.

이와 동시에 판단은 편견과 왜곡에 매우 취약한 속성을 지니고 있다. 우리에게는 공정하고 균형 잡힌 판단을 내리고자 하는 욕구가 있다. 그러나 자칫 잔혹하고 맹목적인 판단을 해 버릴 여지도 충분히 있다. 대부분의 사람들은 이 같은 취약성을 민첩하게 판별할 수 있는 일종의 장치를 내장하고 있어서, 자기 판단에 대해 질문과 평가, 수정을 거듭한다. 우리는 가족과 친구, 동료의 생각을 끊임없이 살핌으로써 그들을 평가하고 보다 깊이 이해한다. 또 누가 칭찬받을 만한 사람인지, 누가 비난받을 만한 사람인지에 대한 처음의 의견을 수정하기도 한다. 이와 더불어 책을 읽으면서, 공연이나 텔레비전 드라마를 보면서, 정치인들의 토론과 뉴스 프로그램을 보면서 우리의 판단을 점점 깊이 있게 만들어 나간다. 물론, 때에 따라 좀 더 현명하거나 다소 현명하지 못한 판단을 할 수도 있다. 또 어느 때는 좀 더 예리하거나 중립적인 태도를 보일 수 있지만, 그만큼 예리하지 못하거나 편향된 생각을 나타낼 때도 있다.[56] 그럼에도 우리가 끊임없이 판단한다는 사실에는 변함이 없다. 그것이 도덕적 평가든 일반적인 판단이든 우리는 매 순간 상황이나 사람에 대해 판단을 내린다. 이 같은 이유에서 다음 두 가지, 즉 우리의 판단 장치를 작동하는 방법, 그리고 내재된 감정적 가치를 배제하지 않고 분명히 나타냄으로써 판단의 근거로 활용하는 방법은 매우 중요하다.

2장

칭찬 : 괜찮은 사람으로 인정받고 싶은 욕망

"칭찬은 강력한 정서적 약물과 같아서 적절한 용법과 용량,
알레르기 반응 등의 주의 사항을 반드시 지켜야 한다."

우리가 태어나 처음으로 경험하는 판단은 부모의 호기심과 기쁨, 궁금증에서 생겨나는 칭찬일 가능성이 높다.[1] 칭찬은 단순한 찬사나 공식적인 평가 이상의 의미를 갖는다. 옥스퍼드 사전에서 '칭찬하다'라는 동사를 찾아보면 '따뜻한 인정이나 존경을 표현하다'라는 의미가 제일 먼저 등장한다. 명사로는 '인정이나 존경의 말'이라고 기술되어 있다. 이처럼 누군가에 대한 칭찬은 그 사람이 기쁨의 원천이라는 메시지를 전달한다. 따라서 칭찬은 '잘했어!' 혹은 '정말 훌륭해!'와 같은 말을 이해하기 훨씬 이전부터, 이미 우리 세계의 일부가 된다.

칭찬은 뇌가 건강하게 발달하는 데 필수적인 요소다. 우리의 뇌는 서로 연결되어 있는 신경세포가 새로운 네트워크를 형성하며 성장해 가고, 이 신경세포는 뇌 속에 존재하는 의사소통 체계의 기본적인 구성 요소다. 여기서 몇 가지 특정 호르몬이 새로운 뇌 회로를 구성하는 핵심 연료 역할을 한다. 그중 뇌 발달 초기에 가장 중요한 호르몬이 바로 옥시토신이다. 이 호르몬은 남녀가 사랑에 빠지는 것에 직접적인 영향을 준다고 하여 '결합 호르몬'이라고도 불린다. 또 하나는 엔도르핀으로, 이것은 아편성 물질을 생성해 황홀감을 느끼도록 해 준다(헤로인과 같은 아편을 주입했을 때 느끼는 감정과 거의 유사하다). 가령, 부모가 '아가야, 난 네가 누군지 알고 싶어. 널 사랑한단다'라고 칭찬하는 듯한 얼굴을 보이면, 아이의 뇌에는 옥시토신과 엔도르핀이 넘쳐난다.

기쁨의 감정을 느끼게 하는 이 호르몬은 부모와 아이로 하여금 서로를 친근하게 오래도록 바라보게[2] 함으로써 서로 더 깊이 이해하고 친밀해질 수 있도록 돕는다. 애정으로 길게 응시하는 것 또한 뇌 성장을 촉진한다. 옥시토신과 엔도르핀은 사랑하는 누군가와 함께 있을 때 느끼는 편안함, 그리고 놀라거나 겁을 먹었을 때 누군가의 품에 안기고 싶은 강한 욕구와도 관련이 있다.[3] 친근한 존재는 감정적으로 위안을 줄 뿐만 아니라 신체적 고통까지[4] 줄여 준다.

이처럼 뇌의 작동 방식과 연관이 있는 옥시토신은 신경 조절 물질의 하나로써 우리의 판단에도 영향을 미친다.[5] 지나치게 많이 분비된 옥시토신을 적정 수준으로 조절하게 되면, 우리는 다른 사람을 보다 잘 신뢰할 수 있고 실망스러운 마음이나 배신감이 들었을 때도 쉽게 그 감정에서 벗어날 수 있다.[6] 더욱이 평소에 칭찬을 많이 받은 아이들은 3세, 10세 시점[7]에서 그렇지 않은 아이들에 비해 훨씬 큰 학업 성취도를 보였다. 칭찬을 거의 받지 못한 아이들은 학습 및 동기와 관련된 뇌의 네트워크에서 현저히 둔한 반응을 보였다.[8] 요컨대, 칭찬은 뇌의 건강한 성장에 핵심 요소이며, 아무리 많아도 해가 되지 않는다.

좋아하는 사람의 행동을 따라 하는 이유

◇

칭찬이 일방향으로 이루어지는 경우는 거의 없다. 아이들, 심지어 아주 어린 아이들도 여러 가지 방법으로 어른들을 칭찬한다. 그중에서 가장 효과적인 방법은 방긋 웃어 주는 것이다. 이것 외에도 아이들은 어른들을 기분 좋게 만들어 줄 수 있는 다양한 '무기'들을 보유하고 있다. 어린아이에게서 나는 독특한 냄새, 특히 머리 위쪽 샘에서 풍겨 나오는 부드러운 향기는 화학적으로 일종의 황홀감을 선사한다.[9] 그러나 아이들이 전하는 가장 강력한 메시지, 즉 부모가 존경받고 있음을 나타내는 최고의 방법은 단연 '흉내 내기'다.

흉내 내기는 사회생활의 기본이다. 이것은 거울신경세포의 대규모 네트워크와 관련이 있는데, 신경세포는 우리가 무언가를 할 때, 혹은 누군가가 그 행동을 하는 모습을 볼 때[10] 뇌에 흥미를 유발하는 역할을 한다. 따라서 어린아이들은 흉내 내기를 통해 다른 사람처럼 행동하는 방법을 배울 뿐 아니라 다른 사람이 느끼는 감정까지 경험하게 된다.[11] 태어난 지 한 시간 정도가 지나면 신생아는 아직 채 발달되지 않은 근육을 이용해 자신의 시야에 들어오는 어른들의 얼굴 표정을 흉내 내기 시작한다.[12] 이 행동으로 아이들은 자신을 돌봐 주는 어른들에게 그들이 자신에게 중요한 존재라는 메시지를 전달한다.

이와 관련해 나는 아주 놀랄 만한 경험을 한 적이 있다. 당시 8개월이었던 딸아이는 어느 순간 입을 벌린 채 마치 박자를 타는 듯 머리를 앞으로 들이밀며 기어갔다. 그러고는 한 손에 쥐고 있던 달걀을 향해 후후 소리를 내기 시작했다. 그것은 내가 딸아이에게 달걀을 주기 전에 뜨거운 김을 식히기 위해 하는 행동이었다. 아이는 그런 내 행동을 흉내 내고 있었던 것이다. 그 순간, 아무것도 아닌 일상적인 행동이 무척 큰 의미로 다가오기 시작했다. 내가 누군가의 모델이 되고, 내 행동 역시 누군가에게 큰 의미일 수 있다는 사실을 깨달았기 때문이다. 이렇듯 딸아이가 나를 우러러보고 있음을 알게 된 이후, 힘들고 따분하게만 느껴졌던 육아가 완전히 달라졌다.

흉내를 낸다는 것은 상대방에 대한 믿음과 권위를 나타내며, 그의 생각과 지식을 완전히 신뢰한다는 것을 의미한다. 누군가가 당신의 말과 행동을 그대로 따라 한다고 가정해 보자. 그것은 곧 존경하는 마음과 더불어 당신처럼 되고 싶다는 바람을 상징한다. 두 사람이 대화중이라면, 서로를 얼마나 흉내 내고 있는지를 보고 상대에 대한 존경심을 확인할 수 있다. 한 사람이 다른 한 사람의 행동에 맞춰 손을 움직이는가? 몸짓에 따라 자세를 바꾸기도 하는가? 한 사람이 몸을 앞으로 숙이면 나머지 한 사람도 같은 방향으로 움직이는가, 아니면 미묘하기는 하지만 거부하듯 살짝 뒤로 물러나는가? 목소리의 크기와 억양이 다른 사람의 것과 유사한가, 아니면 마치 저항하듯 반대되는 모습을 보이는가? 이 같은 흉내 내기의 무의식적 흐름은 '카멜레온 효과Chameleon Effect'라고도 알려져 있으며, 이는 대인 관계 형성의 기초가 된다.[13]

한편, 우리는 흉내 내기의 미묘한 차이까지 쉽게 분별해 낼 정도로 민감하다. 상대방의 말과 행동을 흉내 낼 때, 무엇을 강조하느냐의 아주 작은 차이가 칭찬을 조롱으로 만들어 버리기도 한다. 작은 부분을 크게 과장하여 자세히 묘사하거나, 넌지시 판단하는 것은 더 이상 칭찬이 아니다. 그것은 공격과 조롱에 불과하다.[14] 우리는 관계 속에서 살아가며 이 같은 미세한 차이를 학습해 나간다. 다른 사람의 판단을 제대로 파악하는 것이 사회적 생존의 핵심 요소이기 때문이다.

칭찬에도 용법과 주의 사항이 있다

◊

교육에서 칭찬은 매우 중요한 부분이다. 그래서 어떻게 아이를 칭찬하는가에 대한 다양한 방식과 가설을 살펴봄으로써 양육의 역사,

인격 형성의 역사, 나아가 교육심리학의 역사까지도 알 수 있다.

1960년대를 대표하는 선구자적 교사이자 아동심리학자 하임 기너트Haim Ginott는, 일반적으로 칭찬은 그 어떤 종류의 비난이나 처벌보다 아이의 행동에 훨씬 긍정적인 영향을 준다고 주장했다. 하지만 그는 칭찬이 아주 간단하거나 쉬운 방법이라고는 하지 않았다. "칭찬은 마치 페니실린 항생제와 같습니다. 그래서 아무렇게나 투여해서는 절대 안 됩니다. 강력한 효과를 발휘하는 약이니만큼 복용 시간과 정량, 알레르기 반응 등 용법과 주의 사항을 정확히 지켜야 합니다."15

칭찬은 우리가 스스로를 생각하는 방식을 바꾸기도 한다. 영감을 주고 동기를 불어넣어 줄 뿐만 아니라 앞으로 어떤 말과 행동을 해야 할지 상기시켜 주기도 한다. 그러나 우리를 혼란스럽고 짜증나게 할 수도 있다. 또 진실되지 못하거나 잘난 체하는 것으로 받아들여지기도 한다. 칭찬은 강력한 효과를 발휘하는 한편 잠재적인 위험성도 지니고 있다는 기너트의 경고 이후 30년, 심리학계는 또 다른 파장으로 요동치고 있다. 특정 종류의 칭찬이 오히려 아이의 자존감을 상하게 하고 동기를 저해한다는 주장이 제기되었기 때문이다.

25년 여 전, 아동 성장에 관한 연구를 처음 시작했을 때는 과한 칭찬은 있을 수 없으며 칭찬의 대상과 종류는 중요하지 않다는 인식이 강했다. 그래서 아이가 지극히 단순하고 중요하지 않은 일을 해내도 무조건 칭찬해 주어야 한다고 생각했다. 성의 없는 노력이나 성공적이지 못한 결과에도 마찬가지였다. 아이는 그저 존재 자체만으로 칭찬받아 마땅하다고 여겼다. 일부 학교에서는 아침 조회 때마다 아이들끼리 서로 안아 주면서 똑똑하고 예쁘다는 칭찬의 말을 하도록 훈련하기도 했다.

이 같은 칭찬 집중 이론은 다른 사람이 자신을 어떻게 말하는지가 아이들의 자아개념 형성에 바탕이 된다는 믿음에서 출발했다. 부모와 교사가 아이에게 '똑똑하다, 영리하다, 재주 있다, 사려 깊다, 친절하다, 착하다'라고 칭찬하면 아이는 이 같은 수식어를 자신의 마음속에 내면화한다는 것이다. 그렇게 되면 아이들은 자기 자신 그리고 다른 사람의 기대에 부응해 자랄 것이라 생각했다.

또 충분한 칭찬은 마치 대인 관계에서 비롯되는 모든 질병을 예방해 줄 백신처럼 여겨져 왔다.[16] 칭찬을 많이 받고 자라면 술이나 약물 중독은 물론 음란한 성적 행동에 결코 빠지지 않는다고 믿었다. 자신의 모든 행동에 멋지고 훌륭하다는 좋은 말을 듣고 자란 아이는 스스로를 아주 성공적인 사람으로 여길 거라고도 확신했다. 성공한 사람들이 느끼는 충분한 자신감을 가짐으로써 아이도 성공적인 인생을 살아갈 수 있을 것으로 기대한 것이다.

이처럼 칭찬이 아이들로 하여금 다른 사람의 기대에 부응하거나 부응하지 못하도록 영향을 미친다는 생각을 뒷받침하는 실험도 있다. 이 실험에서는 학생들을 '똑똑한 학생'과 '똑똑하지 않은 학생'으로 나누어 각 그룹에 교사 한 명씩을 배정했다. 학기 말 성적을 관찰한 결과 똑똑한 그룹에 속한 아이들이 그렇지 않은 그룹에 속한 아이들보다 학과 성적이 월등하게 높았다. 그런데 놀라운 것은 처음 그룹을 나눌 당시 학생들에 대한 그 어떤 평가도 없었다는 것이다. 단지 임의 대로 학생들을 배정한 것이 전부였다. 요컨대, 학생들의 실제 능력보다는 학생들의 능력에 대한 교사의 믿음 정도가 학과 성적에 직접적인 영향을 끼친 것이다.[17]

이처럼 칭찬의 긍정적인 결과를 '피그말리온 효과Pygmalion Effect'라 한다. 이 용어는 그리스 신화에 등장하는 조각가의 이름을 딴 것으로, 피그말리온은 자신이 상아로 만든 아름다운 조각상과 사랑에 빠져 버리고 만다. 그의 간절한 사랑은 여인의 조각상에 생명이 부여되면서 마침내 이루어진다.[18] 이처럼 신화를 모티브로 한 피그말리온 효과는 자기 자신과 다른 사람의 판단이 신비에 가까울 정도로 긴밀히 연결되어 있다는 믿음을 나타내고 있다.[19] 하지만 지나친 칭찬은 오히려 다양한 문제를 야기할 수 있다는 사실이 여러 연구를 통해 밝혀졌다.

교실의 활기를 앗아간 칭찬

◇

영유아기 아이들에게 칭찬은 정서적 기쁨과 자존감 상승으로 이어질 수 있다. 하지만 조금 더 큰 아이들, 특히 학교에 다니는 아이들에게는 전혀 다른 결과를 가져올 수 있다. 사회심리학자 로이 바우마이스터Roy Baumeister가 칭찬의 효과를 연구한 결과, 학령기 아동의 경우 칭찬은 오히려 기쁨보다 불안을 유발했다.[20] 주목할 만한 사실은 칭찬에 익숙한 아이들은 특정 활동을 시작할 때 칭찬에 의존하는 성향이 강하다는 것이다.[21] 학급 내에서 칭찬에 길들여진 아이들은 자신에게 주어진 과제를 하기보다 오직 선생님의 칭찬을 기다리는 데 시간을 소비했다. 또 칭찬은 아이들의 집중력을 저해하는 요인으로 작용하기도 했다. 누군가가 지켜보는 시선 때문에 학습에 몰두하는 흐름이 끊겼던 것이다. 노래를 부르거나 놀이 활동을 할 때, 악기를 연주할 때, 수영을 하거나 공놀이를 할 때 등 나름의 기술을 요하는 모든 영역에서 칭찬은 활동 결과에 좋지 않은 영향을 미쳤다.[22]

아이들의 자신감 변화에 대한 연구를 위해 몇몇 교사를 인터뷰[23]했을 때도 비슷한 의견을 접할 수 있었다. 3학년 담임을 맡고 있던 새미 비커스Sammi Vickers는 다음과 같이 말했다.

"칭찬에 익숙한 아이들은 칭찬을 받기 전까지는 아무것도 할 수가 없습니다. 일단 무언가를 시작하긴 하죠. 하지만 잘한다는 칭찬을 기다리느라 이내 하던 것을 멈춰 버려요."

8세 아이들의 교실을 지켜보면서 가장 마음이 아팠던 부분이 칭찬이 시작되면 아이들의 목소리가 확연하게 달라지는 것이었다. 여덟 살 꼬마들의 끝없는 재잘거림은 마치 멜로디처럼 유쾌하게 들렸다.

진심으로 즐거워하는 모습이 역력했다. 하지만 선생님의 칭찬이 시작되자 밝고 유쾌한 분위기는 이내 사라지고 말았다. 아이들의 목소리가 칭찬을 갈구하는 듯한 어조로 바뀌었기 때문이다.[24]

칭찬이 오히려 교실의 활기를 앗아갈 수 있다는 연구 결과[25]는 너무나 당황스럽고, 일반적인 직관에도 어긋나는 것이었다. 그래서 많은 심리학자들이 처음에는 연구 결과를 믿지 않았다. 하지만 심리학자 캐럴 드웩Carol Dweck이 주도한 일련의 연구가 칭찬에 대한 기존의 패러다임을 완전히 바꿔 놓았다. 마음 형성에 영향을 끼치는 칭찬의 힘을 연구하면서, 드웩은 저학년 학생들을 두 개의 그룹으로 나누어 실험을 진행했다. 각각의 그룹에 의욕을 잃고 학교생활에 제대로 적응하지 못하는 아이들을 배정했다.[26] 이후 첫 번째 그룹의 아이들에게는 쉽고 간단한 과제를 내 주고 잘할 때마다 똑똑하다는 칭찬을 해 주었다. 칭찬 집중 이론에 따르면 이 아이들은 스스로 똑똑하다고 생각하고 실제로 똑똑한 아이들과 비슷하게 행동하면서 몰두하고 도전하며 학교생활에 발전을 보였어야 했다.

칭찬 집중 방식이 처음에는 효과가 있는 듯 했다. 아이들에게 기본적인 수준의 과제를 부여하고 잘했다고 칭찬해 주니, 자신감이 상승하여 불안과 두려움을 떨치고 다음 과제에도 긍정적인 태도로 임하는 모습을 보였기 때문이다. 그러나 칭찬의 효과는 주어진 과제가 아주 쉽고 간단한 경우에만 나타났다. 과제의 수준이 높아지자 아이들은 의지를 잃었고, 이윽고 교과 활동 참여마저 거부했다. 결국 과한 칭찬을 해 주었던 첫 번째 그룹 아이들은 이전 모습으로 돌아갔다.

두 번째 그룹 역시 첫 번째 그룹과 마찬가지로 모든 면에서 뒤처진 학생들이었다. 그러나 이들에게는 점진적으로 어려운 과제를 배정하되 어려운 문제를 성공적으로 풀어냈다고 해서 똑똑하다는 칭찬을 해 주지 않았다. 대신 문제를 해결하기 위해 쏟은 노력과 결과의 상관관계에 주목하며 아이들의 노력을 칭찬해 주었다. 놀랍게도 끈기와 노력에 대해 칭찬받은 아이들은 이전보다 더 어려운 문제가 주어져도 포기하지 않고 끝까지 문제를 해결해 나갔다. 자신의 노력으로 얼마든지 능력을 키울 수 있다는 가능성을 인정받았기 때문이다.[27]

매일, 매 순간 아이들은 자신이 할 수 있는 것과 할 수 없는 것을 구분한다.[28] 그래서 어떤 방식으로, 어떻게 칭찬하느냐에 따라 아이들이 스스로 규정하는 가능성의 범위가 달라질 수 있다. 이와 더불어 아이들이 자신의 가능성을 바라보는 시각은, 자신이 할 수 있는 일을 구분해 내는 것만큼이나 자신감에 매우 중요한 요소로 작용한다.

좋은 칭찬과 나쁜 칭찬의 미묘한 차이

타고난 능력보다는 성실한 노력에 주목해야 한다는 새로운 연구 결과는 교육심리학계에 큰 반향을 일으키며 교사가 학생들을 칭찬하는 방식까지 바꾸어 놓았다. 핵심은 이것이다. 아이들이 성공적으로 학교생활을 하고 어떤 도전에든 용감하게 나아가기 원한다면, 아이들의 지식이나 재능, 능력보다는 성실한 노력과 인내, 끈기를 칭찬하라는 것이다. 성공적인 삶을 위해 아이들에게 필요한 것은 타고난 능력에 대한 자신감이 아니라, 결코 헛되지 않는 노력에 대한 자신감이다.

그러나 일상적인 칭찬을 분명하게 정의하기란 결코 쉽지 않다. 칭찬이 담고 있는 여러 가지 의미는 아주 복잡하고 개인적인 관계 속에 놓여 있기 때문이다. 전 생애 가운데 아주 어린 시절 주고받는 칭찬의 형태, 즉 아이의 존재 자체에 대한 감탄과 무한한 호기심은 마치 사막의 단비처럼 무조건적인 환영의 뜻과 함께 활력을 전한다. 이를테면 "네가 세상에서 제일 예뻐!", "네가 최고야!" 같은 칭찬은 앞서 언급한 새로운 칭찬 이론[29]과 정면으로 배치되지만, 여전히 꼭 필요한 칭찬이다. 실제로 어떤 칭찬이 긍정적인 혹은 부정적인 영향을 미치느냐를 명확하게 규정하기란 매우 복잡하고 어려운 문제다.

한편, 아이들이 부모 및 형제자매, 친구들과 관계를 발전시켜 나가는 모습을 관찰하며 매우 놀라운 사실 한 가지를 확인할 수 있었다. 그것은 우리가 사랑하는 사람들로부터 받는 칭찬이 어떤 맥락에서는 극도의 거부감을 불러일으킬 수도 있다는 사실이었다. 예컨대[30] 다섯 살 난 메이브Maeve는 유치원 활동지를 본 할머니가 "정말 잘했구나, 메이브!"라고 칭찬하자 갑자기 울음을 터뜨렸다. 또 일곱 살짜리 스

티브Steve는 "아주 멋지다!"라는 엄마의 칭찬에 새로 만든 점토 모형을 주먹으로 뭉개 버렸다.[31]

메이브는 왜 그랬을까? 메이브는 할머니의 과도한 관심에 혼란과 짜증을 느낀 것이다. "나는 아무것도 못 봤는데 할머니는 대체 뭘 본 거지? 내가 잘한 부분을 내가 모르면 다음 번에 똑같이 잘할 수가 없잖아!" 한편 스티브는 엄마가 정형화된 칭찬보다는 더욱 구체적인 반응을 해 주기를 바랐다. 스티브는 점토 모형의 어느 부분이 마음에 들긴 했지만, 전체적인 형태에는 썩 만족하지 않았다. 그런데 이런 상황에서 엄마가 걸음마 하는 어린아이에게나 어울릴 법한 칭찬을 한 것이다. 구체적인 목표를 향해 나아가는 스티브 입장에서 엄마의 말은 자신의 열정을 무시하는 것처럼 들렸다.[32]

칭찬에 대한 10대들의 반응은 이보다 더 복잡하다. 세계 어느 곳을 막론하고 10대 자녀에게 부모의 칭찬 방식은 아주 고리타분한 것으로 비친다. 부모들은 자녀들의 마음속 어딘가에는 끝없는 칭찬을 주고받았던, 예전의 사랑스러운 어린아이가 여전히 존재하고 있을 거라 생각한다. 하지만 정작 아이들은 완벽히 다른 새로운 자아로 나아가고 싶어 한다. 10대 자녀들은 부모의 칭찬에 이같이 정면으로 반발한다. "엄마 아빠는 날 모른다고요! 대체 무슨 자격으로 날 판단하는 거예요?"

아이들의 격렬한 반항은 종종 부모를 당혹스럽게 한다. 부모와 10대 자녀의 상호작용에 관해 연구할 당시, 나는 칭찬이 얼마나 많은 논란의 불씨가 될 수 있는지 확인하며 매우 놀랐던 적이 있다. 예를 들어 파미나Pamina는 열네 살짜리 딸아이 아이샤Aisha에게 "내 딸 정말 예쁘구나!"라고 말했다가 "무슨 말도 안 되는 소리예요!"라는 대답을 들었다. 이 말에 상처를 받은 파미나는 방을 나갔고, 아이샤는 깊은 숨을 들이쉬며 애써 나오는 눈물을 꾹 참았다. 아이샤의 마음이 좀 진정되고 나서 나는 아이에게 잠시 이야기를 나눌 수 있는지 물었다(부모와의 상호작용을 관찰하는 세션이 끝나고 나면, 내가 한 명씩 각각 인터뷰한다는 것을 아이샤도 알고 있었다).

아이샤는 나와 나란히 앉아 흩어진 감정의 조각들을 하나하나 모으기 시작했다. 잠시 후 아이샤가 입을 열었다. "엄마는 나에 대해 잘 알지도 못하면서 어떻게 나를 칭찬할 수 있죠?" 아이샤는 잠시 숨을 고른 뒤에 말을 이어 갔다. "더구나 엄마가 나를 사랑스럽다고 생각한다면 그건 한참 잘못된 거죠. 내가 한없이 어리고 귀여워 보인다는 건데, 나는 전혀 그렇게 보이고 싶지 않거든요."[33]

10대 아이들이 중요하게 여기는 임무 가운데 하나는(물론 그들의 시각에서) 자신을 여전히 어린아이로 보는 부모의 생각을 완전히 바꿔 놓는 것이다.[34] 엄마 아빠는 자신을 잘 모른다는 것을 입증해 보이기 위해 아이들은 머리카락 색깔부터 시작해 친구나 관심사까지 모조리 바꿔 버린다. 부모가 더 이상 '귀엽다'라는 말을 할 수 없도록 만드는 것이다. 칭찬이 갖고 있는 강력한 힘에 대해 잘 아는 아이들은, 동시에 부모의 칭찬에 전혀 다른 감정을 표출하기도 한다. 그래서 적절한 칭찬에 대한 나름의 높은 기준을 갖고 있으면서도 여전히 칭찬을 갈망하며, 시간이 지날수록 칭찬에 의존하는 자기 모습에 불안함을 느낀다.

부모의 판단에 대한 경계심은 혹독한 사춘기가 지나고 나서도 한참 동안 지속된다. 성의나 진심이 부족한 칭찬이든, 자신이 가치 없이 여기는 칭찬이든 간에 자기와 어울리지 않는다고 생각되는 칭찬에는 가차 없이 이렇게 반응한다. "나에 대해 뭘 알아!"

마리안Marianne 모녀가 그 대표적인 경우였다. "우리 딸은 스물일곱이에요. 그런데도 여전히 자기가 한 것에 대해 내가 뭐라고 입만 떼면 고개를 치켜들고 쏘아붙여요. 칭찬을 해 줘도요."[35]

"음, 제가 그러는 데는 다 이유가 있어요." 마리안의 딸 레슬리Leslie가 웃었다. "제가 어렸을 때, 엄마는 '단정하고 깔끔하다'라며 칭찬했어요. 그래서 잠자리에 들기 전에 전 반드시 제 방을 깨끗하게 치워 놓았어요. 엄마에게 칭찬을 받지 못할까 봐 두려웠거든요. 또 엄마는 제가 어린 남동생을 정말 잘 본다고 칭찬했어요. 그래서 콧물 범벅의 못생긴 남동생을 발로 차 버리고 싶은 순간에도 겉으로는 착한 딸, 착한 누나인 척하며 지냈죠. 기본적으로 엄마는 나를 통제하는 수단으로 칭찬을 이용한 거예요. 그렇게 엄마의 칭찬은 날 무척 힘들게 했어요. 칭찬을 받으면 기분이 좋다가도 금세 화가 나곤 했어요."

우리는 칭찬의 진정성과 정도, 대상을 끊임없이 평가한다. 칭찬의 동기 역시 유심히 들여다본다. 이 같은 관점에서 레슬리를 화나게 했던 건, 엄마가 그녀를 칭찬했던 동기였다. 칭찬의 동기에 대한 이러한 민감성은 부부 사이에서도 중요하게 작용한다. 2015년부터 2년간 나는 부모와 10대 자녀 간 상호작용 연구의 연장선상에서 부부 사이의 상호작용에 관해서도 함께 연구했다.[36] 나는 실험에 참여한 부부의 집에서 이틀 정도 함께 생활하며 그들의 일상을 최대한 눈에 띄지 않게 지켜보았다. 물론 아예 그들 눈에 보이지 않게 있을 수는 없지만, 이러한 관찰 연구에서는 반려동물처럼 최대한 중립적인 자세를 취하는 것이 중요하다.[37] 그렇게 남편과 아내의 상호작용을 관찰하던 나는, 칭찬 때문에 수시로 다투는 부부의 모습을 보고 놀라지 않을 수 없었다.

서른다섯 살의 사라Sarah는 남편 스티브Steve가 자신에게 붙여 준 '특별한 직장인'이라는 수식어를 꽤 좋아한다. 스티브는 올해 서른네 살로 저명한 대학에서 주관하는 학회에도 종종 초청받는 인물이었다. 그런 스티브를 두고 사라는 이렇게 표현했다. "남편은 정말 다정해요. 학회에서 포상을 받으면 곧장 저를 칭찬하기에 바쁘죠." 하지만 그렇게 말하는 사라의 표정은 그리 밝아 보이지 않았다. 역시 그녀는 잠깐 숨을 고르고는 입술을 꽉 깨물었다. 자신이 말하고자 하는 바를 입 밖으로 꺼내도 좋을지 망설이는 듯 보였다.

"좋아요. 스티브는 정말 다정한 사람이죠." 사라가 다시 입을 뗐다. 그녀의 목소리는 어딘가 경직되어 있었다. "스티브는 내가 자신의 학회 활동에 정말 큰 자산이라며 치켜세우죠. 하지만 학회 참석은 내

시간과 에너지를 너무 많이 잡아먹어요. 물론 나는 현장에 있지만, 그들만의 대화에는 전혀 낄 수가 없죠. 정말 불편하고 지루해요! 이런 내 생각을 말하려고 하면, 스티브는 각종 미사여구로 나를 칭찬해 대요. '당신은 정말 큰 자산이야. 아주 멋진 사람이지!'라고 한껏 부풀리면서 말이에요. 그런 칭찬을 들으면 잠시 기분이 좋다가도 이내 이건 너무나도 완벽한 조롱이라는 생각이 들어요. 마치 내가 벌레 같은 존재가 된 기분이에요. 속에서부터 깊은 화가 치밀어 오르죠. 하지만 이런 순간에조차 뭘 어떻게 해야 할지 모르겠어요. 스티브의 칭찬은 정말 끔찍해요. 어떨 때는 죄책감마저 들게 한다니까요."

비단 사라와 스티브 부부뿐만이 아니다. 프랜시스Frances와 남편 게리Gary는 이스트앵글리아 외곽 지역에 살고 있는 20대 부부로, 이들은 대도시에서 학구적인 생활을 하는 사라 부부와는 생활 방식이 전혀 다르다. 하지만 칭찬의 동기에 대한 민감성이 부부 관계에서 중요한 역할을 한다는 점에서는 매우 유사했다. 결혼한 지 겨우 6개월밖에 안 된 상황에서 게리는 '함께 살아가는 방법을 익히는 중'이라고 말했고, 이런 남편의 말에 프랜시스는 깔깔거리며 덧붙였다. "단지 어떤 남편과 어떤 아내가 되어야 할 것인가뿐만 아니라 어떻게 해야 하나가 될 수 있는지 알아 가는 중이에요." 게리 역시 고개를 끄덕였다. 둘은 생각이 꽤 잘 맞아 보였다. 그런데 어느 순간 프랜시스의 목소리가 높아졌다. "당신 그렇게 말하지? 나만큼 샌드위치를 잘 만드는 사람은 없다고 말이야." 불현듯 거칠어진 프랜시스의 태도에 게리는 당황한 듯했다. "그게 나빠? 당신이 만든 샌드위치가 맛있다는 칭찬이?" "그래, 나빠!" 프랜시스의 태도는 단호했다. 게리가 좀처럼 영문을 모르겠다는 표정을 하고 대화를 성급히 끝내려 하자 프랜시스가 서둘러 말을 이었다. "물론 나도 기분은 좋아. 그렇지만 점심으로 샌드위치를 만들어 준 것만 칭찬하는 게 아니잖아. 당신 칭찬을 듣다 보면 바쁜 아침 시간에까지 샌드위치를 만들어 바치라는 것처럼 느껴져. 나를 복종시키려는 수단 같다고. 나도 당신의 칭찬을 원하지만, 기만당하고 싶지는 않아. 당신의 그런 칭찬은 나한테 무언가를 요구하는 것으로밖에는 안 들려. 누구도 서로 맡지 않기로 한 역할까지 내게 강요하는 것 같다고."

칭찬에 대한 프랜시스의 이 같은 분노가 내게는 매우 친숙하게 느껴졌다. 나 역시 칭찬을 통해 역할을 강요받은 경험이 있기 때문이다. 시어머니는 내게 이렇게 칭찬하곤 했다. "세상에, 어쩜 네 남편 셔츠를 이렇게 말끔하게 다려 놨니!" 그럴 때면 나는 전통적인 주부의 역할에 갇혀 있는 것만 같았다. 다림질에 관한 칭찬을 들은 내가 이마를 찌푸리고 한숨을 쉬면, 시어머니는 내가 쑥스러워 그러는 거라고 생각했다. 하지만 결코 아니었다. 내가 아무런 가치를 못 느끼는 일에 대한 칭찬은 나를 분노케 했다. 시어머니의 칭찬은, 나 스스로는 결코 원하지 않는 모습으로 나를 조종하고자 하는 수단에 불과했다.

사라의 남편이나 프랜시스의 남편이나 나의 시어머니 그 누구도 칭찬에 통제하고 지시하며 의지를 꺾어 버리는 역할이 있다고는 생각지 못했을 것이다. 세 사람 모두 자신은 좋은 의미에서 칭찬한 거라고 말할 것이다. 그도 그럴 것이 칭찬에 어떻게 다른 의도가 섞일 수 있다고 생각하겠는가? 이들 모두 오히려 자신의 칭찬에 화를 내며 무례한 태도를 보인 상대방을 탓할 것이다. 하지만 누구나 칭찬에 기분 상하고 민감해할 수 있다. 앞서 레슬리가 '엄마의 칭찬은 나를 힘들게 한다'라고 말했던 것처럼, 겉보기에는 기쁨을 줄 것 같은 상대방의 칭찬이 때로는 나 스스로의 판단을 가로막고 부적절한 압력을 가할 수 있다.

나쁜 칭찬은 마치 부부 간 만족스럽지 못한 잠자리와 같다. 겉으로는 즐거움과 기대를 주는 듯 보이지만, 왠지 모르게 내 기분을 침울하게 한다는 점에서 그렇다. 반면 좋은 칭찬은 우리에게 희망을 주고 활력을 돋우며 애정으로 우리를 따스하게 감싸준다.

존중감의 숨은 경제학

◊

칭찬의 필요성, 그리고 칭찬이 동반하는 존중감은 아주 깊은 뜻을 담고 있다. 그래서 일부 철학자들은 칭찬은 사적으로나 공적으로나 인간의 전 생애를 살아가게 하는 원동력이라고 말한다. 제프리 브레넌Geoffrey Brennan, 필립 페팃Philip Pettit은 인간의 명확한 동기와 목표 아래에는 '존중감의 숨은 경제학'이 포함되어 있다고 설명한다. 시장경제 체제에서는 사람들이 대개 돈에 가치를 두며 돈을 벌기 위해 노력한다. 돈이 있어야 물건을 사고 서비스를 누릴 수 있기 때문이다. 비슷한 맥락에서 존중감의 경제학을 살펴보자. 이 경우 사람들의 근본적인 동기로 작용하는 것은 타인의 긍정적인 시선이다. 이 같은 시선을 바탕으로 사람들은 협력적인 근로자로, 발명가로, 기업가로, 정치인으로 또 좋은 이웃으로 성장해 나간다.[38] 내면 깊이 숨어 있는 존중감에 대한 욕구는 우리의 동기를 겹겹이 둘러싸고 있다. 대서양의 각종 급류와 해류 속에서 바다를 완전히 둘러싼 채 흐르는 멕시코 만류처럼 말이다.[39] 각자의 흥미와 관심, 목표는 제각기 천차만별이다. 그러나 한 가지, 누구나 다른 사람의 판단에 귀를 기울인다는 것은 저마다 비슷하다.

항상 다른 사람과 함께 살아가는 우리는 다른 사람이 하는 행동을 주시하며, 각자 판단 장치를 가동하여 다른 사람들을 판단한다.[40] 그리고 설령 상대방이 나에게 아무런 표현도 하지 않았더라도 그가 나를 어떻게 생각하는지 끊임없이 추측한다. 그리고 때로 우리의 추측은 명확하다.[41] 내가 앞으로 해야 할 행동만큼이나 상대방이 나의 행동을 어떻게 생각할지에 대한 추측도 무척 중요한 문제다.[42] 그래서 설령 지금은 판단받지 않는 상황이라 해도, 앞으로 판단받을 수 있다는 가능성만으로도 우리의 행동은 영향을 받는다.

자부심, 혹은 자존감이라는 단어로 자주 사용되는 존중감은 다른 사람들 사이에서 당당하게 자신을 드러낼 수 있는 감정을 의미한다. 우리는 다른 사람으로부터 받는 존중, 따뜻한 인정, 존경 등에 가치를 둔다. 그래서 업신여기는 듯한 냉대에는 쉽게 움츠러든다. 여기서 '냉대'라는 표현은 상대방을 존중하는 마음이 없고 무관심, 비난, 조롱 등의 태도로 일관하는 모습을 표현하기 위해 브레넌과 페팃이 사용한 단어다. 이들 두 철학자는 다른 사람의 판단을 끊임없이 주시하는 인간의 속성이 우리 삶의 실질적인 원동력이라고 역설한다. 인간은 냉대가 주는 잠재적 고통과 존중이 주는 잠재적 기쁨을 계속해서 의식한다는 것이다.[43] 요컨대 다른 사람의 판단은 우리 마음에 견고한 발판이 되며, 우리의 행동을 재촉하고 조절하는 매개체로 작용한다.[44]

칭찬을 받기 위해 우리는 어떻게 자신을 속이는가

◊

칭찬, 그리고 거부와 냉대 같은 비난이 우리 앞에 놓여 있다면, 우리는 어떻게든 칭찬은 지켜 내고 비난은 피하기 위해 노력할 것이다. 오늘날 일부 심리학자는 인간의 속성, 즉 스스로를 끊임없이 칭찬하며 자아 존중감을 지켜 내기 위해 매일같이 노력하는 모습에 주목한다. 지난 30여 년간 이와 관련된 다양한 연구들이 진행되었다.

심리학과 1학년생이 맨 처음 접하는 과목은 인간의 가장 일반적인 편견, 즉 '내가 다른 사람보다 낫다'라는 믿음에 관한 것이다. 가장 기본적인 심리학 과정을 수강하며 학생들은 다음 질문에 대한 사람들의 반응을 탐색하게 된다. "자신의 운전 실력이 평균, 평균 이하, 평균 이상 가운데 어디에 속한다고 생각하는가?" 미국에서는 전체 응답자 중 93퍼센트가 기술 측면에서 평균 이상, 88퍼센트가 안전 측면에서 평균 이상에 속한다고 응답했다.[45] 평균이라는 단어의 정의에 따라 그 의미를 고려해 보면, 대부분의 사람들은 평균의 운전 실력을 갖고 있는 셈이었다. 그러나 아주 명백하게, 응답자들은 자기 실력을 과대평가하고 있었다.[46] 이 같은 결과는 비단 일반인을 대상으로 한 설문조사에만 국한된 것이 아니었다. 자신의 논리나 주장의 결과에 대해 심층적으로 평가하는 훈련을 받은 학계 사람들조차 자신이 우월하다는 환상에서 벗어나지 못했다. 스탠퍼드 대학교의 경영학 석사 과정 교수 및 학생들을 대상으로 조사한 결과 교수의 68퍼센트는 자신의 교수 능력이 상위 25퍼센트에 속한다고 믿었으며,[47] 학생의 87퍼센트는 자기 학업 성취도가 평균 이상이라고 생각했다.[48]

결국, 사람들은 자신의 능력이나 노력, 성취, 심지어 건강이나 대인 관계의 수준 등을 평가할 때 평균 이상에 속한다고 생각하는 경향이 지배적이다.[49] 이러한 현상은 '워비곤 호수 효과Lake Wobegon Effect'라고 한다. 워비곤 호수는 미국 작가 개리슨 케일러Garrison Keillor의

라디오 드라마에 등장하는 가상의 마을로, 이곳의 아이들은 모두 스스로를 평균 이상[50]이라고 여기며 살아간다. 심리학계에서는 이 현상을 '우월성에 대한 착각Superiority Illusion'으로 이름 붙였다.[51] 우리는 이 같은 착각 속에서 자신이 다른 사람보다 칭찬을 더 많이 받아야 한다고 믿으며, 그래서 칭찬을 덜 받을수록 더욱 강하게 '나는 칭찬받을 자격이 충분하다'라고 생각한다. 자기 기대보다 칭찬을 덜 받는 상황에서는 보다 강력한 자기 보호가 필요하기 때문이다.[52]

주지하다시피 특정 상황의 원인과 맥락 등을 파악하는 우리의 견해는 그것이 우리의 자아를 존중했는가 아니면 냉대했는가에 따라 형성된다.[53] 앞서 언급한 우월성에 대한 착각은 수많은 자기중심적 편견 가운데 하나에 불과하다. 어떤 실험에서 사람들에게 퍼즐 맞추기, 게임 참여하기, 낯선 사람과 대화하기 등의 과제를 주고, 과제 종료 후 스스로 결과를 평가하도록 했다.

물론 실제 점수는 알려 주지 않았다. 그러자 자기중심적 편견이 여지없이 드러났다. 과제를 성공적으로 끝낸 사람들은 자신의 능력과 노력을 자랑하기에 바빴다. "제가 퍼즐을 잘하거든요." "전 항상 최선을 다해요." 반면 과제를 성공적으로 끝내지 못한 사람들은 외부적 방해 요인(주의를 산만하게 하는 소음, 간밤에 숙면을 취하지 못한 것, 불충분한 설명 등)에 화살을 돌렸다.[54] 다른 사람과 팀을 이루어 진행하는 과제인 경우에는 남 탓을 하기에 급급했다(팀원들이 하나로 뭉치지 못했다, 사람들이 내 말에 집중을 안 했다 등).

내 경우를 예로 들어 보자. 만약 어느 동료 교수가 교단의 기금 마련 과정에서 나의 공헌은 언급하지 않은 채 오직 자신의 노력만을 강조한다거나 나도 일정 부분 기여한 업무에서 동료 교수만 그 공을 인정받으면, 나는 즉각 동료들의 '자기 위주 편향Self-Serving Bias'을 지적하고 나선다. 물론 대개 의도적으로 나를 칭찬 대상에서 제외한 동료는 없다. 그것은 우리 기억의 작동 원리 때문이다. 우리는 자신의 존중감은 적극적으로 보호하려 들지만 다른 사람의 존중감을 지키는 데에는 상대적으로 관심이 덜하다. 나 또한 '자기 위주 편향', 즉 다른 사람의 공은 배제한 채 나의 공헌만 강조하려 했던 경험을 아무리 생각해 내려 애써 봐도 좀처럼 기억해 낼 수가 없었다. 너무나 치밀하고 꼼꼼한 나머지 나는 그런 편향을 보인 경우가 하나도 없었을 수도 있다. 그러나 대부분의 사람들과 마찬가지로 나도 나 자신보다는 타인에게서 이 같은 편향을 더 쉽게 발견하기 때문일 가능성이 크다. 나역시 판단의 질은 방치한 채 자아 존중감만을 보호하려 드는 이른바 '맹점의 편견Blind Spot Bias'[55]에 사로잡힐 때가 많다.

나는 서로 친밀한 관계에 있는 사람들을 관찰하면서 이 같은 자기 위주 편향을 우연히 발견하기도 한다. 처음에는 두 명, 혹은 그 이상의 사람들이 상호작용을 하는 모습을 그저 지켜본다. 그러다 대화가 끝나면 한 명씩 인터뷰를 진행해 서로 좋았던 순간, 나빴던 기억, 고마웠던 마음, 유감스러웠던 일을 물으며 서로의 관계를 그려 나간다. 일례로 마흔일곱의 여성 가브리엘Gabriel은 어렸을 적 엄마에게 맞았던 기억을 아주 또렷하게 기억하고 있었다. 그녀는 엄마가 자기를 빗자루로 때리고 머리채를 잡고서 문기둥에 처박았다고 했다. 이후 가브리엘의 엄마를 인터뷰하며 딸의 어린 시절에 모녀 간 격한 갈등이 있었는지 물었다. 그러자 이렇게 대답했다. "가브리엘은 정말 고집 센 아이였어요. 매사에 불평만 해 대고 감사라고는 몰랐죠. 하지만 결코 아이에게 손을 댄 적은 없어요."[56]

사전 동의하에 서로 인터뷰한 내용을 모두 읽고 난 가브리엘은 이내 울음을 터뜨리며 "말도 안 돼, 엄마!"라고 정면 반박했다. 엄마도 결코 물러서지 않았다. "난 손찌검 같은 건 절대 안 했어! 어떻게 그런 거짓말을 할 수 있니? 모두 네가 지어낸 거잖아!" 존중감에 별다른 영향을 끼치지 않는 일에는 대수롭지 않게 넘어갈 수 있다. 하지만 존중감에 크게 상처를 내는 경우 자기 위주 편향은 그 즉시 작동한다. 심리학자 코델리아 파인Cordelia Fine은 이를 두고 다음과 같이 언급했다. "잠재적 위험이 커질수록 자기 보호 의지는 높아지고 뇌의 기능은 작동을 멈춘다."[57]

18세기 스코틀랜드 철학자 애덤 스미스Adam Smith[58]는 이렇게 기록했다. "대자연은 인간 사회를 형성하면서 인간에게 두 가지를 속성을 부여했다. 하나는 다른 사람을 기쁘게 하고자 하는 근원적 소망이요, 다른 하나는 다른 사람을 공격하고자 하는 근원적 혐오다. 또한 대자연은 우리 인간이 합당한 대우를 받았을 때는 기쁨을 느끼고, 그렇지 못한 취급을 받았을 때는 고통을 느끼도록 만들었다. 이와 더불어 누군가의 수용에는 유쾌하고 흡족한 마음이 들도록, 그러나 거부에는 억울하고 공격적인 마음이 들도록 만들었다.`[59] 여기서 '다른 사람을 기쁘게 하고자 하는 근원적 소망'은 상대방에게 아첨하여 그 사람의 원하는 바를 충족해 주는 것이 아니다. 그것은 사회적 동물로서 인간의 진화 과정에서 생겨난 하나의 특징이다.

다른 사람을 기쁘게 하고자 하는 근원적 소망을 언급하면서 애덤 스미스가 생각한 것은, 우리 자신의 가치를 반영하면서 최적의 판단을 내릴 수 있도록 돕는 '공정한 관중Impartial Spectator'이었다. 이는 도덕적 양심과 비슷한 측면이 있지만, 그보다 더 광범위한 개념이다. 공정한 관중은 우리가 존경하는 사람이 우리를 어떻게 생각할지를 보여 줌으로써 우리 내면의 판단과 타인의 시각을 연결해 준다. 이를 통해 우리는 자신의 필요와 가치에 따라 다른 사람의 칭찬을 선별하고 정제해서 듣는다. 이는 우리 내면의 판단 장치가 수행하는 일들 가운데 가장 중요하다.

하임 기너트의 칭찬 비유, 곧 칭찬은 강력한 정서적 약물과 같아서 적절한 용법과 용량, 알레르기 반응 등의 주의 사항을 반드시 지켜야 한다[60]는 내용은 오늘날까지 사실로 받아들여지고 있다. 루텔렌 요셀슨Ruthellen Josselson이 언급했듯, 칭찬은 '사람 사이의 공간',[61] 즉 부모와 자식, 남편과 아내, 친구 및 동료 사이 등 여러 관계 속에서 이루어진다. 이들 관계의 특징은 모두 역동적이고 쉽게 변한다는 것이다. 서로에 대한 기대 또한 높다. 그중에서 우리가 원하는 칭찬을 받고,

존중감에 대한 공격이나 비난으로부터 보호받고자 하는 기대가 단연 가장 높다.

비난: 나는 너에게 거부당하고 싶지 않다

"다행스럽게도 우리에게는 실수를 돌이킬 수 있는 방법이 있다.
바로 비난에 대한 수용이다. 잘못에 대한 후회보다 중요한 것은
미안하다고 표현하는 것이다."

칭찬은 일종의 접착제와 같아서 호르몬의 결합을 촉진하고, 사람 사이의 신뢰를 높이며, 매사에 기꺼운 마음으로 협력할 수 있게 한다. 반면 비난은 외면과 배척에 대한 두려움으로 우리의 마음을 흔들리게 한다.

아주 어린 시절에는 내가 한 행동에 대한 죄책감 혹은 후회의 감정과 나 자신에 대해 느끼는 수치심을 구별하기 어렵다.[1] 그런데 우리 삶에서 비난이라는 감정 세력은 죄책감과 수치심이라는 두 가지 서로 다른 개념을 연결하는 역할을 한다. 또 비난이 죄책감을 유발하기도 한다. 스스로의 결백을 확신하는 상황에서조차 누군가의 비난은 "당신의 행동은 인정할 수 없어" 혹은 보다 강하게 "당신을 인정할 수 없어"라는 메시지를 보낸다. 그리고 이러한 비난은 십중팔구 수치심으로 연결된다. "당신은 완전하지 않아. 결점이 있어. 부족한 것투성이라고!"[2]

3장
비난: 나는 너에게 거부당하고 싶지 않다

비난 없는 사회는 상상할 수 없다. 비난은 아이들의 사회 교육 및 도덕 교육에서 가장 먼저 사용되는 수단이기도 하다. "나 혼자 할 수 있어요!"라는 말은 자신감과 능숙함의 자기표현이지만, 이 말에 따르면 곧 행동에 대한 결과와 책임도 스스로 져야 한다. 비난은 '넌 이것에 대해 혼이 좀 나 봐야 해'라는 메시지를 전달한다. 하지만 원만한 관계 속에서 누군가를 벌하거나 제외하는 것이 과연 맞는지, 맞다면 어떻게 하는 것이 옳은지에 관해서는 아직도 논란의 여지가 많다.

비난은 보다 강력한 거부, 특히 도덕적 영역에 대한 거부를 나타낸다.[3] 하지만 누군가를 비난하고 누군가로부터 비난당한 우리의 경험에 비추어 보면, 대개 비난은 도덕적 영역을 훨씬 넘어선다. 예컨대 우리는 감정, 태도, 사소하게 거슬리는 습관 때문에 상대를 거침없이 비난한다. "좀 더 많은 연민을 보이길 바랐어.""더 깊은 존경을 표현했어야지.""너 정말 짜증나는구나!""왜 좀 더 적극적으로 도와주지 않는 거야?" 그 밖에도 '내 말에 귀 기울이지 않는다', '나를 지원하거나 위로해 주지 않는다', '내게 가치 있는 대상을 소중하게 돌보지 않는다'라는 이유로 상대를 비난한다. '생각이나 사상을 공유하지 않아서', '감정을 표현해 주지 않아서' 등의 이유로도 비난을 가한다. 일상적인 상호작용 속에서 우리가 비난하는 사람들은 범죄를 저지르거나 규칙을 어긴 이들이 아니다. 하지만 우리는 이들이 마땅히 죄책감을 느껴야 한다고 생각한다. 비난받은 사람은 보통 죄책감을 느낀다. 비난의 표현을 통해 '난 당신을 거부의 눈길로 쳐다보고 있어'라는 메시지가 전달되기 때문이다. 보다 가까운 관계에서 이 같은 메시지는 '그렇게 행동하면 안 되는 거였어'의 의미를 전달한다.[4]

거부와 비난의 관계, 그리고 가까운 사람의 기분을 상하게 하는 것과 잘못된 행동을 하는 것 사이의 관계는 아주 어린 시절 초기 의존 관계를 통해 형성된다.[5] 짜증내는 말투나 꾸지람, 호통은 아이의 몸과 마음을 완전히 바꾸어 버린다. 기쁨이 넘쳤던 아이의 얼굴은 일그러지고, 긴장한 탓에 온몸이 금세 늘어진다. 밝았던 표정에는 어두운 그림자가 드리운다. 초롱초롱하게 빛나던 눈빛은 이내 흐릿해지고, 폭풍우가 잠잠해지기만을 기다리며 알 듯 말 듯한 부모의 표정만을 주시한다. 아이의 어깨는 어느새 축 처지고 입도 같이 내려온다. 절체절명 위기의 순간에 처한 동물이 살아남기 위해 죽은 체를 하듯, 아이는 미동조차 않은 채 가만히 서 있다.

배제당할지도 모른다는 두려움

◇

누군가에게 "이건 네 잘못이야!", "넌 아무짝에도 쓸모 없어!", "정말 실망이구나!"라는 비난을 듣고서 몸이 덜덜 떨렸던 경험이 한 번쯤은 있을 것이다. 이 같은 몸의 반응은 비난을 자주 경험해서가 아니라, 마음속 깊은 곳에 있는 비난의 기억 때문에 일어난다. 비난은 우리 뇌의 편도체를 자극해 떨림을 유발한다.[6] 작은 핵으로 이루어져 있는 편도체는 감정과 관련된 정보를 처리하는데, 우리가 무언가를 볼 때 순간적인 반응에 따라 긍정적이거나 부정적인 가치가 매겨지고, 이러한 기억이 편도체에 그대로 저장된다.[7] 변호사, 검사, 판사, 배심원, 철학자 같은 부류의 사람들은 어떤 비난에 직면할 때 분명하고 객관적인 잣대로 법적, 도덕적 기준에 따라 상황을 분석하려 들 수도 있다. 하지만 대부분의 사람은 비난에 직면하면 바로 평정심을 잃기 쉽다. 그리고 다른 사람에게 거부당했다는 본능적인 두려움을 경험한다. 누군가로부터 거부나 배제를 당했을 때 느끼는 고통은 손을 베이거나 불에 데거나 몸을 맞았을 때 느끼는 고통에 버금간다. 그래서 뜨거운 오븐에 닿으면 순간 손을 떼듯 우리 뇌의 사고 체계 또한 비난으로부터 위협당하는 순간 재빠르게 작동한다. 비난에 직면했을 때 경험하는 감정적 고통은 이러한 사고 체계에 도움을 준다.[8] 고통은 우리가 거절당할 위기에 처했다는 경고의 신호와도 같다.

누군가로부터의 배제는 사람들이 홀로 책을 읽거나 음악을 듣거나, 혹은 사색을 즐기면서 느끼는 고독과는 전혀 다른 것이다. 혼자서 시간을 보내며 자기만의 시간표대로 움직이고, 나름의 욕구를 채워가는 일상 속에는 커다란 기쁨이 있다. 친구나 가족, 연인과 함께하는 것을 즐기는 사람들조차 때로는 홀로 느끼는 고독 속에서 감정적 풍요를 경험한다. 실제로 여러 사람과 집중된 상호작용 이후에는 혼자만의 시간을 통해 평정심을 회복하는 과정이 필요하다.[9] 하지만 고독이 주는 즐거움은 오직 대인 관계를 기반으로 했을 때만 유효하다. 강요된 고독에 즐거움이란 있을 수 없다.

초기 인류는 무리를 지어 생활하며 각종 소식을 접하고 먹을 것을 구하고 서로를 보호했다. 그러니 자기가 속한 무리에서 배제되는 것은 죽음과도 같았을 것이다. 독방 수감을 경험한 이들이 독방을 가장 극한의, 파괴적인 형벌로 묘사하는 이유가 바로 여기에 있다. 지난 2009년 이란에서 수감 생활을 했던 셰인 바우어Shane Bauer는 당시를 이렇게 회상했다. "가장 고통스러웠던 기억은 언제쯤 다시 자유를 되찾을 수 있을까에 대한 막연한 두려움도, 극심한 고통에 시달리는 다른 재소자들의 외침도 아니었다. 4개월 이상 독방에 갇혀 홀로 생활했던 순간들이었다. (……) 사람의 냄새가 얼마나 그리웠던지, 나는 매일 아침 오늘은 제발 심문이라도 당할 수 있기를 바라며 눈을 뜨곤 했다."[10] 남아프리카공화국의 아파르트헤이트 정권하에서 무려 27년을 교도소에서 보낸 넬슨 만델라Nelson Mandela 역시 비슷한 말을 남겼다. "사람과의 교제가 없는 것만큼 비인간적인 행위는 없다."[11]

심지어 사회적 고립은 심신의 건강마저 위협한다. 혼자 있는 시간이 늘어나면 감기나 독감 등의 바이러스에 취약해진다.[12] 또 정신질환의 위험도 급속히 높아진다. 고립된 생활의 이 같은 부정적 영향은 '유전자 암호화'로까지 이어진다. 지난 2007년 캘리포니아 대학교 로스앤젤레스 캠퍼스 연구진의 조사 결과, 장기간 외로움을 느낀 사람들은 면역세포 속 유전자 패턴이 매우 독특한 양상을 보였다. 태어날 때 갖고 있었던 유전자 패턴과는 전혀 다른 모습이었다. 마치 물리적 상처가 몸의 변형을 가져오듯 사회로부터의 고립이 유전자 패턴까지 바꿔 놓은 것이다. 물리적 상처가 염증 및 낮은 면역 반응을 유발하는 유전자를 활성화하는 것처럼 사회적 고립은 바이러스성 감염 및 심장병, 암 등의 질환에 대한 민감성을 높였다. 이 같은 내용을 바탕으로 연구진은 배고프면 먹을 것을 찾듯 외로움은 사회적 교류에 대한 갈망을 일으킨다는 결론을 내렸다.[13] 이후 2013년 진행된 연구에서는 사회적 고립을 경험한 사람들의 사망 확률이 무려 26퍼센트나 높다는 것이 밝혀졌다.[14] 인간은 속한 무리에서 제외당하는 위험에 강력하게 대응하도록 진화되어 왔다.[15] 우리가 '배제' 가능성을 경고하는 비난에 두려움을 느끼는 것은 바로 이 같은 이유 때문이다.

비난의 고통이 공감으로

◇

비난의 강력한 힘은 또 다른 원천, 즉 비난에 대한 공감을 통해 생겨나기도 한다. 인간은 다른 사람의 감정에 공감할 수 있도록 만들어졌다. 이러한 능력은 사회적 동물[16]로서의 진화에 필수적인 부분으로, 태어나는 순간에서부터 서서히 발전해 나간다. 산부인과 신생아실에서 종종 아기 울음소리가 한꺼번에 들리는데, 이는 아이들이 동시에 배고픔을 느껴서 그런 것이 아니다. 한 아이가 울면 다른 아이들이 그 소리에 반응해 함께 울기 때문이다.

한 연구 팀이 생후 8개월에서 16개월 사이의 아이들을 대상으로 실험한 결과 아이들은 인지적, 정서적 반응의 신호를 보였다. 친구의 고통스러운 울음소리에 감정적 반응을 보이는 것에 더해, 아이들은 무엇이 고통을 유발하고 무엇이 고통을 줄일 수 있는지도 이해하는 것 같았다. (가짜로 시늉만 하면서) 엄마가 망치로 자신의 손가락을 때리거나 무릎을 치는 모습을 보면, 심지어 젖먹이 아이들조차 입꼬리를 내리고 이마를 찡그리며 엄마의 고통에 공감했다. 기거나 걸을 수 있는 16개월 아이들은 엄마에게 다가가 쓰다듬어 주거나 옹알옹알 소리를 내며 위로하는 듯한 모습을 보였다.[17] 이처럼 공감은 가장 가까운 사람과의 관계에서부터 시작되지만, 거기서 멈추지 않는다. 난 12개월 무렵이 되면 다른 아이가 놀이터에서 떨어지는 모습을 보고도 긴장한다. 타인의 고통을 함께 느낀 아이들은 엄지손가락을 빨거나 머리카락을 당기며 마음을 진정시키려 노력한다.

첫 돌 이후 한 달 정도가 지나면, 떨어진 아이를 토닥거리며 어루만진다. 특히 친구가 울면 마음을 달래 주려고 자신이 가장 아끼는 장난감을 건네기도 한다. 만약 고통을 겪는 대상이 형제자매일 경우에는 훨씬 더 다양한 방법으로 달랜다. 웃기는 소리를 내서 시선을 돌리는가 하면 형제자매 쪽으로 얼굴을 돌려 쳐다보고, 찡그린 표정을 지어 보이기도 한다. 또 형제자매가 깔깔거리며 웃었던 기억을 되살려 같은 방법을 사용해 보기도 한다. 좀 더 어린아이다운 수동적이고 경직된 공감을 나타내는 경우는, 아이가 또래 친구에게 직접 스트레스를 가한 경우를 제외하고는 발견되지 않았다.

두 살 무렵이 되면 보다 구체적인 신호에 의존하여 다른 사람의 감정을 민감하게 읽어 낸다. 친구가 놀이터에서 떨어지거나 우는 모습을 봐야만 공감할 수 있는 건 아니다. 이쯤 되면 아이들은 상대방의 목소리에서, 얼굴 표정에서, 몸짓에서 슬픔의 신호를 잡아낸다.[18] 그리고 그 후에는 아이의 기분도 달라진다. 공감을 통해 감정이 전달되었기 때문이다. 다섯 살 무렵에는 이러한 신호 없이도 상대방의 마음을 알아챌 수 있다. 엄마가 떠나서 친구가 슬프고, 물건이 망가져서 오빠 기분이 안 좋다는 것을 쉽게 읽어 낸다. 일곱 살이 되면, 살던 집에서 쫓겨나거나 도시가 폭격을 맞은 것 같은 특정 상황이 아주 오랜 심적 고통으로 이어진다는 사실을 이해한다. 이후 공감 능력은 상상력과 결합하여 새로운 단계의 대인 관계를 형성해 나간다. 이 시기의 아이들은 특정 무리 전체에 공감할 수 있는 능력을 보이며, 자신의 안락함이 희생되더라도 무리의 발전에 기여하려고 한다.

만약 아이가 공감하는 순간의 뇌를 들여다볼 수 있다면, 신경세포와 함께 활성화되는 거울신경세포를 관찰할 수 있을 것이다.[19] 거울신경세포는 태어날 때부터 감정 표현의 인지를 동반한다. 상대방의 슬픈 감정을 느끼고 나면 나 자신도 슬퍼진다. 우리는 다른 사람의 감정을 상상하지만, 우리 뇌는 그 범위를 넘어서 나 자신의 고통을 입력하는 것과 같은 방식으로 상대방의 고통을 입력한다. 뇌의 세계에서만큼은 상대방과 고통을 똑같이 느끼는 것이다.[20]

예를 들어 길을 걷던 사람이 자동차에 치이는 장면을 목격했다고 가정해 보자. 지켜보는 것만으로 강한 충격을 받아 메스꺼움마저 느낄 것이다. '사고를 막을 수 있었더라면 좋았을 텐데'[21]라고 생각하며 불편한 마음을 누르지 못할 수도 있다. 전혀 논리적이지는 않지만 심지어 죄책감 비슷한 감정이 들기도 한다. 그리고 이런 생각을 할 수도 있다. '내가 치였을 수도 있어.' 아주 무서운 생각이다. 하지만 여기서는 우리의 마음을 불안하게 하는 일들이 전혀 다른 방식으로 전개된다. 타인의 고통을 목격할 때의 신경 반응은 내가 느끼는 고통을 상상할 때의 신경 활동과 생리적으로 강한 유대감을 갖는다.[22] 그래서 다친 사람을 보면 순간적으로 비난에 민감해지는 것이다.

다른 사람의 고통에 직관적이고 강력하게 공감하는 것은 판단 장치의 기본적인 요소다. 우리는 '내가 누군가를 다치게 했는가', '내가 누군가를 기쁘게 했는가' 등의 질문들로 나의 행동을 끊임없이 평가한다. 다른 사람에게도 마찬가지다. 타인의 고통에 공감하며 함께 아파하는 능력은 옳고 그름[23]을 분별하는 감각의 바탕을 이루며, 사회성과 더불어 다른 사람의 안녕에 대한 관심, 남들에게 해를 끼치지 않으려는 노력의 바탕이 된다.[24] 하지만 모든 고통이 그렇듯, 죄책감과 공감은 고통을 피하려 더욱더 노력하게 만든다. 그리고 대개 이 같은 노력은 다른 사람과의 관계에 혼란을 불러일으킨다.

남을 탓하고 싶은 본능

◊

비난은 마음에 고통을 준다는 점에서 따끔하게 혼을 내는 교사 역할도 한다.[25] 하지만 비난을 피하려고 노력하다 더 많은 손실을 입기도 한다. 예를 들어 형제자매의 장난감을 빼앗은 아이는 상대편이 울음을 터뜨리며 부모에게 달려가는 상황에서 스스로 이렇게 방어할 수 있다. "내가 먼저 장난감을 잡았다고요!" 부모는 다 알고 있다는 듯 웃으며 아이를 바라본다. 또 이렇게 말하는 경우도 있다. "세게 때리지도 않았어요. 정말 안 때렸다고요!" 그럼 부모는 또 뻔한 거짓말을 한다는 듯 싫증난 표정을 지을 것이다. 이처럼 자동적으로 나오는 아이들의 자기 방어는 미미하기 짝이 없다. 당연히 부모는 쉽게 간파해 버린다. 물론 아이들만 그런 건 아니다. 어른들도 방어적인 태도를 취한다. 할 수 있는 한 모든 방법을 동원해 비난으로부터 고통받는 일을 피하고자 한다. 그러나 여기에는 한 가지 모순이 있다. 본래의 실수보다 방어적인 태도가 사람과의 관계를 더욱 안 좋게 한다는 점이다. 범죄 자체보다 은폐하는 것이 더 나쁜 것과 마찬가지다. 그러나 비난에 직면한 상황에서는 극도의 혼란에 빠지기가 쉽다. 대개는 충분히 생각해서 말하고 행동하기보다 최대한 자기를 방어하기에 급급한 모습을 보인다. 설사 신뢰를 주지 못하거나 추후에 감당하지 못할 변명이라도 말이다.

철저히 자기 위주의 방식으로 존중감을 형성해 온 것처럼, 인간은 비난에 대응하기 위한 수단도 이와 비슷하게 개발해 왔다. 그래서 잘못이 들통날 상황에 맞닥뜨리면 재빨리 부정적으로 판단하는 상대방을 비난하고 나선다. "당신이 뭔데 그런 말을 해?" "네가 하는 말에 누가 신경이나 쓸 것 같아?"

상대방의 비난으로 계속 마음이 괴롭다면 좀 더 다양한 방어 기술을 사용한다. 과거의 행동을 살짝 바꿔 내게 편한 방식으로 생각하고는 비난의 화살을 다른 사람에게 돌려 버린다. 비난으로부터 자신을 지키기 위한 노력의 일환인 셈이다. "그게 내 잘못이라는 거니?"라든가 "너는 책임지지 않겠다는 거잖아!" 등의 말로 우리는 하루에도 몇 번씩 비난으로부터 도망치려 한다. 심지어 잘못이 명백한 상황에서조차 잘못은 인정하면서도 다른 이유를 대거나 남 탓을 하면서 자기 과실을 부인한다. "네 말 때문에 내가 이렇게 한 거라고." 때로는 과거의 사실을 바꿔 버린다. "그 정책을 지지한 건 당신이었잖아요. 내가 지지를 보낸 건, 그 정책이 기정사실화되었다는 당신의 말 때문이었어요." 상황에 따라 원인과 결과를 이리저리 바꿔 말하며 자기에 대한 비난을 다른 사람 탓으로 돌리기도 한다. "너 때문에 내가 술을 다시 마신 거야." 이 같은 핑계는 잘못에 대한 단순한 부정이다. "난 잘못한 게 없어." "내 탓이 아니야." "내가 끼친 피해를 과장해서 말하지 마." 혹은 "내 책임이라고 하는 네 생각이 잘못된 거야" 등의 표현은 일종의 책임 회피다.

나에 대한 비난을 부정하고, 그 화살을 다른 사람에게 돌리는 행위는 잠시나마 마음의 안정을 가져다줄 수는 있다. 하지만 결국 더 불행한 결과를 초래할 가능성이 높다. 방어적인 태도를 취하면 우리의 뇌는 다른 사람의 시각을 차단해 버린다. 남들이 하는 말을 더 이상 듣지 않고, 이런저런 이유를 만들어 오직 자기 결백을 증명하는 데만 골몰한다. 이처럼 고집스러운 태도는 비난에 대한 본능적인 두려움으로부터 생겨나는데, 이를 '위험 경직성'이라고 일컫는다.[26]

위험 경직성이 나타나는 상황에서는 실수로부터 교훈을 얻을 수 없다. 모든 에너지는 오직 자기 방어에 쏠린다. 나에 대한 비난에 분노하며 반격을 준비한다.[27] 턱을 아래로 쑥 빼며 눈을 크게 뜬 채 상대방을 주시한다. 어떤 위험이든 무릅쓰고 끝까지 비난하겠다는 듯 비장하다. 더구나 위험 경직성의 상태에서는 자신이 저지른 잘못에 대해 스스로 경계하는 마음도 여전히 남아 있으며, 이 경계심이 상황을 더욱 악화시킨다. 자아 존중감을 지켜 내기 위해 우리는 자기 잘못을 다른 사람의 훨씬 더 심한 잘못의 증거로 삼는다.[28] 이 같은 상황은 우리 일상 속에서 흔히 벌어진다. 하루는 나에게 한 학생의 추천서를 제출하지 않았다고 연락이 왔다. 비난에 찬 상대방의 목소리를 들으며 순간 이런 생각을 했다. '학생을 책임져야 하는 위치에 있는 내가 학생의 기대를 저버린 꼴이 되었군!' 무언가를 빼먹는 일은 신뢰와 책임을 중시하는 나와는 전혀 어울리지 않는 행동이었다.

이 같은 불일치, 즉 서로 모순되는 두 가지 생각을 동시에 하는 것을 '인지 부조화'라고 한다. 일치하지 않는 믿음은 부정적인 판단으로부터 자아 존중감을 지켜 내려는 경향이 있다.[29] 이를 통해 독선적인 태도와 자기를 정당화하는 성향이 강해지면서, 결과적으로 우리가 알고 있는 것은 사실이 아니라는 생각에까지 이르고 만다. 그래서 나 역시 이렇게 주장했다. "아무도 나에게 추천서 제출 기한이 있다는 사실을 알려 주지 않았어!" 추천서 제출에 대한 기억이 어렴풋이 떠올랐다면 이렇게 말했을 수도 있다. "나는 마감일 훨씬 전에 써 두었지. 그런데 내 비서가 보내지 않은 것 같은데?" 실수가 있었던 건 사실이지만, 명확히 따지면 '내' 실수는 아니라는 주장이다.[30] 만약 매사 이런 태도를 고수한다면, 비난의 화살을 다른 사람에게 돌림으로써 자신이 잘못을 저질렀다는 기분 나쁜 감정에서는 스스로를 보호할 수 있다. 하지만 대인 관계에서의 상호작용은 부정적인 방향으로 흘러갈 가능성이 높다.[31]

나에 대한 비난의 화살을 다른 사람에게 돌리고자 하는 충동은 심지어 비난의 상대가 없을 때에도 생겨난다. 나는 침대 모서리에 발가락을 부딪히고 나면 아무 죄 없는 금속 프레임에도 화를 내고 싶은 충동이 솟구친다. 이상하게 보이는가? 하지만 대부분의 사람이 실제로 자신의 실수라는 것을 인정하지 않기 위해 온갖 노력을 기울이며, 때로는 기존의 생각을 터무니없이 왜곡해 그럴듯하게 포장한다. 논리적인 설득으로 비난을 피하려는 술책인 셈이다. 방어적인 태도에 관해 광범위한 연구를 진행한 캐럴 태브리스Carol Tavris와 엘리엇 애런슨Elliot Aronson은 다음과 같이 언급한 바 있다. "공격은 자기 정당화를 낳고, 이는 다시 더욱 심한 공격으로 이어진다."[32]

고발은 비난 회피의 또 다른 방식으로, 세 살 무렵이 되면 재빠르게 습득한다. 형제자매에 관한 연구를 진행할 당시 나는 평소와 다른 환경에 노출된 아이들이 어떤 반응을 보이는지 살펴보았다. 시간은 대략 5분 이내로 제한했다. 먼저 아이들과 함께 있던 부모가 식사 준비, 화장실 사용, 휴식 등을 이유로 방에서 나갔다. 그러자 세 살 레아Leah와 네 살 재러드Jared는 서로 치고받기 시작했다. 다시 부모가 들어오자 둘은 서로를 고자질하기에 바빴다. "쟤가 먼저 그랬단 말이에요." 심지어 전혀 다른 상대에게 비난을 가하기도 했다. "아기가 내 주스를 쏟았어요." 레아가 가리킨 상대는 아직 움직이지도 못하는 막내 여동생이었다.

고자질은 아이들이 사용하는 아주 정교한 술수다. 특히 다른 사람이 자신의 개인적 경험을 토대로 믿음을 형성해 나간다는 사실을 이해하기 시작하면서 아이들은 이 방법을 사용한다. 남을 탓하고 싶은 충동은 너무나 본능적인 감정이어서 다른 영장류에게서도 발견된다. 동물심리학자 프랜신 패터슨Francine Patterson은 서부 저지대에 서식하는 고릴라에게 코코Koko라는 이름을 붙여 주고 수화를 가르쳤다. 하루는 코코(실제로 망가뜨린 범인)에게 장난감 고양이가 왜 망가졌는지 묻자 "야간 보호사가 그렇게 했다"라는 수화를 지어 보였다.[33]

이와 관련해 캐럴 태브리스와 엘리엇 애런슨은 '실수가 있었던 건 맞지만 내가 그런 건 아니다'라는 식의 표현은 비난의 공포에서 벗어나기 위한 일반적인 술수라고 말했다. 우리는 종종 인과관계의 복잡한 속성을 최대한 이용하여 비난으로부터 스스로를 지켜 내려 한다. 행동과 원인, 그로 인한 결과는 단순한 인과관계로 연결되어 있지 않다. 따라서 얼마든지 조작하고 수정할 수 있다.

심지어 "누가 먼저 시작했어?"와 같은 아주 직접적인 질문에도 분쟁은 발생한다. 여동생을 때린 사람이 오빠인가? 아니면 여동생이 오빠를 못살게 굴면서 놀리고 조롱했는가? 어린 동생의 장난감을 빼앗은 사람이 형인가? 아니면 형이 어린 동생의 장난감을 가로챘는가? 음료수를 쏟은 것은 아이의 부주의함 탓인가, 아니면 비뚤게 놓여 있던 테이블 때문인가? 이렇게 시시비비를 가려내는 과정에서 내 잘못은 슬쩍 빼먹기도 하고, 상대방의 잘못만 탓하기도 한다. 또 행동의 의도와 동기, 책임, 개인의 성품까지 낱낱이 들춰낸다. 이처럼 서로의 잘잘못에 대한 과열된 논쟁은 아주 어린 시절에서부터 시작된다. 우리는 모두 자신의 책임을 회피하기 위해서라면 복잡한 인과관계까지 교묘하게 이용하는 기회주의자들인 셈이다.

못한 일보다 잘한 일이 기억에 더 오래 남는 이유

◊

기억은 과거에 대한 객관적인 기록인 것처럼 보인다. 과거의 일은 쉽게 잊히지 않고 기억을 통해 되살아난다. 오래전에 겪은 슬픈 경험의 기억은 마치 지금 일어난 일처럼 다시금 떠올라 슬픔에 젖게 한다. 또 과거에 했던 말실수에 대한 후회로 금세 신경이 날카로워지기도 한다. 이럴 때는 마치 예전의 기억이 눈앞에 바로 되살아나는 듯해 눈을 질끈 감아 버린다. 하지만 몇몇 속담에서 보듯 우리의 기억, 특히 고통스러운 기억은 생각보다 쉽게 잊힌다. '결코 잊지 마라. 죽은 자들을, 그리고 서로를 고통 속으로 몰아간 수많은 상처를'이라는 간절한 외침은 인간의 잔혹 행위가 얼마나 쉽게 잊힐 수 있는지를 암시하고 있다.

이처럼 재앙과 비극의 역사를 되풀이하지 않기 위해 우리는 그 기억을 잊지 않으려 노력한다. 그런데 한 사람의 개인으로서도 자기의 실수를 쉽게 잊어버리는 경향이 있다. 이와 관련해 코델리아 파인은 다음과 같이 언급했다. "기억은 (우리) 자아의 가장 굳건한 동맹이다. (……) 자신에 관한 좋은 기억은 뇌세포에서 굳건히 자리를 잡는 반면, 나쁜 기억은 (……) 오래 머무르지 않고 금세 사라져 버리는 습성이 있다."[34]

이런저런 임명 위원회에서 일을 해 온 나는 후보자들이 질문에 대답하는 방식에 종종 놀라곤 한다. 가령 그들은 '최근에 저지른 가장 큰 실수는 무엇입니까?'와 같은 질문에는 매우 느리게 답변하는 반면, '가장 자랑스러운 최근의 성취는 무엇입니까?'와 같은 질문에는 재빠르게 대답한다. 성취한 것은 쉽게 기억나고, 많이도 떠오른다. 하지만 실수한 것은 거의 생각나지 않는다. 심지어 아무리 생각해 내려 애를 써 봐도 전혀 기억해내지 못하는 경우도 있다. 이것은 후보자들이 자신의 실수를 숨기려 해서가 아니라, 이들의 자기 편향 시스템이 작동한 결과다.

예전에는 기억이 하나의 기록 장치로 여겨졌다. 재생하면 언제든지 다시 볼 수 있는 비디오 기계처럼 말이다. 그래서 시작 버튼을 누르면 우리의 기억이 과거에 경험한 그대로 재생된다고 믿었다. 그러나 심리학자들이 기억의 복잡한 과정을 연구해 보았더니 전혀 다른 사실이 발견되었다. 연구에 따르면 우리는 자신이 의미를 부여한 기억을 단편적으로 저장하고, 그 기억을 되살려 낼 때(기억해 낼 때)는 과거의 경험을 자기 입맛에 맞게 재구성하여 불러들였다.[35] 구멍 난 기억은 메우고 일관성 있게 정돈하며, 알고 있는 모든 사실을 총동원해 시간 및 물리적 인과관계, 개연성 등을 짜 맞춘다. 결국 기억은 재생이 아닌 구성인 셈이다. 자신에게 편안한 방식대로 기억의 조각을 다시 맞추어 재생하는 것이다.[36]

과거의 이야기에는 강력한 힘이 있어 우리 삶에 커다란 의미와 일관성을 부여한다. 그래서 다른 사람과 함께 나눈 경험과 역사가 나의 그것과 대치하면 자아 정체성에 위협을 느낀다. 그런데 부모와 자녀, 형제자매, 친구, 부부 등 친밀한 관계에 놓인 수많은 사람들을 연구한 결과 서로 다른 기억, 특히 비난과 관련된 기억에서는 놀랍게도 늘 충돌이 일어났다.

보통 연구 결과를 편찬하기 전에 실험 참가자들에게 먼저 읽어 볼 기회를 준다. 한 사람씩 순서대로 읽어 보는 식인데, 이를 통해 자신이 했던 말이 제대로 표현되었는지 확인한다. 그런데 이 과정에서 친밀한 관계에 놓인 사람들조차 얼마나 서로 다르게 기억하고 있는지가 여실히 드러난다. "어떻게 그렇게 말할 수 있니? 난 죽어도 널 때린 적 없어!" 앞서 가브리엘의 엄마는 딸이 언급한 부분을 읽고 이렇게 화를 냈다. 애나벨Annabelle은 자신이 여동생 레아를 집에서 내쫓고 문을 잠가 버렸다는 주장에 "난 그런 적 없어!"라고 단호하게 반박했다. 니나Nina는 '함께 말썽 부린 경험'에 관해 여동생 스테이시Stacey가 언급한 부분을 읽고 거칠게 쏘아붙였다. "나는 엄마가 아끼는 꽃병을 깨지 않았어. 그건 너였잖아. 내가 너 대신 덮어쓴 거였다고! 이제는 진실을 말해야 하지 않겠니?" 심지어 아주 최근에 벌어진 일에 대해서도 남편과 아내는 자아를 지키기 위해 기억을 지우고 왜곡했다. "자동차보험 가입을 깜박한 건 내가 아니야. 당신이라고." 누구도 거짓말을 하고 있지 않았지만, 누구도 상황을 정확하게 바라보고 있지도 않았다. 그들은 그저 서로를 탓하고 있을 뿐이었다.

이렇듯 기억의 생략과 구성은 비난의 위기를 모면하는 데 매우 효과적인 방법이다. 그러나 비난을 회피할수록 우리의 생각은 점점 경직되어 간다. 물론 우리의 행복을 위해 방어적인 태도가 꼭 필요한 부분도 있다. 이러한 태도는 실패와 실수의 상황에서조차 자기 자신은 기본적으로 사랑스럽고 좋은 사람이라는 것을 전제하고 있기 때문이다. 자기 향상적 기억Self-Enhancing Memories에는 자신은 칭찬받을 만한 사람이라는 가정이 존재하며, 이러한 믿음은 비난을 당한 후 마음의 평정을 되찾는 데 도움이 된다. 따라서 지나치지 않을 정도의 착각은 회복성을 높여 주는 이점이 있다. 하지만 방어적인 태도는 종종 심각한 위험을 초래하기도 한다. 방어적인 태도는 실수로부터 배울 기회를 놓치게 하고, 다른 사람의 생각에 귀를 막게 하며, 심지어 사랑하는 사람과도 대적하게 만들기 때문이다.

우리 몸과 마음을 망가뜨리는 수치심

◊

누구나 비난을 피하고 싶은 충동을 느끼지만, 이러한 감정을 남들보다 훨씬 빨리 흡수하는 사람들이 있다. 마음속 깊은 곳에 내재된 충동은 감지할 수 있는 형태로 집요하게 남아 있다. 비난 중에서도 자기 비난은 정신 건강에 적신호를 부르는 요소로 작용한다. 유전적인 위험이나 사회 환경, 혹은 가족이나 친한 친구의 죽음, 이혼, 실직 같은 개인적 위기보다 훨씬 강력한 예측변수다.[37]

연구 중 만나 본 치료 전문가들은 대부분의 환자에게서 발견되는 가장 흔한 문제가 바로 죄책감을 동반한 자기 비난이라고 했다. 그리고 이것은 특정 행동에만 국한되어 나타나지 않으며 환자들의 정서를 지배한다고 덧붙였다. 가령 일반적으로 우리는 시험에서 부정행위를 하거나 친구에게 거짓말을 할 때면 죄책감을 느낀다. 또 자신도 모르게 저지른 일, 이를테면 부주의로 꽃병을 깨거나 난폭한 행동으로 사람을 다치게 하거나 물건을 제대로 간수하지 못해 잃어버린 경우에도 죄책감을 느낀다. 하지만 자기 비난에 동반되는 죄책감은 특정 행동에 따라오지 않는다. 자기 비난에 사로잡힌 사람들은 주위 사람들이 자신이 없으면 더 행복할 것이라고 믿어 버린다. 이와 관련하여 정신 분석가 앨리스 밀러Alice Miller는 다음과 같이 말했다. "그 어떤 충고나 다툼도 이들의 죄책감을 해결해 줄 수는 없습니다. 아주 어렸을 때부터 단단하게 자리 잡은 감정이기 때문이죠."[38] 즉, 이러한 감정은 '내가 어떻게 행동했는가'가 아니라 '내가 어떻게 취급받았는가'에서 유래한 것이기에 극복이 힘들다는 것이다.

정신과 의사인 제임스 길리건James Gilligan은 최근 연구를 통해 극도의 자기 비난, 혹은 수치심이 어떤 비극으로 치달을 수 있는가에 대해 정확히 알게 되었다. 교도소 및 정신 병원에 수감되어 있는 강력 범죄 전과자들의 심리 상태를 연구하면서 수많은 재소자 및 환자들이 어린 시절에 언어적, 감정적, 육체적 학대를 당했다는 사실을 확인했다. 성적 학대에 노출된 경우도 있었으며, 일부 수감자들은 생명이 위험할 정도의 방치와 굶주림에 시달리며 자랐다.[39] 길리건은 이들 모두가 수치심 속에서 성장했음을 깨달았다.

그렇다면 우리는 왜 다른 사람의 행동에 수치심을 느끼는가? 왜 아이들은 신체적 혹은 성적으로 학대를 당하면 자기 자신을 탓하며 비난하는가? 이에 대해 길리건은 다음과 같이 설명했다. "부모의 학대는 아이에게 '나는 너를 사랑하지 않는다'라는 것을 보여 주는 가장 확실한 방법입니다."[40] 길리건은 환자들과 깊은 대화를 나누며 부서져 버린 기억의 조각들을 하나하나 맞춰 나갔다. 그러면서 환자들이 공통적으로 자주 사용하는 단어가 있음을 깨달았다. '허전하다', '멍하다', '무기력하다', '로봇 같다' 같은 말이었다. 환자들은 범죄를 저지르기 훨씬 전에 이미 자신의 인격은 죽었다고 생각했다. 폭행이나 살인에 대한 죗값을 받는 것이 이들에게는 아무 의미가 없었다. 이미 모든 것을 잃었기 때문이다.

"사랑받지 못한 자아는 죽어 버리고 맙니다. 산소가 없으면 숨을 쉴 수 없는 것과 같습니다." 이 같은 비유는 신경과학의 관점에도 부합하는 설명이다. 수치심은 우리를 병에 취약하게 만들고, 기존의 병을 더욱 악화시킨다. 코르티솔이라는 분비물을 다량으로 발생시켜 우리의 면역 체계와 염증 체계가 제대로 작동하지 못하도록 억누르기 때문이다. '전염증성 체계Proinflammatory System'란 우리 몸의 회복을

돕고 각종 확인 및 균형 조절을 담당하는 체계를 일컫는다.[41]

지속적으로 수치심에 노출되면, 뇌의 생리 작용에도 변화가 일어나 회복 탄력성과 자기 통제력이 감소한다. 또한 수치심은 유전자에도 영향을 미쳐 MAOA, CDH13 등 소위 '전사 유전자Warrior Gene'라 불리는 특정 유전자의 공격성을 활성화시킨다. 전사 유전자는 가족 내 다수가 폭력적 성향을 보이는 사례를 연구하며 최초로 식별된 유전자다. 연구 초기에는 이 유전자 자체가 폭력적인 행동을 일으킨다고 여겨졌으나, 이후에 폭력성을 보이지 않는 사람에게서도 이들 유전자가 발견되었다. 결론적으로 전사 유전자는 어린 시절의 학대 등으로 오랜 기간 수치심에 노출되었을 때 활성화되었다.[42]

일단 수치심이 뿌리를 내려 우리 뇌의 기능을 바꾸기 시작하면, 지극히 작은 모욕에도 극도의 방어적 성향을 나타낼 수 있다. 대부분의 사람들은 인파가 몰린 열차에서 사람들에게 치이거나 얼마 안 되는 돈을 잃었을 때, 혹은 지나가던 사람이 자신을 보고 비웃거나 옆차가 욕을 하며 쌩 지나가도 짜증 한번 내는 것으로 그친다. 순간적으로 화가 치밀어 오르거나 모욕당했다고 생각할 수도 있다. 하지만 평소 다른 사람에게 존경받고 자신의 의견이 존중되며 자아 존중감이 단단하게 뿌리내린 경우에는 쉽게 평정심을 되찾는다. 그러나 오랜 기간 수치심을 안고 살아온 이들은 모욕에 대한 완충제가 전혀 없다. 그래서 아주 미세한 얼굴 표정이나 목소리의 느낌, 몸짓에서도 쉽게 모욕을 느껴 극도의 분노를 표출하는 것이다.

감정과 생리 사이의 연관성에 관해 오랜 기간 연구해 온 신경생물학자 안토니오 다마지오Antonio Damasio는 다음과 같이 설명했다. "수치심 같은 감정에 반복적으로 노출되어 우리 뇌가 그 상황에 적응하면, 이와 관련된 신체적 변화를 관장하는 뇌의 영역은 유사한 감정이 일어날 때마다 반응하기 시작합니다."[43] 수치심은 때로 '못난' 감정[44]이라고도 불린다. 수치심으로 우리의 마음이 '못나게' 되고, 어떤 때는 거기서 그치지 않고 '못난' 행동으로까지 이어진다.

자존감을 회복하려는 위험한 노력

◊

길리건의 환자들이 느끼는 극도의 수치심은 우리가 일상에서 경험하는 것과는 다소 거리가 있을 수 있다. 하지만 대부분의 사람은 결점이나 실수가 드러나고, 열등한 모습이 노출되거나 경멸의 눈초리를 느낄 때면 굴욕감을 느낀다. '굴욕mortification'은 '죽음mortis'과 '만들다facere'를 뜻하는 라틴어에서 유래한 말로, 죽거나 사라지고 싶은 내적 붕괴 상태를 의미한다. 지속되는 굴욕감은 수치심을 낳고, 이는 다시 자존감의 몰락으로 이어진다. 길리건은 이를 '자아의 죽음'이라고 표현했다.

누구나 자아의 죽음 상태에 직면하게 되면 자존감을 회복하려 노력한다. 그 방법은 다소 거칠고 어설프다. 길리건의 연구 결과 주변 사람들의 관심과 사랑을 받지 못한 채 반복적으로 수치심에 노출된 경우, 자존감 회복을 위해서라면 어떤 위험도 감수했다. 자유를 포기하는 것은 물론 때로는 죽음도 불사했다. 이들은 극단적인 형태의 공포를 조장하는 것 외에 다른 방법을 알지 못했다. 폭력을 쓰거나 총구를 겨누는 것이 자존감을 세우는 유일한 방법이었다. 수치심이 관심을 원하는 아이의 순수한 마음을 기필코 존중받고 말겠다는 격렬하고 포악한 욕구로 바꿔 놓은 것이다. 이 역시 주목받고 싶어 하는 단순한 감정에 지나지 않는데 말이다.[45]

이처럼 굴욕감에 취약한 우리의 모습은 시간이 지나면서 조금씩 변하지만 결코 사라지지는 않는다. 어릴 때는 다른 사람의 부정적인 시선에 의문을 제기하지 않는다. 사랑하는 사람이 나를 인정하지 않으면, 그저 스스로를 가치 없는 존재로 여기고 끝난다. 그러다 청소년기에 접어들면 또래 집단이 삶의 전부가 되어 친구들의 인정을 끊임없이 갈구한다. 자의식이 제대로 형성되어 있지 않은 10대의 경우 친구들의 놀림에 아주 민감하게 반응한다. 그래서 따돌림은 자존감을 무너뜨리고 아이를 극도로 위험한 상황에 처하게 한다.

따돌림의 결과로 나타나는 사회적 배제는 10대 자살의 가장 큰 원인으로 꼽히는데, 오늘날 10대 사망 원인 중 제일 큰 비중을 차지하는 것이 바로 자살이다.[46] 열다섯 살 난 소년 루이스Lewis의 경우를 살펴보자. 미식축구 선수로 활동하던 루이스는 탈의실에서 친구들로부터 가벼운 폭행을 당한 뒤 운동을 포기했다. 그리고 지난 2013년, 따돌림을 견딜 수 없었다는 쪽지 한 장을 남긴 채 스스로 목숨을 끊고 말았다.[47] 열일곱의 그레고리 스프링Gregory Spring도 같은 경우다. 틱 장애를 앓고 있던 그레고리는 수년 동안 주변의 놀림에 시달려야 했다. 그런 자신과 사회를 이어 주는 유일한 끈이었던 여자 친구마저 떠나 버리자, 결국 자살이라는 극단적인 선택을 하고 말았다.[48]

성인이라고 크게 다르지 않다. 소위 체면이 깎이거나 사회적 정체성이 무너지면, 어른들도 수치심에서 벗어나기 위해 자살을 선택한다. 다른 사람으로부터 느끼는 존중감 없이는 삶 자체가 불가능하기 때문이다. 우리는 존중감을 통해 자아 정체성을 형성하며, 그래서 존중감이 사라져 버리면 스스로 존재 가치가 없다고 느낀다. 라디오 방송에도 정기적으로 출연했던 이저벨 바넷Isobel Barnett은 영국 귀부인으로서 본보기가 된다는 평가를 받았다. 오랜 시간 영국의 품위와 강직한 매력을 상징하는 대표적인 인물로 회자되었던 그녀는[49] 1980년, 동네 슈퍼에서 참치 캔 하나와 크림 한 통을 훔친 혐의로 유죄를 선고받으면서 한순간에 매장당했다. 그리고 나흘 후, 바넷 부인은 욕조 안에서 시신으로 발견되었다. 옷은 모두 입은 채였고, 물이 가득 든 욕조에는 전기 히터가 틀어져 있었다. 해군 참모총장을 지낸 제러미 부르다Jeremy Boorda도 과거에 받은 훈장 두 개에 대한 적법성 문제가 일자, 1998년 《뉴스위크》와의 인터뷰를 앞두고 권총 자살을 택했다.[50]

지금까지 언급한 이들 가운데 신체적인 고문이나 역경을 당한 사람은 아무도 없다. 하지만 수치심은 이들의 자존감을 무너뜨렸고 희망마저 앗아갔다. 길리건이 관찰한 결과 자아의 죽음, 곧 자존감의 완전한 상실은 신체적 죽음보다 훨씬 고통스러운 것이었다.[51]

수치심은 사회적 동물만 느낄 수 있는 감정이며, 다른 사람에게 존중받지 못했을 때나 사회의 중심부에서 배제되었을 때 생긴다. 길에 지나가는 사람들이 나를 보고 위협감이나 불쾌감을 느껴 얼굴이 굳어지거나, 혹은 나를 하찮게 취급하면서 목소리만 듣고 거짓말쟁이라거나 위험한 인물이라거나 무시해도 되는 존재로 여기면, 우리는 둘 중 하나의 선택을 한다. 그 자리에서 도망치거나 아니면 나를 인정해 달라고 싸우거나. 이와 관련하여 발달심리학자 브루스 후드Bruce Hood는 이렇게 말했다. "사람이 사회적 인정받길 원하는 것은 너무도 당연한 일입니다. 하지만 놀라운 것은 사회의 무리 가운데 속해 있다가도 일단 배제되는 순간 끔찍한 응징을 가한다는 사실입니다."[52]

수치심을 느끼지 못하는 사람들

◊

전체 인구 중 극히 일부는 그 어떤 죄책감이나 수치심도 느끼지 못한 채 살아간다.[53] 이 같은 '감정적 이방인Emotional Aliens'은 다른 사람의 고통에 냉담한 시선으로 일관한다.[54] 이들이 다른 사람과 교제하는 목적도 칭찬을 얻기 위해서가 아니라 그들의 힘을 이용하기 위해서다.

이들은 일반인들과는 다른 예외적 범주에 속해 있다. 그러나 감정적, 사회적 신호를 파악하는 데는 아무 문제가 없다. 그 점에서 아스퍼거 증후군Asperger Syndrome과는 전혀 다르다. 아스퍼거 증후군의 경우 직관적인 어휘 선택 능력은 현저히 떨어지는 반면 공감 능력이나 애착 형성에는 전혀 문제가 없다.[55] 하지만 감정적 이방인들은 상대방의 마음을 읽어 내는 데는 탁월하나 공감 능력은 전무하다. 그들은 상대방의 얼굴과 목소리, 자세의 작은 변화에도 민감하게 반응하며 발 빠르게 대응한다. 그래서 상대방의 신뢰를 얻는 데 아주 능숙하다. 이들에게 '마음보기'란 상대방을 조종하는 방법을 정확하게 아는 것이다.

전체 인구 가운데 약 1퍼센트가 이처럼 예외적으로 수치심을 못 느낀다고 추정되는데, 바로 이들이 우리가 흔히 말하는 '사이코패스'다.[56] 사이코패스는 그 어떤 가책이나 후회도 없이 사람들을 괴롭히고 성폭력과 살인을 저지른다. 우리는 사이코패스가 대체로 범죄자일 것이라고 가정하며, 다수의 범죄자들이 사이코패스일 것이라고 단정한다. 그러나 실제로 두 집단이 겹치는 비율은 상대적으로 높지 않다. 냉담하고 충동적이며 자극적인 것에 탐닉하는 사이코패스는 전체 재소자 가운데 25퍼센트에 불과하다.[57] 길리건의 표현을 빌리면 '수치심으로 가득한' 재소자는 사이코패스로 볼 수 없다. 이들이 폭력적인 성향을 보이는 것은 결코 다른 사람의 판단에 무심해서가 아니다. 오히려 판단에 지나친 압박을 느끼지만, 존중받고 인정받을 수 있는 다른 방법을 알지 못해서다.

모든 범죄자가 사이코패스가 아닌 것처럼 모든 사이코패스가 범죄자는 아니다. 법을 잘 지키며 성공적으로 살아가는 사이코패스도 많다. 이들은 자신이 원하는 것을 얻는 데 아주 뛰어나다. 카리스마 넘치는 모습으로 다가가 금세 친구가 되고, 어느 정도 목적을 달성하면 가차 없이 버린다. 사이코패스는 권력욕도 강하다. 그래서 충동적으로 위험을 감수하는 행동이 용기와 창의력으로 칭송받기도 한다.[58] 자신의 생각과 모습을 감추는 데 탁월한 능력을 보이지만, 뇌 사진을 찍어 보면 그 속내가 고스란히 드러난다. 그들의 뇌는 죽음이나 강간 같은 말에도 아무 반응을 일으키지 않는다. 사이코패스는 폭력이나 고통과 관련된 단어도 의자나 나무처럼 감정과 아무 상관없는 단어로 받아들이기 때문이다.[59] 그들은 본인에게 위험이 닥칠 수 있는 상황에서도 결코 동요되지 않는다.[60]

내면의 판단 장치가 활성화된 일반인이 사이코패스의 정신 세계를 이해하기란 거의 불가능하다. 누군가의 목숨이 온전히 자기 손에 달려 있는 외과의사나 한 아이의 보호자, 누군가의 이웃이나 친구, 배우자는 끊임없이 스스로에게 이런 질문을 한다. "내가 주변 사람을 충분히 보살피고 있는가?" "공정하게 대하는가?" "충분히 배려하고 도와주면서 사려 깊게 행동하는가?" 대부분의 사람에게는 스스로를 긍정적인 시각으로 바라보고 주변 사람에게도 긍정적인 영향력을 끼치는 것이 매우 중요한 문제다.

수치심에는 사회적인 행동을 조절하는 역할이 있으므로 '필수적인' 감정[61]이라고 일컫기도 한다. 수치심은 우리 내면의 경찰관 노릇을 하면서 무엇이 기대되고 용납되는 행동인지 끊임없이 상기시켜준다. 그러나 어디에나 예외는 있게 마련이다. 다른 사람을 속이며 무임승차를 일삼는 사이코패스는, 우리 사회의 규범으로부터 각종 이득을 챙기면서도 결코 그 규범은 따르지는 않는다. 수치심을 못 느끼는 이들이 소수가 아닌 다수였다면, 더불어 살아가는 우리 사회의 전체 시스템은 금세 무너졌을지도 모른다.

'미안해'라는 말의 힘

◊

비난과 죄책감, 수치심 사이의 연관성은 심리학자들이 인간의 본성을 연구하기 훨씬 전부터 존재했다. 성경의 창세기를 보면 거부가 가져온 끔찍한 결과가 잘 나타나 있다. 하나님의 말을 거스른 아담

Adam과 이브Eve는 에덴동산에서 쫓겨나 처음으로 수치심을 느낀다.

　이 같은 근원적인 이야기는 인간은 누구나 거부와 죄책감, 수치심의 위험 속에 살고 있으며, 이 세 가지를 잘 조절해 가는 것이 일생의 중요한 과제임을 상기시킨다. 우리는 자기가 사랑하고 존경하는 사람에게서 결코 거부당하고 싶어 하지 않는다. 하지만 늘 그럴 수는 없다. 때로는 스스로의 잘못된 판단에 넘어가기도 하고, 다른 사람의 실수나 편견 탓에 공정한 평가를 못 받기도 한다. 누구도 비난이 전혀 없는 곳에서 살아갈 수는 없다. 그러니 다른 사람에 대한 나의 비난과 나에 대한 다른 사람의 비난을 잘 조절해 가며 살려고 노력해야 한다.

　연구 과정에서 부모와 자녀, 친구, 부부, 동료 등의 관계를 살펴보면 방어적 성향이라는 문제가 반복해서 등장하는 한편 부정적인 판단을 잘 조절하는 합리적인 사례도 많다. 자신을 향한 누군가의 비난을 주시하는 것은, 마치 타오르는 불길에 손을 대고 있는 것만큼 힘든 일이다. 하지만 다른 사람의 생각에 열린 마음으로 귀를 기울이다 보면 어느새 부정적인 판단("이건 모두 네 잘못이야")은 긍정적인 시선("이번 일을 기회로 삼아서 앞으로는 비난이나 죄책감을 피하고, 나와 다른 사람 모두에게 인정받는 존재로 거듭나야겠어")으로 바뀐다.[62]

　비난의 수용이 수치심의 위험을 줄여 준다는 것이 얼핏 이해가 가지 않을 수도 있다. 하지만 여기에는 몇 가지 강력한 증거가 있다. 하버드 졸업생이 느끼는 행복에 대해 60년 이상 추적 관찰해 온 정신과 의사 조지 베일런트George Vaillant는 자신의 불운을 다른 사람의 탓으로 돌리는 이들이 삶에서 직면하는 불가피한 변화에 훨씬 적응을 못한다고 했다.[63] 같은 주제로 진행된 연구 결과 약 77퍼센트가 다른 사람을 비난할 때는 정서적으로도 육체적으로도 훨씬 힘들어하는 것으로 나타났다.[64] 용서하지 못하는 마음을 품은 채 비난을 쏟아내면 우리의 건강까지 위협받는 셈이다.[65] 다른 사람을 탓하며 비난하면 일시적으로는 마음의 안정을 얻을 수 있다. 그러나 지금 나의 상황이 다른 누군가의 잘못으로 생겨난 결과라면, 내 삶은 내가 아닌 다른 사람의 통제 아래 있는 것이나 마찬가지다.

하지만 다행스럽게도 우리에게는 실수를 돌이킬 수 있는 방법이 있다. 아주 어린 아이들도 잘못을 하면 고개를 숙이고 뭔가 모를 불편한 표정을 짓는다. 깊이 후회하고 있다는 표현이다. 그러다 얼마의 시간이 지나면 사과의 힘을 학습한다. "미안해"라는 말은 우리의 실수를 인정하고 어떠한 비난도 달게 받겠다는 사과의 표현이다. 여기에는 죄책감을 알아 달라는 바람도 포함되어 있다. 잘못에 대한 후회보다 중요한 것은 미안하다고 표현하는 것이다.[66] 이는 곧 나의 잘못된 행동으로 상처받은 상대방을 가치 있게 여긴다는 것을 의미하기 때문이다. 모든 사회나 관계에서 보상이나 자백, 속죄 등의 행위를 중요하게 여기는 이유다. 이를 통해 우리는 사랑하고 의지하는 사람으로부터 다시 인정을 받고 비난의 공포를 잠재울 수 있다.

가족 : 자존감의 크기가 결정되는 곳

"나를 향한 비난이 특정 실수에 국한되어 있을 경우, 처음의 격앙된 마음은 금세 가라앉는다. 그러나 일반화된 비난을 듣게 되면 마음속 분노는 쉬이 사그라들지 않고 점점 커진다."

각 가정마다 칭찬에 대한 독특한 방식과 규칙이 있다. 어떤 가정에서는 칭찬이 한번 시작되면 도통 그치질 않는다. 좀처럼 끊어지지 않는 달콤한 껌처럼 말이다. 하지만 어떤 가정에서는 칭찬의 달콤함이 금세 사그라들어 그 어떤 흔적도, 만족도 남지 않는다. 그래서 칭찬에 강한 자부심으로 반응하는 사람이 있는가 하면 걱정과 의구심을 나타내는 사람도 있다. '저 사람 말을 믿어도 되는 걸까?', '아직도 나로 인해 기뻐하고 있을까?'라고 생각하며 말이다. 같은 칭찬에도 사람마다 차이를 보이는 이유는, 칭찬의 표현 방식이 서로 다른 가정에서 자랐기 때문이다.

비난에 대한 방식과 규칙도 집집마다 다르다. 어떤 가정에서는 비난은 아주 짧으며 이내 칭찬으로 대체된다. 하지만 어떤 가정에서의 비난은 주홍글씨처럼 깊고 진해서 자존감에까지 상처를 입힌다. 비난에 직면한 상황에서 누군가는 정면 돌파하는 모습을 보인다. "그

건 누구라도 할 수 있는 실수였어." 그러나 어떤 사람은 자신을 방어하는 데만 급급하다. "절대 내 잘못이 아니야. 당신이 어떻게 생각하든 난 상관없어." 자기 비난으로 이어지는 경우도 있다. "그래, 모두 내 탓이야. 내가 그렇지 뭐. 다 내 잘못이라고." 이처럼 비난에 대한 반응이 각기 다른 이유 또한 아주 어릴 때부터 경험해 온 비난의 표현 방식이 서로 다른 데서 이유를 찾을 수 있다.

가족은 단지 같은 집을 공유하는 개인이나 무리 이상의 의미를 지닌다. 가족 구성원의 상호작용은 암묵적으로 공유하고 주시해 온 가족 내 판단 장치를 바탕으로 이루어진다.[1] 예를 들어 작은아이가 시험을 잘 봐서 칭찬을 받는 동안 큰아이는 덩그러니 혼자 남겨진 상황을 부모가 알아챘다고 가정해 보자. 부모는 이내 큰아이 곁으로 다가가 속삭인다. "방에 만들어 놓은 기차 모형 봤어. 정말 멋지던걸!" 이 가정에는 누구나 칭찬받을 만한 존재라는 무언의 명제가 존재하는 셈이다. 또 다른 예로 한 아이가 부모가 싸우는 장면을 목격했다고 하자. "당신은 내 말을 전혀 안 들어." 또 다른 한쪽에서 이렇게 받아친다. "그러는 당신은 어떻고? 대화 자체를 안 하려고 하잖아. 늘 잔소리뿐이고!" 아이는 부모의 시선을 다른 곳으로 돌리기 위해 음료수를 엎지르거나 동생을 때린다. 아이는 그간의 경험으로 비난의 화살을 자신에게 돌려야만 부모의 다툼이 끝난다는 사실을 학습한 것이다.

심리학자들은 가족 내 판단의 민감한 순환 고리를 중앙난방 시스템에 비교한다. 이 시스템에서는 미리 설정되어 있는 기준 이하로 온도가 내려가면 보일러를 가동하라는 신호가 전달되고, 이후에는 정상 온도가 될 때까지 가동이 지속된다.[2] 가족 내 판단의 순환 고리 또한 대개는 안정감과 소속감으로 연결된다. 그러나 이 시스템이 제대로 작동하지 못할 때도 종종 있다. 가족 내 판단 체계가 제대로 작동하는지의 여부는, 그 체계가 얼마나 엄격한가 유연한가, 혹은 반응적인가 침입적인가에 따라 좌우된다.

유연함과 엄격함의 균형 잡기

가족의 판단 체계는 어느 정도의 엄격성을 필요로 한다. "이렇게 해도 된다고 생각할 수도 있어. 하지만 그래선 안 돼." 어린 여동생을 놀리는 세 살짜리 아이에게 부모가 차근차근 설명한다. 이렇듯 부모는 칭찬과 비난을 통해 필요한 권위를 행사한다.

아이들은 칭찬과 비난에 대한 가족 내의 규칙을 학습해 가며 때로는 그 적절성을 평가해 보기도 한다. 가령 아이는 '동생 장난감을 가져갔다고 해서 내가 왜 혼이 나야 하지?'라고 생각하며 이렇게 말할 수 있다. "동생이 혼자만 갖고 놀았어요. 그러니까 동생이 혼나야 해요." 반응적 판단 체계에서는 이 같은 아이의 도전이 받아들여지고

(부모의 동의 없이도), 아이를 납득시킬 만한 적절한 설명도 뒤따른다. 그러나 엄격한 판단 체계에서 이런 질문은 공격적인 것으로 간주된다. "그냥 내 말 들어." 부모의 한마디가 모든 상황을 끝내 버린다. 아이가 도전을 계속할 경우 "그냥 내 말대로 해"나 "허튼소리 좀 그만해" 같은 더 강한 비난만 자초하게 된다.[3]

아이들은 이같이 칭찬과 비난을 둘러싼 자기 가족의 언어를 자신에게 유리하게 사용한다. 반응적 판단 체계에 익숙한 아이들은 부모의 설명을 받아들이면서 이를 자신의 목적에 맞게 조정해 나간다. 예컨대 "장난감을 동생에게 빌려줬어요" 혹은 "밥 다 먹었어요"라고 당당하게 선포하며 부모의 칭찬을 이끌어 낸다. 또 자기 행동을 그럴듯하게 내세우며 비난을 피하기도 한다. "그냥 동생과 놀고 있는 거예요. 놀린 게 아니라고요." 어떤 경우에는 "동생이 먼저 시작했어요"나 "형이 먼저 못되게 굴었어요"라고 고발하기도 한다. 유연한 판단 체계에서는 대체로 아이들에게도 발언 기회가 주어진다. 그 생각이 수용되는가의 여부는 차후 문제다. 그러나 엄격한 판단 체계에서는 전혀 다르다. '놀리는 것'이 아니라 그저 '놀고 있었던 것'이라고 말하는 아이는 '거짓말한다'나 '교활하다'라고 비난받을 가능성이 높다. 이 같은 부모의 판단에는 다음과 같은 의미가 깔려 있다. '진정한 판단은 나만 할 수 있어. 네 판단 같은 건 아무 의미 없다고.'

10대 자녀를 둔 가정이라면 유연함과 엄격함의 균형을 조절하는 것이 더욱 중요한데, 이것은 매우 어려운 일이다. 이 시기의 아이들은 스스로 비판적인 사고를 할 수 있다는 생각에 무척 뿌듯해한다. 그리고 이 같은 사고 과정을 반복적으로 연습하면서 판단 능력을 길러 간다. 부모에게 대항하며 자신의 판단 역량을 시험하고 부모의 공정성, 균형, 이유 등에 끊임없이 도전하는 까닭이 바로 여기에 있다.

두려움을 분노로 받아들이는 시기

지난 30여 년간 무수히 많은 10대 청소년과 부모를 만나 연구하며 집, 쇼핑몰, 여행지, 학교 등지에서 일상을 지켜보았다. 이 과정에서 수없이 많은 다툼을 기록하고 분석했다.[4] 그 결과 갈등의 공통적인 원인은 '누가 누구를 판단하고' '누가 맞고 틀리고' '누가 누구에게 존경을 표시하고 안 하고'에 있었다. 가족 판단 체계가 매우 균형 잡힌 상황에서조차 10대 자녀들은 부모와 끊임없이 대항했다.

미국 메릴랜드에 사는 지나Gina 가족을 예로 들어 보자. 하루는 지나와 엄마 로베르타Roberta 사이에 작은 다툼이 생겼다.[5] 지나의 하루 스케줄을 두고 지적하던 로베르타는 어느새 지나의 태도와 행동 전반을 비난하고 나섰다. 로베르타가 오늘 오후에는 수영 강습이 있다고 말하자 지나가 대뜸 소리를 쳤다. "수영 안 가고 싶단 말이야!"

로베르타는 지나의 태도를 나무랐다. "좀 더 공손하게 말할 수 없니?" 이어서 그녀는 수영 강습은 지나 스스로 결정한 것이며, 스케줄 관리나 시간 관리를 제대로 못한 책임은 지나 본인에게 있음을 상기시켰다. 그러자 지나가 그러한 비난은 공정하지 못하다고 소리치며 자신을 보호하고 나섰다. "나는 다 잘해 왔다고!" 서로에 대한 비난이 거세지자 양쪽 모두 자기 입장을 보호하기에 바빴다. 엄마는 딸의 버릇없고 무책임한 행동을 언급하며 기본적인 성격에 문제가 있음을 강조했고, 딸 역시 늘 강요만 하는 엄마에게 이제는 믿음이 안 간다고 반박했다. "엄마가 일일이 챙겨 주지 않으면 내가 아무것도 못할 거라고 생각하잖아." 두 사람 모두 상대가 좋은 말을 해 주길 기대하며 다툼을 이어 갔지만, 비난의 수위만 높아질 뿐이었다.

워싱턴 D.C.에 살고 있는 열네 살 앨릭스Alex 가족 역시 비슷했다. 어느 날 저녁, 앨릭스와 언니 제스Jess, 엄마 페그Peg, 아빠 크리스Chris가 다 같이 외출 준비를 하고 있었다. 그런데 설레는 외출 준비를 하다 어느 순간 뜨거운 도덕적 논쟁이 벌어졌다. 방에서 나오는 앨릭스를 본 페그가 순간 멈칫거리며 꺼리는 듯한 표정을 지었기 때문이다. 구불구불하게 머리를 말고 진한 화장으로 한껏 치장한 앨릭스는 화려한 파티복에 온갖 장신구로 멋을 냈다. "별로인가 보죠?" 엄마의 표정을 읽은 앨릭스가 조롱하듯 말을 던졌다. 이에 엄마는 방어적인 태도를 취하며 자기 생각을 이야기했다. "혹시 남들이 오해할까 봐 그래." "오해는 무슨 오해!" "단정치 못한 애라고 생각할 수도 있잖아." 그 순간, 심상치 않은 분위기를 알아챈 아빠가 방으로 들어왔다. 아빠는 엄마를 두둔하며 버릇없는 딸의 태도를 나무랄 참이었다. "앨릭스, 네 차림을 보고 사람들이 너를 천박하다고 생각할 수 있어." 벌겋게 얼굴이 달아오른 앨릭스가 강하게 맞섰다. "다들 이렇게 입는다고요! 그리고 옷차림을 보고 사람의 가치를 평가하는 건 너무 어리석은 생각 아니에요?" 잠시 숨을 고른 앨릭스가 또다시 소리쳤다. "낡아빠진 사고방식이에요. 정말 싫어요, 아빠!"

다음 날 나는 앨릭스와 단둘이 대화를 나누었다(보통 이런 순서로 인터뷰가 이루어진다. 다툼이 종료된 이후의 간략한 인터뷰는 당사자 모두에게 그러한 다툼이 어떤 의미인지 파악하는 데 매우 중요하다). 화가 여전히 가시지 않은 앨릭스가 볼멘소리를 이어 갔다. "엄마 아빠 마음대로 다 하는걸요." 앨릭스는 가족들의 판단이 자신의 행동을 제약한다고 여겼다. 그래서 하고 싶은 걸 하고 하기 싫은 걸 하지 않을 자유가 자신에겐 없다고 생각했다. "제 방식대로 판단할 자유 같은 건, 앞으로도 절대 없을 거예요." 이후에는 엄마 페그와 이야기를 나누었다. 페그는 진심 어린 대화를 막아서는 건 오히려 앨릭스 쪽이라고 생각했다. "앨릭스는 늘 가시 돋친 말로 저를 공격해 와요. 정말 마음이 아파요."

10대는 다른 사람을 판단할 때 빠르고 격렬한 모습을 보인다. 이후 한껏 상기된 마음이 평정심을 되찾기까지는 꽤 오랜 시간이 걸린다. 한편 비난과 반격에 어떤 요인이 영향을 미치는지에 대해서는 여전히 많은 논쟁이 있다. 그러나 한 가지 확실한 것은, 10대 자녀와 부모 사이의 비난은 어쩔 수 없는 요인에 의해 발생한다는 점이다. 냉정한 의사결정이나 차분한 관찰, 자아 통제, 계획 수립 등은 10대 아이들에게 결코 쉬운 일이 아니다. 그런데 여기에는 다수의 생리학적 요인이 작용한다. 10대들의 격한 말투와 태도는 대개 호르몬 탓이라고 여기지만, 사실 근본적인 원인은 뇌에 있다. 이 시기의 뇌는 급속히 성장해 추상적 사고나 복잡한 추론이 가능하다. 또한 지적 활동을 주관하는 동력으로써 성인 뇌의 능력에 버금간다. 반면 타인에 대해 인지하고 반응하는 사회적 기능만큼은 전혀 성숙해 있지 않다.

과거에는 사춘기에 접어들면 뇌가 완전히 성숙한다고 믿었다. 그러나 각종 영상 기술의 발달로[6] 청소년기의 뇌는 두 가지 측면에서 성인의 뇌와 완전히 다르다는 것이 밝혀졌다. 우선 이 시기 뇌의 회로에는 다양한 변화가 생겨난다. 이것은 곧, 사회적 정보를 처리하는 데 있어 어린아이의 뇌가 어른의 뇌보다 훨씬 더 열심히 움직여야 한다는 것을 의미한다.[7] 또한 다른 사람의 의도나 감정, 판단을 추론해 내는 시선은 매우 부정적이고 격앙되어 있다. 그래서 어른들은 불확실함이나 두려움으로 해석할 법한 얼굴 표정을 아이들은 분노와 같은 극도의 거부로 해석한다.[8] 앞선 사례에서 페그는 딸의 옷을 두고 걱정 어린 시선을 보냈지만, 앨릭스는 이것을 엄마가 화가 난 것으로 해석했다. 그래서 방어적인 태도를 보이며 분노를 표출했던 것이다.

부모의 여러 감정들, 이를테면 불안, 의심, 두려움, 불확실성 등에 왜곡된 시선을 보내는 것은 전두엽 앞쪽의 피질 부분과 관련이 있다.

이 영역은 충동 제어 및 계획 수립, 감정 조절 등의 집행 기능을 담당한다.[9] 또한 청소년기에는 뇌의 회백질 부분이 급속도로 자라고 새로운 신경망이 하루가 다르게 생겨나는데, 사진으로 보면 마치 어수선하게 헝클어진 수풀이 꽉 들어차 있는 것처럼 보인다.[10] 이처럼 복잡하게 얽혀 있는 뇌의 회로는 24세까지 그대로 유지되며, 이때까지는 전두엽 전방 피질이 마치 과열된 회로판처럼 효율적으로 기능하지 못한다. 그러다 전두엽 전방 피질이 어느 순간 편도체로 아주 중요한 메시지를 내보낸다.[11] "쉿, 괜찮아. 진짜로 위험한 상황은 아니란다." 성인 초기, 이른바 신경망이 가지치기를 하는 시기가 도래하기 전까지 아이들은 자신에게 향하는 대부분의 시선을 비난으로 받아들이며 공격적으로 대응한다.

부모의 판단 체계에 도전하는 아이들

◊

10대 자녀를 둔 부모들 대다수가 자녀들의 비난에 힘들어한다. 모든 비난이 그렇듯 마음에 상처를 낼 뿐만 아니라 아이를 보호하기 위한 부모의 통제나 노력까지 위협한다. 올해 열다섯 살 난 카일리Kylie를 홀로 키우고 있는 미라Mira는 딸의 행동을 이렇게 표현했다. "그 아이의 모든 말과 행동이 마치 저를 송곳 끝으로 찌르는 것 같아요. 마음은 여린 아이인데 말이에요." 그간 10대 자녀와 부모 연구에 자발적으로 참여해 온 미라였기에, 나는 두 모녀의 상황을 누구보다 잘 알고 있었다. 미라는 딸아이의 계속된 비난에 너무나 지쳐 있었다. "날이면 날마다 비난을 퍼붓죠. 나는 카일리의 마음이 다칠까 봐 전전긍긍하는데, 아이는 그걸 몰라요. 그저 모든 상황을 나와의 힘겨루기라고 생각하죠. 자기가 나보다 강하다는 걸 보여 주고 싶어 해요. 정말 그럴 수 있다면, 저는 진심으로 행복할 거예요. 제가 정말 두려운 건, 혹시나 카일리 주변의 못된 친구들이 아이를 괴롭히거나 못살게 하는 것이에요."

아이가 부모의 판단을 거부하고, 또 자신을 판단하는 것에 대해 부모를 비난하는 행위는 부모로 하여금 자녀 양육이라는, 자기 인생의 가장 중요한 투자가 과연 효과가 있는 것인지 의문을 갖게 한다. 효과를 보려면 그만큼 위험을 감수해야 하는데 말이다. "당신의 판단은 아무런 의미가 없어. 당신의 칭찬이나 비난 따위에 나는 전혀 흔들리지 않아"라는 말은 곧 "우리는 아무 상관없는 사람들이야"라는 뜻이나 마찬가지다.

그러나 이같이 반항하면서도 10대 아이들은 여전히 부모의 반응에 의미를 둔다. 이들은 부모의 인내심과 공감하는 마음을 극한으로 몰아가면서, 가족의 판단 체계에 도전장을 내밀고 그것의 약점을 찾아내려 애를 쓴다. 더 이상 부모의 판단에 좌지우지되던 예전의 어린

아이가 아닌,[12] 자신만의 판단 장치로 스스로 판단할 수 있는 존재임을 부모에게 인정받으려 한다.

　가족과의 다툼으로 심각한 상처를 입거나 또래 집단으로부터 계속 거절당해 마음이 상하거나, 혹은 자신의 계획이나 가치가 받아들여지지 않는 경우 아이들은 마치 더 이상 불만이 없다는 듯한 모습을 보이며 이른바 '판단의 전쟁' 속에서 빠져나가 버린다. 10대 자녀와 부모 간 관계를 연구하면서, 나는 능숙하게 거짓말을 해 대는 아이들의 모습에 적잖이 놀랐다. 센카Senka라는 이름의 열다섯 살 난 딸을 둔 제니Jenny는 이렇게 말했다.[13] "누가 옳고 누가 비난받아야 하는지 오직 자기만 알고 있다고 생각하죠. 이런 착각에 대응하려면 그저 강하게 눌러 버리는 수밖에 없어요. 정말 수도 없이 싸웠어요. 그러다 어느 순간 이런 생각이 들었죠. 이러다 둘 다 죽겠구나. 그래서 제가 악역을 맡기로 했어요." 제니가 엄격하고 권위적인 엄마가 되어 갈수록 센카는 점차 두 얼굴의 모습으로 바뀌어 갔다. 하나는 자신의 진짜 모습, 또 하나는 그럴듯한 모습으로 포장한 가짜 모습이었다. "뭔가 허락을 구할 때마다 엄마는 내 지나간 실수들까지 죽 늘어놓곤 했어요. 그 잔소리를 피하려고 이젠 엄마가 허락한 일만 하는 것처럼 행동하죠. 거짓말을 하면 마치 가면을 쓰고 있는 것 같아요. 그래도 거짓말 덕분에 매일 듣던 엄마의 비난을 피할 수 있었어요."

　가족 간 다툼은 평범한 대화에서 시작되는 경우가 많다. 대화가 오가다가 서로의 생각에 과민하게 반응하면서 감정이 격해진다. 예를

4장
가족: 자존감의 크기가 결정되는 곳

들어 부모가 "한마디만 더해!"라는 식으로 자녀의 발언을 차단해 버리면, 아이들에게는 두 가지 선택지가 주어진다. 부모의 생각이 맞고 자신이 실수한 것이라고 인정하거나, 아니면 부모와 계속해서 적대 관계를 유지하거나. 부모에 대한 분노와 반항심을 계속해서 표출하는 아이들이 있는 반면, 부모를 속이며 겉으로는 그럴듯한 관계를 형성하는 아이들도 있다. 후자의 경우 아이들은 적개심을 숨긴 채 자신의 진짜 모습은 감춰 버린다. 그리고 가족의 판단 장치를 수용하는 척하며 자신의 판단 장치는 드러내지 않는다.

이 같은 교착 상태는 양쪽 모두에게 죄책감을 유발한다. 인간은 더불어 사는 존재이기 때문에, 중요한 대인 관계에 상처를 입힌 경우 그 무엇에도 비할 수 없는 고통을 느끼며 자기 자신을 비난한다. 그런데 보통은 자신의 과오를 인정하지 않고, 소리 지르고 비난하며 온갖 독기를 뿜어내는 자신의 행동이 상대방에게 상처를 줄 수 있다는 점을 부인한다. 올해 열일곱의 마고Margot라는 딸아이를 둔 로이스Royce 역시 그러했다. "소리 안 지르는 사람이 어디 있어요?" 그러나 마고는 엄마가 소리를 지를 때면 마치 자신의 머리가 두 동강 날 것 같은 두려움에 휩싸인다고 말했다.[14] 부모들은 대개 아이들에게만 잘못이 있다고 생각한다. 엄격하고 권위적인 엄마로 탈바꿈한 제니의 경우도 마찬가지였다. "선택의 여지가 없었죠. 저를 이렇게 만든 건 순전히 제 딸이에요." 아이들은 적대감을 드러내며 부모의 판단은 더 이상 신경 쓰지 않는다고 말하지만, 사실 부모와 아이들 간의 충돌은 양쪽 모두에게 불편한 마음을 유발한다. 일종의 죄책감일 수도 있다. 이러한 불쾌감은 부모와 자녀가 서로를 더더욱 비난하게 한다.

이를 뒷받침하는 연구 결과도 있다. 사람들이 자신의 잘못된 행동을 정당화하고 자기 비난을 피하는 가장 흔한 방법이 바로 상대방의 결점을 극대화하는 것이라는 내용이다.[15] 앞서 지나와 로베르타의 사례에서, 딸 지나는 이렇게 맞섰다. "수영 강습을 깜박한 것뿐인데 정말 너무하잖아요." 이에 엄마 로베르타는 지나가 '늘' 계획적이지 못하다고 비난하며 딸의 결점을 극대화해 자신을 방어했다. 다행히 이들 모녀는 상대방의 목소리에 귀를 기울이고 이내 평온한 모습을 되찾았다. 그러나 부모가 자녀에 대한 스트레스와 실망, 우울감이 극에 달한 경우에는 비난을 정당화하는 데만 열을 올릴 수 있다. 격앙된 분위기에서의 비난은 얼핏 당연하게 여겨질 수 있지만, 충돌을 더욱 악화시킬 뿐이다.

일반화된 비난 대신 구체적인 훈육하기

◊

각 가정마다 긍정적인 말과 부정적인 말을 사용하는 방식은 모두 다르다. 똑같은 실수에도 어떤 가정에서는 마치 주홍글씨처럼 낙인을 찍어 버리지만, 어떤 가정에서는 비난하기보다 훈육으로 좋게 타이른다.

네 살배기 핀Finn이 친구의 장난감을 빼앗자 핀의 아빠는 이렇게 말했다. "핀, 친구와 함께 놀아야 해." 그러나 비슷한 상황에서 오빠의 기차를 집어 든 다섯 살 스텔라Stella에게 그의 아빠는 이렇게 쏘아붙였다. "너 아주 이기적인 애구나." 한편 저녁 식사 시간에 늦은 열세 살 엘라Ella에게 엄마는 이렇게 타일렀다. "엘라, 너 때문에 가족 모두 기다렸잖아. 이건 배려 없는 행동이야. 알겠니?" 그러나 같은 상황에서 열세 살 비토Vito의 엄마는 전혀 다른 반응을 보였다. "정말 버릇없구나. 감사할 줄도 모르고. 어쩜 그렇게 너만 생각하니?" 열네 살 커스티Kirsty의 경우, 엄마와 약속한 귀가 시간을 어기는 것은 곧 몰락을 뜻했다. "아무도 널 믿으려 하지 않을 거야. 결국 외톨이가 되겠지." 늦을 수밖에 없었던 이유를 설명하기도 전에 엄마는 과거의 잘못까지 들춰내며 커스티를 공격했다. "지난번에 같이 쇼핑하기로 해 놓고 나 혼자 30분이나 기다리게 한 것과 뭐가 달라. 엄마가 학교에 데리러 간다는 약속을 까먹은 건 또 어떻고."

위에서 살펴본 것처럼 똑같은 잘못을 했을 때, 비난의 대상을 특정 행동으로 국한하는 부모가 있는가 하면 아이 자체를 비난하는 부모도 있다. 비난을 통해 행동을 교정하도록 가르치면 자녀는 이를 긍정적인 교훈으로 받아들인다. 또 '넌 잘할 수 있어'라는 메시지를 전달하므로 마치 칭찬처럼 느껴질 수도 있다. 그러나 "넌 이기적이야"

혹은 "믿을 수가 없어"처럼 비난의 화살이 성격적인 결함을 향하는 경우, 자녀에게는 부정적인 메시지가 전달된다.

단 하나의 부정적인 판단으로 사람 전체를 평가하는 것은 일반화된 비난이다. 보통 비난이 구체적이고 객관적인지, 혹은 일반적인지에 따라 우리의 반응은 매우 다르다. 나를 향한 비난이 특정 실수에 국한되어 있을 경우 처음의 격양된 마음은 금세 가라앉는다. 어떻게 하면 이런 비난을 피할 수 있을지에 대해 조언을 듣는다면 더더욱 그렇다. 그러나 일반화된 비난을 듣게 되면 마음속 분노는 쉬이 사그라들지 않고 점점 커진다.

한 가지 놀라운 사실은 비난을 가하는 쪽도 당하는 쪽과 비슷한 영향을 받는다는 것이다. 다시 말해 구체적인 비난보다 일반화된 비난을 가할 때 더욱 큰 분노를 느낀다.[16] 그러나 이것이 조금 덜 화가 났을 때는 구체적인 비난을, 그보다 화가 더 많이 난 경우에는 일반화된 비난을 가하기 쉽나는 데서만 이유를 찾을 수는 없다. 보다 확실한 이유는 생리학적인 데서 찾을 수 있다. 요컨대, 일반화된 비난은 우리의 분노를 더 자극하고 판단력을 흐리게 한다.[17]

비난으로 감정이 격해진 상태에서 우리의 뇌는 각종 잘못과 위협 요인을 빠르게 인지한다. 하지만 그 증거를 면밀히 살피는 데는 그리 뛰어나지 못하다. 분노는 피질 앞쪽의 편도체, 곧 판단을 내리는 부위를 자극함으로써 우리의 생각 속에서 거점을 확보한다.[18] 대개 분노는 표출하고 나면 한층 사그라든다고들 한다. 뜨거운 주전자가 김을 뿜어내고 나면 금세 식어 버리는 것처럼 말이다. 그러나 분노는 자체적으로 더욱 강해지는 습성이 있다. 화를 내면 낼수록 더 끓어오르는 이유가 여기에 있다.[19] 때로는 감정이 생각을 지배하고, 화가 난 상태에서는 자신의 감정을 정당화할 이유를 찾기에 급급하다. 늘 상대방이 잘못해서 나를 실망시켰다고 여기면서, 신뢰와 배려를 느꼈던 경험은 모두 잊어버린다. 그런 좋은 기억은 지금 자기 기분과 어울리지 않기 때문이다. 그래서 상대방을 강하게 비난할수록, 그 사람은 마땅히 비난받아야 한다는 생각도 더욱더 굳어진다.[20]

열세 살 로라Laura는 이 같은 비난의 폭풍우를 경험한 적이 있다. "항상 별거 아닌 일에서 시작돼요. 학교 끝나고 오는 길에 식료품점에 들르는 걸 깜박하거나, 뭘 만들어 먹고 치우지 않은 것 같은 일들에서 말이에요. 어느 순간 보면 나는 부주의하고 버릇없는 아이가 되어 있어요. 이후에는 어김없이 비난의 폭격이 쏟아지죠. 엄마는 지나간 실수까지 하나씩 들춰내며 앞으로도 똑같을 거라는 식으로 거칠게 몰아붙여요. 화가 났을 때의 우리 엄마는 마치 허리케인 같아요. 엄마가 휩쓸고 지나간 자리는 모두 흔적도 없이 망가져 버리거든요. 그럼 저 역시 너무 화가 나서 견딜 수가 없어요. 엄마 앞에서 폭발해 버리고 싶어요."[21]

부모에게 자녀에 대한 부정적 판단은 양날의 검이 될 수 있다.[22] 부모는 아이의 잘못을 바로잡아 주고 싶은 마음에서 강하게 공격하지만, 한편으로 그로 인해 받은 아이의 상처에 공감함으로써 부모 자신도 깊은 상처를 입는다. 더욱이 부모는 아이의 행동에서 자기 모습을 비춰 보는 습성이 있다. '아이가 저렇게 행동하는 게 나 때문은 아닐까' 하고 걱정스레 돌아보며 자문한다. '지금의 결점을 극복하지 못한다면 아이의 인생은 과연 어떻게 될까?' 부모는 아이의 행동을 고쳐 주기 위해 실수를 지적하지만, 마음 깊은 곳에서는 늘 아이의 좋은 것만 보고 칭찬하며 애정 어린 관계를 유지하고 싶어 한다. 결국 비난의 대상을 작고 구체적인 것으로 제한하여 긍정적인 교훈을 제공함으로써, 아이가 앞을 향해 나아갈 수 있도록 도와주는 것이 부모가 할 수 있는 최선의 역할이다.

칭찬에 인색한 가정의 아이는 늘 불안하다

◊

칭찬에 관대한 집이 있는가 하면 인색한 집도 있다. 전자의 경우에는 가족 구성원 하나하나가 칭찬받아 마땅한 사람으로 여겨진다. 칭찬이 오가는 것에 익숙하기 때문에 가족들은 누구에게나 쉽게 칭찬을 건넨다. 반면, 후자의 경우에는 칭찬을 듣기가 쉽지 않다. 이 같은 이유에서 똑같은 칭찬의 말도 각 가정의 분위기에 따라 전혀 달리 해석될 수 있다. 예를 들어 "네 언니는 예쁘고, 똑똑하고, 다른 사람을 잘 돕고, 유머도 있어"라는 칭찬을 생각해 보자. 칭찬에 관대한 집에서 이 말은 '우리 아이들은 모두 착하고 훌륭해'라는 의미로 전달된다. 그러나 칭찬에 인색한 집에서는 한 아이에 대한 칭찬이 다른 아이에 대한 질책을 의미할 수 있다. 즉 '네 언니는 칭찬받아 마땅해. 하지만 넌 아니야'라는 뜻으로 이해될 수 있다.

칭찬에 인색한 가정은 '높은 기준'을 두고 있을 확률이 크다. 이런 가정에서는 칭찬을 받으려면 남들보다 뛰어나야 한다. 타이거맘(자녀를 엄격하게 훈육하는 엄마 - 옮긴이)이 대표적이다. 이들은 반에서 1등을 하거나 대회에서 수상하는 것이 아이의 당연한 의무라고 생각한다. 그래서 경쟁에서 이겼을 때만 칭찬을 하고, 상을 타지 못하면 갈등이 빚어진다. 엄마의 기대를 충족시키지 못한 경우 아이에게는 이런 메시지가 전달된다. '너는 누구보다 많은 칭찬을 받아야 해. 하지만 네가 실패한 탓에 나도 상실감이 크구나. 엄마 마음을 이렇게 아프게 했으니 넌 부끄러워해야 해.'[23] 이 같은 판단 체계 아래에서는 칭찬이 오히려 독이 된다.

내가 꽤 오랜 기간 근무했던 대학은 이른바 각 학교의 수재들만 모이는 곳이었다.[24] 그중 린다Linda라는 학생은 내가 주간 에세이 과제를 칭찬할 때마다 이런 질문을 던졌다. "백분위로 따지면 어느 정도인가요?" 평균 이상이라는 나의 대답에 린다는 도저히 이해할 수 없다는 표정을 지어 보였다. 고작 그런 점수에 칭찬은 말도 안 된다고 생각한 것이다. 그러고는 이내 고개를 떨구며 눈물까지 보였다. 린다는 나의 칭찬을 비난으로 받아들인 것이다. '최고'가 아닌 것에 대한 칭찬은 린다에게 아무런 가치가 없었던 셈이다.

대학 1학년이던 아이비Ivy 역시 비슷했다. 아이비는 수학을 포기하고 싶어 했다. 고등학교 때는 줄곧 1등을 했던 아이비는 겨우 평균 수준만 유지하고 있는 지금의 성적을 도저히 받아들일 수 없었다. 낙심한 그녀는 자신보다 뛰어난 사람들이 너무 많다는 생각에 한없이 위축되어 있었다. 그러나 아이비의 생각대로 칭찬이 오직 1등만을 위한 것이라면, 우리는 자기가 속한 작은 원 안에만 머물러 있어야 한다. 그 어떤 새로운 도전도 피한 채로 말이다.

최고가 되고자 하는 욕구에는 늘 불안이 뒤따른다. 그래서 다른 사람이 칭찬받는 것을 보면 불안을 느끼며, 이로 인해 '칭찬 서열'에 어떤 변화가 있을지 궁금해한다. 그래서 다른 사람의 결과를 자기가 좌우할 수 없는 경우에는 1등을 유지해야 한다는 엄청난 압박에 시달린다. 뿐만 아니라 다른 사람이 좋은 결과를 내면 근심한다. 이 판단 체계에서는 경쟁을 통해서만 칭찬을 얻을 수 있으므로, 다른 사람이 칭찬을 받으면 나는 칭찬받지 못할 수 있다는 위협을 느낀다.

칭찬이 인색한 가정에서는 아이들이 마치 배급을 받듯 칭찬을 기다린다. 그래서 혹시라도 자신이 그 칭찬에서 제외될까 늘 불안해한다. '착한 아이'라는 칭찬을 받으면 잠시 동안은 마음이 편하지만, 이내 누가 '나쁜 아이'로 지목될 것인가에 긴장하며 주목한다. '내 차례는 언제일까?' 아이들은 비난의 대상이 된 형제자매에게 미안한 마음을 갖는 동시에 극도로 제한된 부모의 칭찬에 스스로 죄책감마저 느낀다.

올해 스물아홉 살의 가빈Gavin은 '최고의' 아들이 되는 것이 늘 마음속 깊은 고민거리다. "남동생이 꾸지람을 듣는 게 항상 제 잘못 같았어요." 가빈의 세 살 아래 남동생 스탠Stan은 늘 엄마의 신경을 거슬리게 했다. 수시로 나머지 공부를 하는 스탠을 두고 엄마는 '싹수가 노랗다'라며 혀를 찼다. "엄마는 항상 소리를 지르며 스탠을 불러요. 매사에 형보다 못하다며 꾸중을 하죠. 그럴 때면 저는 아무 생각도 나질 않아요. 일순간 얼음이 되어 버리죠. 엄마의 칭찬이 기쁘기는 커녕 최대한 그 상황을 피하려고 노력해요. 그래서 스탠이 사고를 칠 때마다 기꺼이 나서서 뒷수습을 해 준답니다. 어린 동생이 저 때문에 엄마에게 혼나는 모습을 보는 걸 정말 견딜 수가 없어요."

흔히들 부모의 편애를 받는 아이는 특별히 행복하다거나, 왕자나 공주 같은 멋진 분위기를 풍기며 자랄 것이라고 생각하기 쉽다. 그러나 편애를 받은 아이들에게서 나타나는 이른바 '자기 방해 증후군 Syndrome of self-sabotage'[25]을 살펴보면 이 같은 생각은 틀렸음을 알 수 있다.[26] 부모의 편애를 받은 아이들은 자신의 성공을 스스로 약화시킴으로써 죄책감이나 불안을 떨쳐내려 한다. 이들은 부모의 인정을 받지 못하는 형제자매를 사랑하면서도 그들에게 꽤 깊은 거리감을 느낀다. 가빈도 그랬다. 성인이 되어서도 가빈에게 부모의 칭찬은 여전히 부담이었다. 가빈은 남동생의 실수까지 자기 탓으로 돌렸다. 이처

럼 왜곡된 판단 체계 아래에서의 칭찬은 가빈에게 수치심만 안겨 주었다. [27]

감정은 비난의 대상이 아니다

◇

부모는 대개 자녀의 감정을 판단한다. 엄격한 판단 체계를 갖고 있는 가정의 경우, 일부 감정을 나쁜 것으로 여기며 아이가 그 감정을 표현했을 때 "그런 생각을 가지면 안 돼"라고 비난을 가한다. 그러나 보다 유연한 판단 체계가 작동되는 가정은 전혀 다르다. 아이들이 표현하는 감정이 내면의 문제를 나타낸다고 간주하고 "왜 이런 생각을 했니?"라는 질문을 던진다.

누군가를 향한 감정도 판단의 대상이 된다. 가족, 특히 부모에 대한 애정과 존경은 당연한 것으로 여겨지지만 무례와 반감, 무시 등의 감정은 대개 용납되지 않는 것으로 간주된다. 그렇다고 이런 감정이 전혀 생겨나지 않는 것이 아니다. 생겨날 경우 비난을 받는 것이다. 비단 가족 구성원에 대한 감정뿐만 아니라 이웃, 선생님, 동료, 친구에 대한 감정도 판단 대상이 된다. 분노, 질투, 증오 등의 감정은 대부분의 가정에서 금기시되며, 아이들은 인내와 공평함, 온순함, 관용 등의 중요성을 교육받는다. 그럼에도 우리는 때때로 '용인되지 않는' 감정을 느낀다. 이런 경우 상대방의 반응은 수치심을 느끼거나 전혀 신경 쓰지 않거나 둘 중 하나다. 비난의 감정에는 똑같이 비난으로 맞서거나 무시해 버릴 수 있고, 칭찬의 감정에는 호기심과 관심을 보일 수 있다(이 같은 감정에 대한 승인이 보류된 경우에도 마찬가지다).

베티Betty, 그리고 그녀의 열세 살 난 딸 로빈Robin은 연구 때 만난 인터뷰 대상자들이었다. 그런데 하루는 베티가 인터뷰를 조금 일찍 끝내야 할 것 같다며 양해를 구했다. 로빈의 사촌이 몇 차례 치료 후 회복 중인데 오늘 병문안을 가기로 했다는 것이다. 그런데 로빈이 다짜고짜 소리를 질렀다. "엄마랑 가기 싫어요! 정말 가기 싫어!" 베티는 당황한 모습이 역력했다. "이건 너답지 않아, 로빈. 사촌에게 늘 잘해 줬잖아. 네가 얼마나 친절하고 참을성 있는 아이인데."

'그렇게 말하는 건 너답지 않아' 혹은 '네가 그걸 원한다니 이해가 안 가는구나' 등의 말은 아이의 어둡고 반항적인 모습은 받아들일 수 없으며, 아이에게 오직 긍정적인 감정만 느껴야 한다고 강요하는 것과 같다. 베티의 칭찬은 로빈에게 느껴야 할 감정을 일러 준 셈이다. 엄마의 칭찬이 담고 있는 보다 근본적인 의미, 즉 '힘든 고비를 넘고 있는 사촌과 시간을 함께 보내 줘야 해'라는 메시지에 로빈은 수치를 느낄 수 있다. 아무리 그럴듯한 이유가 있다 해도 말이다.

행복 이외의 감정은 전혀 용인되지 않는 가정도 있다. 중년에 관한 연구에 참여한 샘Sam은 자기 엄마를 두고 이렇게 말했다. "엄마는 내가 우울한 감정을 느낄 때마다 밀려오는 불안을 철저히 외면했어요. 나를 쳐다보려 하지도 않았고, 그저 콧노래만 흥얼거렸죠. 정말 화가 나고 창피했어요." 어느 부모든지 아이가 부정적인 자의식을 표현하면 무척 불안해한다. 이를테면 "나는 쓸모 없어", "금방이라도 가라앉아 버릴 것 같아", "어떻게 해야 할지 모르겠어" 같은 말들은 듣기 힘든 때가 많지만, 때로 아이의 문제를 그대로 나타낸다는 점에서 중요하다. 따라서 "그렇게 생각하면 안 돼!"라든가 "어떻게 그렇게 말할 수 있니?"라며 아이가 느끼는 감정을 거부하고 나서면, 결국 비난의 메시지만 전달하는 꼴이 된다.

반대로 어떤 가정에서는 긍정적인 감정이 오히려 비난의 대상이 된다. 이 가정에서는 기쁨과 흥분 같은 감정이 그 즐거움을 함께 누릴 수 없는 가족에게 상처가 된다고 여긴다. 페그 스트립Peg Streep은 자신의 저서 『못된 엄마들Mean Mothers』[28]에서 즐거움이 금기시되었던 자기 가족의 판단 체계에 대해 묘사했다. 스트립의 엄마는 딸의 행복에 화를 내며 불쾌감을 표했다. "내가 낙담하고 실망해 있는 상황이라 해도 마찬가지겠죠. 누구도 자신의 기쁨을 표현하지 못할 거예요."[29] 카를로스Carlos도 이와 비슷한 경우다. 가족 중 처음으로 대학에 진학하게 된 카를로스는 아빠 밥Bob과 엄마 마리아Maria가 함께 기뻐해 주길 바랐다. 더욱이 장학금까지 받게 된 상황이었다. 하지만 마리아의 생각은 전혀 달랐다. '카를로스는 모든 걸 너무 쉽게 가졌어. 저 혼자 다 해낸 줄 알지. 부모의 은혜도 모르고 말이야.' 밥도 비숫한 생각을 하고 있었다. '우리에게서 벗어나려고 발버둥을 치는군.' 밥과 마리아는 카를로스의 행복을 비난함으로써 서로의 불안과 분노를 용인하고 있었다. "앞으로 어떤 일이 벌어질지 녀석은 전혀 몰라. 지금처럼 그렇게 좋아만 하고 있을 일이 아닐걸?" 밥의 말을 들은 마리아가 결론을 내렸다. "배려라고는 전혀 찾아볼 수 없는 아이라니까요. 당신이 일하면서 얼마나 스트레스를 많이 받는지 조금이라도 생각한다면, 그렇게 대놓고 자랑은 못할 텐데 말이죠." 이들 부부에게 카를로스의 성공은 아들과 부모의 유대를 위협하는 것에 불과했다. 그래서 그들은 카를로스의 신나 하는 감정이 부모를 향한 거절과 비판, 비난을 의미한다고 여겼다.

자기 자신을 비난하는 내면의 재판관

◊

"그런 감정을 가져선 안 돼" 혹은 "그런 식으로 생각하는 건 잘못된 거야"라는 표현은 아이로 하여금 딜레마를 느끼게 한다. 자신이 느낀 감정에 대해 비난을 받았을 때 아이들은 어떤 생각을 할까? 존 클리스John Cleese와 로빈 스키너Robyn Skynner는 공저 『가족, 그리고 그들에게서 살아남는 법Families and How to Survive Them』에서 다음과 같이 언급했다.

"우리는 사랑을 중히 여기기 때문에 감정과 생각에 대한 도덕적 기준도 사랑에 좌우되는 경우가 많습니다. (……) 그래서 가족들이 분노의 감정을 파괴적이며 치명적이라고 생각하거나 행동하면, 나 자신이 도덕적으로 나쁘다고 느낄 수 있습니다. 가족들의 이 같은 말과 행동에는 내가 느끼는 분노의 감정이 사람들에게 상처와 실망을 주고 있다는 가정이 전제되어 있기 때문입니다."[30]

자, 그렇다면 아이들에게는 두 가지 선택지가 주어지는 셈이다. 용납되지 않는 감정을 침묵하고 억누르거나, 아니면 표현하고 비난을 감수하거나.

그러나 감정은 우리가 누구이며, 또 무엇을 필요로 하는지 알아내는 데 많은 도움을 준다. 마사 누스바움Martha Nussbaum은 자신의 저서 『감정의 격동』[31]에서 감정은 우리가 세상을 향해 닻을 내리도록 해 준다고 말한다. 다시 말해, 감정이 좋고 싫음에 참고가 될 만한 관점을 부여해 준다는 것이다. 그렇게 본다면 부모가 자녀의 감정에 일일이 개입하고 면밀히 살펴보면서 자녀의 모든 감정을 칭찬과 비난의 지배하에 두려고 하는 것도 그리 놀랄 만한 일은 아니다.

긍정적이든 부정적이든 우리가 느낀 감정에 대해 비난을 받았을 때 마주하는 역설은 캐럴 길리건Carol Gilligan의 저서 『기쁨의 탄생』에 잘 묘사되어 있다. 이 책에 따르면 감정에 대한 비난에 직면할 때 관계를 지켜 내는 유일한 방법은 그 사람과의 진정한 관계에서 벗어나 '가식의' 관계로 옮겨 타는 것이다.[32] 본인의 진심을 표현하는 대신 다른 사람에게 인정받기 위해 자기 본 모습을 가장하여 표면적으로 나마 관계를 지켜 낸다. 한편, 자신의 감정으로 인해 자기가 사랑하고 의지하는 가족들이 상처받는다는 생각에 죄책감이 들기도 한다. 이런 경우에도 감정을 드러내지 않게 된다. '내가 원하고 바라는 걸 가족들이 알면 나를 형편없는 존재로 여길 거야. 그럼 난 엄청 창피하겠지.'

사랑하는 사람에게 인정받는 과정에서 생겨나는 문제들, 또 자기 만의 수준 높은 판단 장치를 고수하는 데서 생겨나는 어려움(예컨대 깊은 감정이나 욕구가 사랑하는 사람에게 존중받지 못하는 경우)은 도널드 위니콧 Donald Winnicott 의 표현대로 이른바 '거짓 자아'를 형성한다. "이렇게 되면 자신에게 다른 사람의 기대가 제일 중요해집니다. 그래서 자아 의 뿌리와 연결된 자신의 본래 생각은 숨겨 놓거나 부인해 버리죠."[33]

가족의 판단 체계를 이해하는 것은 자신의 내면세계를 파악하는 데 필수적이다. 우리의 내면에는 자기 자신에 대한 존중과 경멸, 칭찬 과 비난 행위를 끊임없이 주시하는 '내면의 재판관'이 존재한다.[34] 이 재판관에는 우리의 성장 과정에 작동되었던 판단 체계와 더불어 날 마다 사용하고 연마하는 판단 장치의 특징이 그대로 반영되어 있다. 우리의 판단은 크게 두 가지로 나뉜다. 첫째는 내면 깊은 곳에 뿌리를 내린 판단, 둘째는 마음속에 목소리처럼 들리는 판단이다. 그런데 이 두 가지 판단이 충돌하면, 칭찬과 비난에 대한 우리의 판단이 심각하 게 왜곡될 수 있다.

내면의 재판관은 사람마다 각자 고유한 특성이 있다.[35] 필립 풀먼 Philip Pullman의 소설 『황금나침반』에 등장하는 '데몬deamon'이 이와 비슷하다. 데몬은 내면의 자아를 나타내는 것으로 아주 복잡하고 변덕스러우며, 자기 생각을 표현하는 데뿐만 아니라 다른 이들을 설득하는 데에도 무척 뛰어나다.[36]

대부분의 사람은 회복력 있는 자아 존중감을 갖고 있어 대체로 일정한 감정 상태를 유지한다. 또 긍정적인 피드백과 더불어 과하지 않을 정도의 자기 위주 편향으로 스스로를 보호한다. 내면의 재판관 또한 칭찬을 선호하고 비난은 꺼린다. 비난을 피할 수 없는 상황이라면 최대한 그 강도를 낮추려 노력한다. 이들 재판관은 우리의 몸짓과 말, 각종 동기를 언제나 따뜻하고 다정한 눈길로 바라본다. 예컨대 많은 사람들 앞에서 발표를 하는 경우에는 "훌륭해! 정말 잘했어"라고 속삭이며 우리를 격려한다. 하지만 그렇지 않은 경우도 있다. 어떤 이들 속에 존재하는 내면의 재판관은 사사건건 의심의 눈초리를 보내며 말과 행동을 비판한다. 때때로 무섭게 노려보며 "더듬거리지 않고 말할 수 없니?", "왜 그런 바보 같은 질문을 했어?"라고 소리친다. 가령 슬픔에 젖어 있는 친구와 오랜 시간 함께 있어 주지 못하면 "어쩜 그렇게 이기적이니?"라며 거침없이 쏘아붙이는 식이다.

이처럼 부정적 판단 체계에 서식하는 내면의 재판관은 우리의 결점에만 주목하며 실패를 극대화한다. 그래서 앞날의 길을 제시하기보다 우리의 존재를 깎아내리기에 급급하다. 묵직한 목소리로 내면에서 흘러나오는 직관적 판단을 눌러 버리는가 하면 자기 자신을 사랑하는 부드러운 마음까지 제압해 버린다. 이것은 칭찬까지 아무 쓸모 없는 것으로 만들어 버리곤 한다. 특히 죄책감을 쉽게 느끼는 사람들은 다른 사람의 얼굴 표정이나 거부를 의미하는 작은 신호에도 매우 민감한 반응을 보이기 때문에,[37] 이들에게서 부정적인 내면의 재판관은 더욱 강력한 힘을 발휘한다. 요컨대 그들은 다른 사람이 자신을 비난의 눈초리로 바라본다고 생각한다.

심리학자 데이나 크롤리 잭Dana Crowley Jack은 이 같은 형태의 내면의 재판관을 '또 하나의 눈'이라고 명명했다.[38] 또 하나의 눈은 자기 판단 장치를 가동하는 대신 부모나 문화적 기준 등을 판단의 근거로 삼는 것을 가리킨다. 일생 동안 계속되는 칭찬과 비난에 대한 우리 내면의 대화를 상징적으로 나타내기도 한다.

여성이 청년기와 성인기, 중년기를 지나며 겪는 수많은 변화들과 어떤 식으로 타협하는지 간단한 연구를 진행한 적이 있다. 그 결과 이들이 하는 내면의 대화는 주로 스스로에 대한 칭찬과 비난 사이에서 갈등하는 내용이었다. 칭찬의 욕구와 비난의 그림자가 끊임없이 교차하고 있었는데,[39] 비난의 그림자는 대개 어린 시절 가족과의 관계에서 생겨난 것이었다. 어린 시절 다른 사람이 자신을 어떻게 대하느냐에 따라 '나는 누구인가'에 대한 개념이 형성된다. 연구 참가자 중 하나였던 도라Dora는 개인적으로나 사회적으로나 매우 성공한 50대 중년 여성이었다. 하지만 그녀는 왠지 모를 죄책감이 늘 자신을 감싸고 있는 것 같았다. 그것은 도라의 내면에 존재하는 또 다른 목소리, 곧 엄마의 비난으로부터 생겨난 죄책감이었다. 엄마의 꾸짖는 듯한 목소리는 언제 어느 때고 그녀를 쫓아다녔다. "엄마의 비난이 제가 누구인가를 규정하는 건 아니에요. 하지만 끊임없이 저를 따라다녀요. 듣지 않으려고, 벗어나 보려고 아무리 노력해도 결국 제자리예요."

무려 두 살 무렵에 도라에게 '말 안 듣는 애'라는 꼬리표가 달렸다. 친구의 장난감을 빼앗는 못된 아이라는 비난도 들어야 했다. 늘 말썽을 일으키고 제멋대로 구는 고집 센 아이로도 불렸다. 늦잠을 자는 데다 온종일 과자만 찾고 운동화를 질질 끌고 다니는 도라의 행동은 이런 수식어를 더욱 공고하게 만들었다. 말썽쟁이라는 비난에서 벗어나 엄마에게 기쁨을 주려 노력했지만 소용없는 일이었다. 비단 어린 시절뿐만이 아니었다. 어른이 되어서도, 특유의 책임감과 진심 어린 노력으로 자기 분야에서 인정받는 전문가가 되고 나서도 도라는 어린 시절 붙은 꼬리표를 결국 떼지 못했다.

칭찬에는 둔감하고 비난에는 극도로 민감한 도라의 성향은, 이 같은 가족의 판단 체계를 통해 굳어진 신경 회로 탓일 가능성이 높다. 이와 관련해 30년 이상 정서 신경과학을 연구해 온 리처드 데이비드은 우리 뇌의 구조 및 원리에 관한 연구가 정서적인 부분과 밀접하게 연결되어 있다고 말했다. 연구 결과 칭찬과 같은 긍정적인 경험에 대한 반응은 개인별로 뇌의 민감도에 따라 무려 3000퍼센트까지 차이가 났다. 또 비난과 같은 부정적인 경험에 대한 반응도 비슷한 수준의 차이를 보였다.[40] 이를 통해 연구진은 비난을 대수롭지 않게 받아들이는 사람과 칭찬에 별 감흥을 보이지 않는 사람은 기쁨과 고통을 담당하는 뇌의 중추가 전혀 다른 방식으로 작동한다고 추론했다. 하지만 연이어 진행된 연구 결과 뇌의 메커니즘과 내면의 정서 사이에는 훨씬 복잡한 형태의 연결 고리가 존재했다. 뇌의 민감도에 따라 각기 다른 반응을 보인다는 사실보다 중요한 것은, 우리 뇌 속에서 일종의 '대화'가 일어난다는 것이다.[41]

태어나는 순간부터 우리 뇌는 대화를 위한 회로를 만들기 시작한다. 이후 다양한 감정의 변화를 반복적으로 경험하면서 감정을 조절하는 하나의 모형을 완성해 간다. 이 같은 모형은 감정의 변화에 부모가 어떻게 반응하느냐에 따라 달라진다.[42] 일반적으로 칭찬과 비난에 대한 우리의 초기 반응을 인지하는 주요 영역(특히 편도체)의 경우, 보다 반사적인 뇌의 영역(왼쪽 전두엽 피질)에 많은 영향을 받는다.[43] 우리가 느끼는 감정을 스스로 인식하기도 전에 뇌의 한쪽 부분은 반대쪽 부분과 대화를 나누는데, 만약 비난에 직면했을 때 우리가 스스로 존중받을 만한 가치가 있다는 것을 전두엽 피질이 알고 있다면 "괜찮아, 진정해"라는 신호를 보낸다. 하지만 부모로부터 무시나 학대 등 지속적인 거부를 당해 왔다면, 이 같은 위로의 대화를 방해하는 코르티솔이라는 스트레스 호르몬이 다량 분비된다. 그래서 전두엽 피질이 우리를 향한 비난을 당연한 것으로 간주하게 되면, 편도체의 반응으로 인해 생겨난 놀란 감정을 제어할 수가 없다.

아동기를 거치면서 우리는 대인 관계의 모델을 쌓고 다시 수정하는 과정을 반복해 나간다. 상대방이 나에 대해 어느 정도 칭찬하고 비난할지, 이 같은 칭찬과 비난에 나는 어떻게 대응할 것인지 끊임없이 생각한다. 특히 어린 시절의 경험은 이러한 모델 구축에 매우 중요하다. 영유아기 및 아동기의 뇌 발달은 매우 빠른 속도로 진행되지만, 뇌가 변화될 수 있는 가능성 역시 충분하다. 특히 우리가 무엇을 바꾸고자 하는지 정확하게 알고 있는 경우에는 더욱 그렇다. 징벌적인 개념의 '또 하나의 눈'은 꽤 끈질기게 우리를 따라다니지만, 우리를 대신해 재판관 역할을 하도록 그냥 내버려 두어서는 안 된다.

가족 내 판단 체계를 점검하라

◊

내면의 재판관이 내리는 판단이 스스로의 판단과 어긋나는 것처럼 느껴질 때, 가족 내에서 작동되는 판단 체계를 식별하면 보다 쉽게 확인할 수 있다.

엄격한 판단 체계 vs. 유연한 판단 체계 – 칭찬과 비난이 절대적인 권위 아래 일정하게 분배되는가? 자기 자신에 대해 자유롭게 설명하고, 또 부모의 판단에 대한 자기 생각을 편안하게 말할 수 있는가? 아니면 스스로의 판단을 이야기하려는 노력이 공격적인 것으로 간주되는가?

일반화된 비난 vs. 구체적인 훈육 – 일반화된 비난이 자연스러운 판단 체계 속에서 성장했는가? 말 한마디, 행동 하나가 이전의 잘못이나 성격적 결함에 대한 비난으로 이어지는가? 단 한 번의 실수로 극단적인 질책, 이를테면 '아무도 널 좋아하지 않을 거야', '믿지 않을 거야', '존중하지 않을 거야' 등과 같은 말을 듣는가?

이 같은 가족 판단 체계 속의 비난은 구체적으로 판단하고, 실수를 보다 명확하게 지적하는 판단 체계 하의 비난과 전혀 다른 결과로 나타난다. "오늘 저녁 식사에 늦었구나"라는 구체적인 질책과 "배려심은커녕 생각도 없고 게으른 애구나"라는 일반화된 비난은 그 형태가 완전히 다르다. 전자는 합리적인 비난인 반면, 후자는 아이에게 극도의 충격만을 안겨 주는 비합리적인 비난이다.

엄격한 판단 체계 속에서 성장한 경우, 특히 일반화된 비난에 익숙한 아이들은 비난에 아주 예민한 반응을 보일 가능성이 높다. 자신을 방어하기 위한 어떤 설명도 받아들여지지 않을 것이며, 심지어 방어하려는 시도 자체가 오히려 더 많은 비난을 불러올 것이라고 여기기 때문이다. 또 특정 잘못에 대한 비난이 자기 존재 자체에 대한 비난으로 확대될 것이라고 믿어 버린다.

단정적 비난 vs. 훈육적 비난 – 가족의 판단이 '착한' 아이 혹은 '나쁜' 아이를 규정하는가, 아니면 단순히 허용되는 행동과 허용되지 않는 행동을 구분하는가?

착한 행동과 나쁜 행동이 개인의 인격으로 정의되는 가정에서 자라나면 비판과 비난을 구분하기 어려울 수 있다. 이런 아이들은 제한된 비판에 집중하지 못한다. 대신, 자기 행동에 대한 부정적 언급이 자기 존재 자체에 대한 전면적 비난으로 이어질 것이라고 생각한다.

또한 비판은 결코 변하지 않는 고정된 것이라고 믿는다. 비판이 주는 부정적 의미에 사로잡혀 자신의 부족한 부분을 채워 주고자 하는 상대방의 의도를 읽어 내지 못한다.

관대한 칭찬 vs. 인색한 칭찬 – 칭찬은 경쟁의 대상인가? 다른 형제자매가 칭찬을 받으면 본인은 그 대상에서 제외되는가? 칭찬은 한 번에 한 사람에게만 돌아가는가?

이처럼 칭찬에 인색한 가정에서 자라난 아이들은 누군가가 칭찬을 받으면 우울한 생각이 들 수 있다. 부러운 마음도 생겨나는데, 사실 이것은 다른 사람에 대한 칭찬이 나에 대한 결함을 의미할 수 있다는 두려움에 더 가깝다.

설령 자신이 칭찬을 받아도 이런 걱정은 사라지지 않는다. 상대가 나를 계속 칭찬할지, 칭찬이 다른 사람에게 넘어가지는 않을지 늘 불안하기 때문이다.

반응적 판단 체계 vs. 침입적 판단 체계 – 개인의 주관적인 생각이 충분히 존중받는가, 아니면 의심의 눈길로 일일이 감시당하는가?

침입적 판단 체계에 익숙한 아이들의 경우, 소위 내면의 재판관의 활동이 지나치게 앞서 나갈 수 있다. 예컨대 이 아이들은 무언가 잘못될 것 같은 조짐만 보여도 스스로를 어리석고 쓸모 없는 존재로 여긴다. 아무리 사소한 일이라 해도 말이다. 또 스스로의 감정을 부끄러워하며, 자신이 마땅히 느껴야 할 감정을 느끼지 못함으로써 다른 사람을 실망시키는 것은 아닌지 걱정한다. 자기가 좋아하는 것, 자기가 원하는 것을 두고 '이런 감정을 느껴서는 안 돼', '이걸 원해야 해', '이걸 원해서는 안 돼' 등 끊임없이 제한한다. 내면에 존재하는 부정적인 '또 하나의 눈'이 자신의 판단 장치를 통제하는 것이다.

위니콧이 언급한 대로 '존재의 뿌리'로부터 생겨나는 욕구와 칭찬을 받는 것의 중요성, 이 둘의 균형을 이루는 것은 어쩌면 평생의 과제다.[44] 이미 과거가 되어 버린 기억을 바꿀 수는 없다. 하지만 심리학자들의 연구에 따르면, 자신이 느끼는 감정에 대해 깊이 이해하고 나면 실망하는 마음으로부터 벗어나 보다 긍정정인 방향으로 나아갈 수 있다. 심리학계에서는 이를 '성찰적 기능'이라고 일컫는다. 내가 갖고 있는 감정 패턴이 어떤 식으로 형성되었는지, 그리고 이러한 패턴이 일상의 크고 작은 반응에 어떻게 대응하는지 이해하는 것만으로 우리는 마치 어딘가에 갇혀 있다가 풀려난 것 같은 해방감을 느낄 수 있다. 이뿐만이 아니다. 우리의 신경 활동이 진정되면서 그 기능은 더욱 강화되고, 사고와 욕구를 측정하는 뇌의 활동은 더욱 활발해진다. 그런데 우리의 판단 체계에 영향을 미치는 것은 비단 가족만이 아니다. 보다 넓은 대인 관계, 특히 친구 간의 관계 역시 칭찬과 비난의 감정 패턴에 매우 큰 영향을 끼친다.

5장

우정 : 무리에서 배제되지 않기 위한 투쟁

"새로운 친구를 사귀며 우리는 '나와 비슷한 사람은 누구인가?'에 대한 개념을 넓혀 간다.
좋은 친구와 서로의 판단을 공유하는 것은 마치 사업을 함께 꾸려 나가는 것과 같다."

가족 내에서 경험하는 칭찬과 비난은 보다 넓은 관계 속에서 마주하는 칭찬과 비난의 전주곡에 불과하다. 친구들과의 관계 속에서 우리는 다른 사람의 판단 체계 및 칭찬과 비난에 대한 그들만의 지도를 탐색해 나간다. 아동기에서 청소년기까지는 친구들이 곧 거울이자 모델이다. 깊은 우정을 유지함으로써 나 자신을 표현하고, 친구의 눈으로 스스로를 바라본다. 그러면서 '진정한 나'로 존중받기 원하지만, 이 같은 자기표현에는 위험이 따른다는 사실도 깨닫는다. 무언가 부족한 아이로 인식될 수 있으며, 친구들 간의 따뜻한 울타리에서 제외되는 일도 생긴다.

이 같은 배제의 대가는 매우 크다. 친구가 없는 아이는 또래들 사이에서 꺼려질 수 있고 따돌림의 대상이 되기 쉽다. 더욱이 10대들은 우울증 및 자살, 무단결석, 임신, 약물 중독, 폭력서클 가입 등으로 이어질 위험성이 매우 높다.[1] 나이를 막론하고 좋은 친구 관계는 심신의 건강에 큰 도움을 주며, 그 효과도 측정 가능하다. 특히 심장 건강에 매우 이로운 것으로 알려져 있다.[2] 그러나 부모나 연인, 동료와의 관계와 마찬가지로 친구 관계 역시 우리에게 기쁨과 슬픔을 동시에 가져다준다. 친구 관계를 잘 유지하기 위해서는 이들의 판단 체계를 제대로 탐색해야 한다. 이 같은 판단 체계 속에서 우쭐함이나 안락함 같은 감정은 느끼지 못할 수도 있다. 하지만 판단 체계를 탐색하는 과정을 통해 우리는 자신의 판단 장치를 적용하고 시험해 보며 부족한 부분을 채워 나간다. 또 칭찬을 받고 비난을 피하려면 어떻게 해야 하는지도 배워 나간다. 이 학습 과정에는 충성 어린 우정과 우정의 이상향은 무엇인지, 성적 표현은 어디까지 허용되는지, 남자들 및 여자들 세계에서 좋은 친구란 무엇인지와 같은 내용이 포함된다.

비난하거나 조롱하지 않는 관계

◊

아동기의 또래 집단에서 칭찬은 우정을 표현하는 가장 일반적인 형태[3]로, 여기에는 독특한 규칙이 적용된다. 예컨대 친구에게 건넨 칭찬은 대개 2분 내에 똑같이 되돌아온다. 프란Fran과 두 손을 맞잡은 셸리Shelly가 친구의 얼굴을 바라보며 이렇게 말했다. "프란, 넌 어쩜 그렇게 피부가 곱니?"이내 프란이 셸리를 칭찬했다. "네 눈은 세상에서 제일 예뻐, 셸리." 이 같은 칭찬의 교환은 소속감을 나타내는 기본적인 상징이다. 즉 '내가 너를 칭찬함으로써 너 역시 나를 칭찬하리라는 것을 확신한다'를 의미한다. 이를 통해 아이들은 서로 비난하거나 조롱하지 않는 관계라는 신뢰를 형성한다.

남자아이들의 경우 여자아이들처럼 팔짱을 끼고 걷거나 서로의 머리칼을 쓰다듬지는 않지만,[4] 경쟁적인 게임을 하면서도 서로를 칭찬한다. 가령 친구의 농담에 곧바로 웃어 보이며 똑같이 흉내 냄으로써 재미있다는 것을 표현한다. 서로의 능력을 치켜세우기도 한다. 이를테면 이렇게 말이다. "진짜 멋져! 그렇게 멀리서 차도 공이 들어가다니!" 반면 아깝게 놓친 골에 대해서는 서로 안타까운 마음을 나눈다. 심지어 레슬링을 하며 힘겨루기를 하는 상황에서조차 상대편의 능력을 기꺼이 인정한다. 따라서 "와우, 대단한데! 진짜 아파" 같은 말은 비난보다는 칭찬에 가깝다. 한편 남자아이들은 소문에 덜 민감하다고 알려져 있지만 이들 역시 평판에 꽤 민감한 편이다. 평판이 자아 존중감에 영향을 미치기 때문이다.

여자아이들과 남자아이들은 서로 다른 판단 문화를 경험한다. 아동기 중반 무렵부터 청소년기 초반에 이르기까지 남녀의 또래 집단은 완전히 구분된다. 여자아이는 여자 친구를, 남자아이는 남자 친구를 선택한다. 남자가 여자 무리에 들어가려고 하는 경우 대개 말썽을 피우기 위한 의도가 숨어 있다. 여자아이 역시 마찬가지다. 남자아이

들 주위를 기웃거렸다가는 십중팔구 거절당하게 마련이다.[5]

아동기 교우 관계의 성적 구분은 일반적인 현상처럼 보인다. 문화나 계층을 막론하고 공통적으로 나타나기 때문이다.[6] 어른들은 때로 남자와 여자의 구분 없이 함께 어울려 지내라고 하지만, 아이들은 자신만의 무리를 고집한다. 이 같은 현상은 아주 어렸을 때부터 나타나는, 동성 친구에 대한 높은 관심과도 연관된다.[7] 성에 따라 전혀 다른 놀이 방식이나 상호작용 방식 때문일 수도 있다.[8] 보통 남자아이들은 다소 공격적인 신체 활동을 즐기고 승패를 가르는 게임을 좋아한다(남자아이들 놀이의 50퍼센트가 이런 종류인 반면 여자아이들은 고작 1퍼센트에 불과하다).[9] 한편 친구 관계에서도 여자아이들은 협력적인 모습을 보이는 반면 남자아이들은 다소 경쟁적이다.[10] 그러나 이것은 놀이 종류의 문제라기보다 남녀 간 서로 다른 놀이 방식의 문제로 볼 수 있다. 여자아이들 사이에서의 갈등은 교묘하게 위장되는 경우가 많다. 이들은 대개 친구를 살살 달래 가며 자신의 목적을 이루어 낸다. 예를 들어 마음에 드는 장난감이 있을 때, 순서를 정해서 놀자고 하거나 친구가 나를 위해 양보했다는 식으로 말하는 것이다. "메리Mary가 저한테 준 거예요."[11] 반대로 남자아이들은 놀이 과정에서 쉽게 협력하는 모습을 보이며 정서적으로 친밀한 감정을 주고받는다. 물론 이해하기 힘든 농담이 오가는 경우도 있고, 친구에 대한 감정을 드러내지 않는 아이들도 있다.

이 같은 남녀 간의 차이는 타고나는 것으로 보인다. 케임브리지 대학교의 멀리사 하인스Melissa Hines 교수가 진행한 붉은털원숭이의 수컷과 암컷에 대한 놀라운 연구에 따르면, 어린 원숭이의 경우 사람과 비슷한 장난감 선호도를 보였다. 수컷은 자동차와 기차를, 암컷은 인형과 주방놀이를 선택한 것이다.[12] 이 결과가 붉은털원숭이 하나의 사례로 국한될 수도 있지만, 선호도가 한층 진화되었다는 점에서 큰 의미가 있다. 물론 남녀 아이들에게서 보이는 대부분의 성적 차이는 결코 타고난 성향이라고 볼 수 없다.[13] 여자답다는 것, 혹은 남자답다는 것의 상당수는 칭찬과 비난을 통해 학습된 결과다. 이 과정에서 친구들의 판단은 가장 강력한 효과를 나타낸다.

아이들은 곳곳에서 성적 구분을 목격한다. 장난감과 게임, 동화책에는 대개 남녀의 성이 명확하게 구분되어 있다. 또 그렇지 않은 경우라 해도[14] 장난감은 좀처럼 성의 구분에서 자유롭지 못하다. 가령 남자아이용으로 판매되는 캐릭터 인형도 여자아이 손에 들어가면 인형놀이의 주인공이 된다. 또 핑크 리본이 달린 곰 인형 역시 남자아이가 갖고 놀면 우주비행사가 되곤 한다. 아이들은 수많은 활동을 통해 각기 남자와 여자로서의 바람직한 행동을 터득해 나간다. 교사와 부모는 영화나 텔레비전 프로그램에 등장하는 성적 고정관념을 경계하도록 주의를 주지만, 실상 또래 집단 내에서 주고받는 판단의 힘은 간과해 버린다.

나를 가치 있게 해주는 존재

◇

여자아이가 하는 좋은 친구라는 칭찬에는 그 친구가 자신을 잘 이해해 준다는 의미가 담겨 있다. 또한 친구가 자신의 외모와 생각, 감정, 행동에 긍정적인 시각을 갖고 있음을 안다는 뜻이기도 하다. 아이들의 우정에서는 이해가 칭찬을 포함하고 있다.

여자들의 우정에 대해 루텔렌 요셀슨과 함께 진행한 연구에서 우리는 여자아이들, 특히 아동기 후반에서 청소년기에 속하는 또래의 경우 친구를 거울로 삼아 칭찬받는 자신의 모습을 비추어 본다는 사실을 확인했다.[15] 여자아이들은 전화 통화를 하고 함께 쇼핑하며 수시로 대화를 나누면서 끊임없이 서로를 칭찬한다. 그리고 이를 통해 서로에 대한 애정을 확인한다. 올해 열여섯의 가브리엘라Gabriella는 가장 친한 친구 셸리의 피부 상태를 두고 '나쁘지 않다'라며 안심시켰지만, 또 다른 친구는 조롱 섞인 동정을 보내며 '여드름 천국'이라고 야유했다. 이 친구와의 관계는 당연히 가브리엘라와 전혀 다른 양상을 보일 수밖에 없다. 자기 정체성과 외모에 확신이 없는 10대 아이들은 친구들의 판단에 전적으로 의존하는 경향이 있다. 이들은 자신에 대한 좋은 판단만을 모아 정체성을 형성해 간다. 그러나 이렇게 만들어진 자아는 관계 속에서 여러 문제들에 부딪치며 쉽게 부서져 버린다. 가브리엘라는 다음과 같이 말했다. "여드름투성이 내 피부를 두고 이런저런 말들을 하면 마치 내 존재가 허물어지는 것 같은 느낌이 들어요. 하지만 친구가 다가와 괜찮다고 위로해 주면, 무너졌던 기분이 다시 살아나곤 하죠."[16]

우리 연구에 참여했던 또 다른 열여섯 살 소녀 켈리Kelly는 가족과 있었던 일을 가장 친한 친구에게 이야기할 때면 100가지도 넘는 질문이 쏟아진다고 했다. "그게 참 좋아요. 친구가 제게 관심이 많다는 뜻이니까요. 하지만 무엇보다 좋은 건, 모든 게 제 탓은 아닌지 걱정하고 있을 때 친구가 건네는 따스한 위로예요. '켈리, 넌 잘못한 거 없어. 너희 엄마는 대체 어딜 봐서 네가 배려 없는 아이라는 거야? 내가 아는 한 너는 이 세상에서 가장 생각이 깊은 친구인걸.'"[17] 켈리의 친구는 '서술적 칭찬', 곧 상대방의 행동 가운데 가치 있는 부분만을 강조해서 칭찬하는 방식으로 켈리 부모의 비난이 무마될 수 있도록 도왔다.

이처럼 친구는 비난을 딛고 일어서는 데 도움을 주는 존재로 간주된다. 나에 대한 '진짜' 평판을 가감 없이 드러냄으로써 다른 사람이 어떻게 생각하는지를 솔직하게 전달해 주는 것은 물론, 이후의 내 감정까지 세심하게 살펴 준다. 이것은 곧 나에 대한 안 좋은 소문을 들었을 때 나를 대신해 싸워 줄 수도 있음을 의미한다. 복잡한 인생사조차 그럴듯하고 좋은 것으로 포장해 줄 수 있는 존재가 바로 친구인 셈이다.

공손한 사람은 판단을 드러내지 않는다

◊

누가 나에게 관심이 있는지, 누가 어떤 사람에게 관심을 보이는지 파악하는 것은 관계 탐색에 필수적인 요소다. 아이들의 마음보기 능력은 지극히 작은 상호작용 속에 내포되어 있는 친구들의 판단을 해석하는 연습을 반복하며 성장해 나간다. '나를 향한 친구의 웃음이 무엇을 의미할까?' '친구가 나를 외면하는 이유는 무엇일까?' '친구들이 나를 쉽게 좋아할까?' '나를 받아 주는 친구와 나를 외면하는 친구는 누구일까?' '내가 속한 무리는 나를 칭찬하고 있을까? 만약 그렇다면 나의 어떤 점을 칭찬하는 것일까?'

이 같은 사회 학습은 어린 시절에 시작되어 어른이 되어서까지 이어진다. 우리는 어른이 되어서도 여러 가지 상호작용을 주고받으며 다른 사람에게 인정받는 사람과 그렇지 않은 사람을 끊임없이 식별해 나간다. 이 같은 식별 능력에는 누가 누구에게 시선을 보내는지, 그 시선은 상호 교환적인지, 서로에 대한 시선이 동시에 오고 가는지, 상대방이 다른 사람의 시선을 받고 있는지, 상호작용 속에서 두 사람 모두 편안한 감정을 느끼고 있는지를 파악하는 능력 등이 속한다.[18] 나아가 우리는 상대방이 숨기고 싶어 하는 판단까지도 감지해 낸다.

자기 판단을 남에게 드러내지 않는 것은 대인 관계에 꼭 필요한 부분으로, 이를 잘 지키는 사람을 우리는 '공손하다'라며 칭송한다.

이 같은 '공손의 법칙Rules of politeness'은 부정적인 판단을 드러내지 않음으로써 상대방의 자존감에 상처가 나지 않도록 해 주는 역할을 한다. 그러나 내면의 판단과 관련하여 흥미로운 점 한 가지는 판단을 감추는 우리의 위장술이 결코 완전하지 않다는 사실이다. 누가 나를 좋게 생각하는지, 누가 나를 마음에 들어 하지 않는지 금세 파악할 수 있다. 상대방이 자신의 생각을 소리 내어 말하지 않더라도 말이다. 때로 우리는 이러한 사실을 잊고 자기 생각들을 말해 버리기도 한다.

'자기표현Self-expression', 즉 다른 사람에게 보이는 자기 모습을 형성해 가는 개념을 대중화한 사회학자 어빙 고프먼Erving Goffman은, 다른 사람이 숨기고 싶어 하는 생각을 감지하고서도 발설하지 않는 것이 대인 관계의 암묵적 동의라고 강조한다. 상대방이 말하는 도중에 음식물을 튀기고 콧물을 닦거나 사타구니를 긁적이면, 으레 시선을 다른 곳으로 돌리며 못 본 척을 하는 것도 이에 해당한다.[19]

공손의 법칙에 따라 우리는 감정을 숨기고 있는 상대방의 위장을 감지하지 못한 척 눈감아 준다. 이를테면 상대방의 웃음이 거짓, 혹은 가식으로 보여도 진심 어린 미소로 받아 준다. 또 상대방이 불같이 화를 내고 사과를 하면 실제로는 깊이 실망했다 하더라도 "괜찮아, 잊어버려" 혹은 "지난 일인데 뭐"라고 대수롭지 않은 척 넘어가 준다. 이와 유사하게 자신을 한껏 뽐내며 성공담을 자랑하는 사람을 보면 대개 지루하고 짜증이 밀려오지만 겉으로는 "우와, 대단해!", "정말 멋지다!"라고 치켜세운다. 또 스스로를 비하하며 "난 진짜 멍청해" 혹은 "네게 피해를 줘서 정말 미안해"라고 말하는 친구에겐 혹 그 친구가 못마땅하고 어리석게 느껴지는 상황에서도 "별거 아니야", "신경 안 써도 돼"라고 안심시킨다. 이 모든 것이 공손의 법칙에 따른 행동들이다.

그러나 공손의 법칙 때문에 우리의 판단 자체가 약화되거나 달라지는 것은 아니다. 상대방이 억지로 웃는 모습을 보면 가식적이거나 냉정한 사람이거나, 혹은 기분이 좋지 않은 상황이라고 판단한다. 또 폭발하듯 화를 내는 친구를 보면 용서는 하지만 가까이할 만한 친구는 아니라고 결론짓는다. 어느 저녁 식사 자리에서 아주 이기적인 사람이 내 옆에 앉았다고 생각해 보자. 끊임없이 계속되는 그의 성공담에 동조하며 박수를 보내면서도 속으로는 이렇게 생각할 것이다. '교만하기 짝이 없군.' 그러고는 다른 친구에게 "제프에 대해 어떻게 생각해?"라고 물어보며 자기 판단이 맞았는지 시험해 볼 것이다.

비단 부정적인 판단뿐만 아니라 긍정적인 판단 또한 대인 관계의 지배를 받는다. 예를 들어 몹시 흥분되거나 짜릿한 느낌이 들어도 아무렇지 않은 척 감정을 숨긴다. 또 상대방이 칭찬을 유도하는 듯한 모습을 보이면 때로 과장된 반응으로 한껏 치켜세운다. 친구가 승진했다는 소식에는 "이야, 정말 잘됐다!"라고 말하며 함께 기뻐한다. 나 역시 물론 기쁘지만 감격할 정도는 아니다. 이내 일상으로 돌아온 나는 마음속 한편의 실망감에 대해 곰곰이 생각해 본다. 친구의 승진 소식에 호들갑스럽게 함께 기뻐하던 나의 모습은 결코 거짓이 아니다.

하지만 그것은 내가 실제로 느꼈던 감정보다 친구로서 내가 느껴야 한다고 생각했던 감정에 더 가깝다. 과장된 표현은 일종의 사회적 의식으로 받아들여지는데, 때로는 부러움과 같은 부정적인 감정을 숨기기 위해 사용되기도 한다.

우리는 때로 자신의 판단을 책망하기도 한다. 내가 느끼는 감정과 느껴야 하는 감정을 두고 우리 내면에서는 수많은 대화가 오간다. 여자들의 우정에 관한 연구[20]를 진행하며 루텔렌 박사와 나는 여자들은 공정한 친구가 되기 위해, 못된 친구가 되지 않기 위해, 그리고 친구의 입장과 일치하는 판단을 하기 위해 끊임없이 노력한다는 사실을 발견했다. 케임브리지 외곽에 있는 한 학교에 재학 중인 올해 열네 살의 에이미Amy는 인터뷰에서 자신이 한 판단이 좋은 친구에 걸맞은 것이었는지 궁금해했다. "제 친구 루시Lucy가 글짓기 대회에서 1등을 했어요. 루시의 부모님은 물론 선생님, 친구들, 심지어 제 부모님까지 모두 함께 축하했죠. 저도 정말 기뻐하는 듯한 표정을 지어 보였지만 그건 진심이 아니었어요. 마음이 마치 칼을 품은 것처럼 쓰라리고 아팠어요. 친구의 경사에 함께 기뻐하지 못한 전 나쁜 아이일까요?"

이번에는 서른두 살의 린다Linda를 살펴보자. 친구에 대한 칭찬과 비난에 균형을 맞추려는 노력은 성인이 되어서까지 계속된다. "클레어Clare의 입장에서 생각해야 한다는 것을 저도 알아요. 헤어진 남자 친구 험담을 끊임없이 늘어놓을 때면 저도 맞장구를 치면서 '그건 너무 불공평하잖아'라고 말해요. 하지만 속으로는 전혀 다른 생각을 하죠. 이전 남자 친구는 클레어에게 비관주의자에 수시로 트집을 잡고 계획적이지 못하며 모든 것을 자기가 통제하려 든다고 불평했대요. 전 사실 속으로 이렇게 생각했어요. '전부 맞는 말이네.' 친구 편을 들어줘야 하는데 오히려 비난한 셈이죠."

여자들과 남자들의 우정에는 상당한 차이가 있다는 오랜 편견에 대한 새로운 연구들이 진행되었고, 나 또한 남자들의 우정에 관해 연구한 적이 있다.[21] 스물두 살 마틴Martin은 다음과 같이 이야기했다. "제드Jed는 한동안 제 친구였어요. 어디까지나 한동안요. 별 문제 없이 지냈죠. 늘 함께하면서 이야기를 나누고 놀러 다니곤 했는데, 최근 들어 녀석과 관계가 서먹해지기 시작했어요. 이유는 잘 모르겠어요. 제드가 번듯한 직장을 갖게 되면서부터인지, 여자들 이야기만 쏟아 놓기 시작하면서부터인지. 여자 친구가 있으면서 다른 여자도 만나더라고요. 어느 순간 이런 생각이 들었죠. '이거 완전 형편없는 놈이네.' 제드와 함께 있는데 이런 생각이 들면 어떻게 해야 할지 모르겠어요. 녀석은 제가 자기를 꽤 멋있게 여긴다고 생각하는 것 같아요. 그럴 때면 벌떡 일어나 버리죠. 시선도 다른 쪽으로 돌려 버려요. 자신만만한 모습으로 제 옆에 앉아 거만 떠는 모습을 좀처럼 봐 줄 수가 없어요."

우리는 스스로의 판단과 늘 씨름한다. 그리고 다른 사람을 칭찬하고 비난하는 방식이 혹여나 자신에게 칭찬과 비난을 가져다주는 것은 아닌지 늘 신경 쓴다. 그래서 친구를 비난할 때면 스스로의 판단을 통제하려 노력한다. '누구든지 한 번쯤은 실망시킬 수 있어'라고 되뇌거나 '섣부르게 비난하지 마'라고 스스로를 꾸짖으면서 말이다. 혹은 '오늘 너무 힘들고 피곤했잖아. 예민해서 그래'라며 다른 이유를 생각해 보기도 한다. 친구가 걱정을 쏟아 내면 전혀 공감하지 못한 채 자리를 뜨고 싶은 마음이 들 때도 있다. 그러나 이내 마음을 추스르고 친구와의 관계가 얼마나 소중한지, 진짜 속내를 말해 버리면 친구가 얼마나 상처받을지 떠올린다. 초콜릿을 하나 집어 먹고 다시 자리에 앉아 짜증나는 마음을 가라앉혀 본다. 그리고 친구의 말에 귀를 기울이며 열심히 들어 준다. 때로는 고개를 끄덕이며 공감한다. 결국 우리는 진짜 속마음을 숨기는 데에만 능한 것이 아닐까?

그러나 깊이 감춰 둔 속마음은 어떻게든 얼굴 표정에 드러나게 마련이다. 감정 및 자기표현에 대한 여러 가지 기본 이론을 개발한 실번 톰킨스Sylvan Tomkins는 아주 도발적인 주장을 펼쳤다. 인간의 표정이 마치 남성의 성기 같다는 것이다.[22] 흥분한 상태인지 아닌지 여지없이 드러나는 남성의 성기처럼 인간의 표정 역시 좀처럼 감출 수 없다는 이야기다.

심리학자이자 인류학자 폴 에크만Paul Ekman은 톰킨스의 이론에 영향을 받은 대표적 인물이다.[23] 에크만 박사는 '미세 표정', 즉 숨기고 있는 감정이 드러난 얼굴 표정을 언어로 표현해 목록화하는 작업을 진행 중이다. 미세 표정은 순식간에 지나가는 얼굴의 움직임으로 약 25분의 1초에서 15분의 1초 동안 아주 짧게 지속되며, 의식적으로든 무의식적으로든 감추고 싶어 하는 감정을 그대로 드러낸다. 요컨대 나 자신 혹은 다른 사람에 대한 반응을 숨기고자 할 때 생겨나는 표정인 것이다. 그런데 미세 표정은 일부러 감정을 드러내지 않는 거짓 표정과는 다르다. 경멸, 모욕, 분노, 두려움, 욕구 등의 감정이 아주 짧게 표현되는 것일 뿐이다. 또한 미세 표정은 가식 혹은 거짓된 표현을 숨기고자 할 때, 스스로에게조차 들키고 싶지 않은 판단이나 깊은 의식 속에 존재하는 판단을 표현할 때도 생겨난다.

의도한 생각이 아닌 실제 판단이 드러나는 미세 표정을 통해 우리는 상대방의 속내를 읽어 내는 것은 물론 판단 장치까지 들여다볼 수 있다. 긴장한 입 주위는 분노나 혐오를, 팽창된 동공이나 커진 눈 크기는 흥분을 나타낸다. 이처럼 머릿속 판단은 얼굴 표정으로 무심코 드러나는데, 이 표정은 나에 대한 다른 사람의 판단에도 영향을 끼친다. 이처럼 순간적으로 나타나는 미세 표정은 서로 판단을 조심하도록 만든다.

모든 관계는 가십으로 시작한다

◊

자기의 판단을 드러내지 않는 행위를 '공손하다'라고 표현한다면, 가십gossip은 정반대의 의미를 나타낸다. 가십을 통해 우리는 칭찬과 비난이 배정되는 방식을 배운다. 즉, 무엇이 허용되고 무엇이 허용되지 않는지를 학습한다. 여럿이 모여 특정 인물의 행동과 성격, 능력, 의도, 심지어 외모까지 판단한다.[24] 가십거리에 공감할 때 나오는 반응, 이를테면 '뭐라고? 정말? 말도 안 돼!' 같은 표현은 특정 행위나 언급이 어느 정도로 허용 범위를 벗어난 것인지 단적으로 보여 준다. 가십에는 콧대 높은 사람의 이면에 존재하는 치부를 들춰 코를 납작하게 해 줄 수 있는 막강한 힘이 있다. 또 남을 속이거나 거짓말을 하고, 마치 자신은 아닌 척 위선 떠는 사람을 혼내 줄 수도 있다. 논밭에 씨 한번 안 뿌려 보고 추수 잔치에 위풍당당하게 나타나는 사람, 성질이 못된 사람, 매사에 공정하지 않은 사람, 입이 가벼운 사람, 친구의 애인을 빼앗은 사람 등은 하나같이 가십의 대상이 된다. 그들은 위선적이고 정직하지 못하며 협동심이 부족하다고 비난을 받는다.[25] 가십의 형태로 나타나는 사회적 판단은 우리의 행동을 지배한다. 그 판단이 나를 향한 것이 아닌 경우에도 마찬가지다. 다른 사람에 대해서 수군대는 소리를 들으면 어떤 행동이 눈에 거슬리고 단정치 못한 것으로 비치는지, 또 어떤 행동이 참하고 바른 모습으로 비치는지 쉽게 알 수 있다. 이렇듯 우리는 가십을 통해 때로는 칭찬으로, 때로는 비난으로 사람들의 행동을 감시하며 벌한다.

오늘날 사용되는 가십이라는 단어에는 비난조가 강하다. 가십이 담고 있는 내용(대체로 부정적인 판단을 주고받는다)과 기능('가십걸'은 보통 다른 사람에 대한 안 좋은 말을 전하는 못된 여자로 인식된다) 모두에서 그렇다. 그러나 가십은 본래 '하나님의 형제들god-sibs이 함께 참여하는 활동', 혹은 '친하게 지내는 또래 집단'을 지칭했다.[26] 그렇다면 같은 또래의 아이들이 가장 흔하게 하는 것은 무엇일까? 바로 다른 사람에 대해 이런저런 이야기를 나누는 것이다.

발달심리학자 로빈 던바는 전 세계 다양한 국가와 문화권의 사람들이 개인 시간을 어떻게 사용하는지 연구했다. 그 결과 사람들은 전체 개인 시간의 20퍼센트를 사회적 상호작용에 사용하며,[27] 이 상호작용 가운데 65퍼센트는 가십 활동에 집중하는 것으로 나타났다. 놀랍게도 가십 참여에 소요되는 총 시간은 나이와 성별을 불문하고 거의 차이가 없었다. 일반적인 생각과는 전혀 다른 결과였다.[28]

성별에 관계없이[29] 아이는 물론 어른과 노인까지 모두 다 가십을 즐긴다. 이 같은 사실을 진화적 관점에서 바라본 던바는 가십은 많은 시간이 소요되는 인간의 오랜 활동으로, 우리가 온전한 사회적 존재로 바로 설 수 있도록 지원하는 매우 중요한 역할을 한다는 결론에 다다랐다. 물론 가십은 여러 문제를 일으키는 것으로 악명이 높다. 자유롭고 비공식적인 대화로 그 진실성을 확인하기 어렵기 때문이다. 대부분의 가십이 별다른 신뢰를 주지 못하는 이유가 여기에 있다. 가십은 또한 사람들의 숨은 의도에 대한 이런저런 말들을 퍼나르기도 한다. 가십의 대상이 된 인물의 경우 대개 자신에 대해 어떤 말들이 오가는지 알 수 없고 사람들의 비난으로부터 자신을 방어할 수도 없다. 이처럼 가십이 불완전한 요소를 많이 포함하고 있음에도 불구하고,

던바는 과거에서부터 현재까지 가십이 여러 순기능을 발휘하고 있다고 설파했다. 즉 가십을 통해 보다 넓은 공동체 속에서 살아갈 수 있는 능력을 배우고 다른 사람을 이해하며 사회 규범을 익힌다는 것이다. 또 사람들에게 거부를 당하면 어떤 대가를 치를 수 있는지도 확인 가능하다. 요컨대 던바는 가십을 '지금의 인간 사회로 발전하게 한 원동력'으로 정의했다.[30]

가십은 앞서 언급한 '존중감의 숨은 경제학'과도 밀접한 관련이 있다. 우리는 보통 다른 사람이 하는 말은 물론, 내가 하고자 하는 행동을 다른 사람이 어떻게 생각할 것인지에 대해서도 신경을 쓴다.[31] "정말 끔찍하다", "그 여자가 어떤 사람인지 단적으로 보여 주는군" 같은 말은 특정 인물에 대한 수군거림에서 끝나지 않는다. 이것은 누구든지 비슷한 행동을 하면 무리에서 배제될 수 있음을 경고하는 것과 같다. 따라서 다른 사람에 대한 부정적 가십은 나도 똑같은 비난을 받을 수 있다는 두려움으로 이어져 행동에 영향을 준다.

인간이 하나의 종으로 지속적으로 생존하는 데 꼭 필요한 다른 활동들과 마찬가지로, 가십 또한 우리에게 많은 즐거움을 준다. 새로운 사실을 알게 됨으로써 희열을 느끼기도 하고 모두가 흥미로워하는 특종을 전했다는 사실에 뿌듯함을 느끼기도 한다. 우리가 중요시하는 인물에 대한 정보를 주고받는 것은 마치 인간 이외의 영장류가 몇 시간씩 서로를 닦아 주고 만져 가며 서로를 보살피는 행위와 같다. 이 과정에서 엔도르핀, 즉 우리의 기분을 좋게 해 주고 서로에 대한 유대를 강화해 주는 화학 물질이 생성된다.[32] 대개 우리는 다른 사람들의 소식을 듣고 나면 주변 상황이 어떤 식으로 돌아가는지 알게 되어 한결 마음이 가벼워진다. 또 누군가가 내게 비밀스러운 이야기를 전해 주면 그 사람에게 보다 친근감을 느낀다. 중요한 가십을 나눈다는 건 신뢰를 바탕으로 하기 때문이다.

가까운 친구에게만 비밀을 털어놓는 이유

◊

친구의 칭찬이라는 안전지대를 벗어나면 우리는 위험한 상황에 처할 수 있다. 우리는 '만약 내 행동을 친구가 알고 나면 다른 사람에게 하듯 나도 밀쳐 내지 않을까?'라고 생각하며 불안해한다. 그러나 우정이 주는 이득은 어느 정도의 위험을 감수하지 않고서는 경험할수 없다. 가족 내에서와 마찬가지로 친구들 사이에서도 진정한 내 모습을 향한 칭찬만이 우리에게 의미가 있기 때문이다. 때로 여자아이들 간 우정의 특징은 엄격한 판단 체계로 묘사되곤 한다. 이 체계 하에서 자신의 개성을 표현하거나 잘못한 행동, 혹은 나쁜 생각을 드러내려면 많은 용기가 필요하다. 루텔렌 요셀슨과의 공동 연구 결과 여자아이들은 이 용기를 점점 키워 갔다. 친구들과의 우정이 주는 모든 혜택을 마음껏 누리고 싶어 하기 때문이다. 이렇듯 자신의 생각이나 감정을 솔직하게 표현함으로써 새로운 힘을 얻게 되면, 자기 노출은 우정에서 아주 중요한 부분으로 자리 잡는다. 여자아이들은 이처럼 자기표현을 위한 노력에 친구들이 귀 기울여 주고 그 가치를 알아봐 주기 원한다. 이들은 대개 친구들의 인정과 지지가 영원할 것이라는 다소 비현실적인 믿음을 갖고 있다. 하지만 자신의 진짜 모습을 드러내는 것은 때로 친구들에게 거부당할 위험을 동반한다. 그래서 그들은 아주 조심스럽게, 친구가 어디까지 자신을 이해하고 인정해 줄 수 있는지를 시험해 보고 여러 단서를 통해 친구의 반응을 확인한다. 이때 고개를 끄덕이거나 '음' 하고 맞장구를 치는 것, 응시하며 건네는 공감 어린 눈빛과 포옹은 모두 동조를 나타낸다.[33]

공동 연구를 통해 우리는 서로에 대한 이해가 어떻게 칭찬의 기능을 하는지도 확인했다. 열네 살의 캐런Karen은 친구 제시카Jessica를 통해 느꼈던 위안에 대해 말해 주었다.

"제시카는 이해심이 많아요. 그녀는 누구든지 때로 이성을 잃어버릴 수 있지만 그것만으로 그 사람을 악하거나 미친 사람으로 단정할 수 없다고 했어요. 그래서 제 깊은 속마음을 털어놓아도 전혀 놀라지 않았죠. 심지어는 이런 생각까지도 말이에요. 음, 불쑥 한 번씩 찾아오는 엄마를 죽이고 싶다는 생각. 이런 제 마음을 이야기하면, 아마 대부분의 사람들은 이런 반응을 보일 거예요. '세상에, 너 어떻게 그런 말을 할 수 있니?' 하지만 제시카는 달랐어요. '캐런, 진심은 아니지? 만약 그런 생각이 들었다면, 그건 엄마를 죽이고 싶을 만큼 화가 많이 났다는 뜻일 거야.' 이렇게 말하며 저를 이해해 주었어요. 절대 무시하거나 웃어넘기지 않았죠. 그 점이 정말 좋았어요."

캐런은 서로 다른 생각과 계획이 얼마든지 받아들여질 수 있음도 알게 되었다. 이것은 친구 애나Anna를 통해서였다. 애나는 자기 언니가 갖고 있는 포부와 용기를 늘 존경한다고 말했다. 이 친구의 모습을 통해 캐런은 한 가지 확신, 즉 애나만큼은 자신의 꿈에 관한 이야기를 결코 지루해하거나 비웃지 않고 끝까지 들어 줄 것이라는 확신을 갖게 되었다. 이처럼 가십을 통해 여자아이들은 자기를 표현하거나 기존의 관념에 맞설 수 있는 안전지대를 찾는다. 또한 가십은 신호등의 녹색등 같은 역할을 한다. '그래, 그쪽으로는 가도 괜찮아. 네 생각과 감정을 말해도 그 사람은 널 나쁜 사람으로 여기지 않을 거야.'

버지니아 근처에 있는 캐런의 집에서 약 3200킬로미터 떨어진 곳에 살고 있는 에이미Amy도 이와 같은 위안을 느끼고 싶어 했다. 에이미는 자신의 지극히 개인적인 이야기나 가정사를 친구 조시Josie만큼은 이해해 주길 바랐다. 이를테면 수준 이하의 남자와 잠자리를 가진 경험이나 엄마가 알코올의존증 환자여서 여동생이 너무 걱정된다는 고백 같은 꺼내기 힘든 이야기들 말이다. 그래서 에이미는 늘 조시와 깊은 대화를 나누고 싶어 했다.

"조시와 이야기를 하다 보면 이 모든 혼란 속에서도 제가 꽤 잘하고 있고 무척 강한 사람이라는 생각이 들어요. 그래서 대화가 늘 즐겁죠. 저도 그리 나쁜 사람이 아니고 보기보다 괜찮은 사람이라는 생각까지 들기도 해요."

그러나 몇 달 후 둘의 관계는 금세 멀어지고 말았다. "요즘 들어 조시가 커스티Kirsty라는 친구와 붙어 다녀요. 기막힌 사건도 하나 있었고요. 한 친구가 우리 엄마에 관한 농담을 하다 아차 싶었는지 입을 틀어막더라고요. 저는 순간 구역질이 났어요. 제가 엄마 이야기를 털어놓은 상대는 조시뿐이었고, 조시는 절대 말하지 않겠다고 약속했거든요. 나 자신이 얼마나 괜찮은 사람인지, 얼마나 강한 사람인지에 관한 생각들은 모두 허상에 불과했어요. 조시에게서 등을 돌린 순간 저는 더 이상 묵묵히 어려움을 견뎌 내는 강한 아이도, 친구들에게 존중받는 멋진 아이도 아니었거든요. 말 그대로 콩가루 집안의 별 볼일 없는 애, 가족에게까지 망신을 준 난잡한 여자애에 불과했죠. 친구를 믿고 털어놓은 힘든 고백이었는데, 어느새 모르는 애들이 없을 만큼 소문이 퍼져 있었어요. 그때의 기분을 뭐라 설명할 수 없네요."

여자 친구들끼리의 우정, 특히 청소년기 초반의 우정은 매우 변덕스럽다. 이는 곧 서로 간의 신뢰가 쉽게 깨질 수 있으며, 비밀스럽게 주고받은 둘만의 이야기가 가십거리로 전락하는 순간 그 우정은 하잘것없는 것으로 바뀔 수 있음을 의미한다. 때로는 현실성이 없어 보일 만큼 높은 친구 사이의 기대감이 우정의 속성을 더욱 변덕스럽게 만든다. 여자아이들은 서로에 대한 비난을 하지 않는 것을 참된 우정으로 여긴다. 우정에 대한 이 같은 이상적인 생각은, 여자아이들도 다른 모든 사람과 마찬가지로 판단의 동물이라는 사실과 정면으로 부딪힌다. "서로 간의 조화에 대해 이처럼 높은 기대를 갖고 있는 관계는 어디에도 없다." 나와 루텔렌이 친구 관계에 대해 여자아이들과 이런저런 이야기를 나누고 그들을 관찰하고 나서 내린 결론이다.[34]

부모와 자녀는 때로 서로를 비판한다. 부부나 연인도 마찬가지다. 싸우고 화해하기를 반복한다. 그러나 여자아이들은 친구 사이가 나빠지면 유독 무척 당황한다. 네나Nena는 혹시라도 있을지 모를 친구와의 갈등에 느끼는 공포감을 이렇게 표현했다.[35]

"차라리 남자 친구나 엄마와 싸우는 걸 택하겠어요. 여자 친구와 관계가 나빠지는 것보단 말이죠. 저는 본래 솔직한 편이에요. 하지만 친구와의 갈등을 피하기 위해서라면 어떤 말도 할걸요? '그냥 농담이야'나 '아무것도 아니야. 잊어버려'라고 말할 수 있어요."

갈등은 서로의 차이를 인정하는 동시에 상대에 대한 거부를 의미하며, 이 거부는 친구 사이의 온전한 인정에 대한 이상을 위협한다. 여자아이들은 대개 좋은 친구란 절대 상대를 판단하거나 욕하지 않는다고 생각한다. 그러나 이것은 지속 불가능한 이상에 불과하다. 이 같은 이상적인 생각은 친구 관계에서 일종의 '지뢰밭'을 만들어 낸다. 판단하려는 본능이 대화에서 드러나면 친구를 향해 이렇게 쏘아붙인다. "넌 진정한 친구가 아냐." 이렇게 되면 친구 관계에서 찾아낸 안전한 휴식처, 곧 칭찬만 있고 비난은 없는 이상적인 공간은 더 이상 유지될 수 없다. 이곳은 인간이라면 누구나 갖고 있는 판단의 본능을 전혀 고려하지 않은 곳이기 때문이다.[36] 여자아이들의 우정은 아무리 친한 친구라 해도 우리 모두는 자신만의 판단 장치를 갖고 있다는 사실을 받아들일 때 비로소 온전해질 수 있다.

친밀한 표현 없이도 친할 수 있다

◊

보통 남자아이들의 우정은 여자아이들의 변덕스러운 우정보다 훨씬 안정적이다.[37] 이들의 우정은 서로 간의 경쟁이나 갈등을 수용한다. 그래서 비난을 인정하지 않는 여자아이들의 우정에 비해 쉽게 깨지지 않는다. 여자아이들이 친구 관계에서 흔히 보이는 행태, 예컨대 너무 이기적이라든가 다수가 원하지 않는 아이와 친구가 되었다든가 나쁜 소문을 내고 다닌다는 이유 등으로 무리에서 배제하는 행위는 남자아이들 사이에서는 거의 나타나지 않는다.[38] 그러나 이들의 우정도 서로에 대한 칭찬과 비난으로 만들어지거나 해체된다는 점에서는 유사하다. 남자아이들의 전형적인 대화는 '남자라면 어떻게 해야 한다'라는 것을 직접 드러낸다. "남자는 인형 가지고 노는 거 아냐." "그런 건 여자애들이나 하는 거라고."[39]

윌리엄 폴락William Pollack 박사는 스스로를 이른바 '진짜 사내'로 여기는 아이들의 목소리를 들어 보았다. "아이들은 때로 의도하지 않은 감정을 느낄 때도 있다고 고백합니다. 하지만 자존감이 곤두박질치는 순간에 느끼는 슬픔이나 혼란스러운 감정조차 절대 겉으로 표현해선 안 된다고 생각했어요."[40] 남자아이들 역시 여자아이들처럼 이런저런 이야기를 하며 시간을 보내지만, 대부분의 주제는 가십에 국한되어 있다. 가십을 공유하며 소속감을 느끼고 자신이 전달한 소식에 친구들이 흥미를 보인다는 데서 재미를 맛보기도 한다.[41] 한편 남자아이들도 친구들의 평판에 신경을 많이 쓴다. 자신에 대해 어떤 이야기가 들려오는지, 주위에서 자신을 어떻게 평가하는지에 끊임없이 귀를 기울인다. 그러면서 친구들 사이에서 인정받는 친구와 그렇지 못한 친구를 하나둘 분류해 나간다.

　남자아이들도 여자아이들과 마찬가지로 성별 구분에 매우 엄격한 모습을 보인다. 그래서 누구든지 '사내 코드'에서 벗어난 행동을 하면 그에 따른 사회적 처벌을 가하는데, 이 같은 현상을 '조롱 압박(타인을 놀리는 행위를 보았을 때 자신도 그런 놀림을 받지 않기 위해 동참하는 현상 - 옮긴이)[42]'이라 한다. 그러나 아동기 및 청소년기 초반까지만 해도 아이들은 따스하고 사랑스러운 내면과 사내 코드 사이에 존재하는 여러 모순을 당연한 듯 받아들인다. 여자아이들이 느끼는 복잡한 감정을 남자아이들도 똑같이 느끼고 공유하며, 자신만의 깊은 속내와 감정을 털어놓는다. 그래서 남자아이들이 주고받는 우정의 언어는 여자아이들의 그것만큼이나 사랑과 정열이 넘친다. 마치 연애하는 남녀 같기도 하다. 서로에 대한 칭찬을 아끼지 않는 것은 물론이다.[43] 이 시기의 아이들은 사랑 넘치고 부드러운 마음을 지켜 나가는 한편 남자다운 강인함 또한 동경하는 이중적인 모습을 보인다. 그들은 이 둘 사이의 균형을 자연스레 맞춰 나간다.

그러나 청소년기 후반에 접어들면 상황은 완전히 달라진다. 이 시기에는 남자다움의 기준이 더욱 강화되면서, 어린 시절의 부드럽고 따스한 우정은 거부당한다.[44] 남자아이들의 우정에 대해 주목할 만한 연구를 진행해 온 심리학자 니오베 웨이Niobe Way는 남자들 간의 친밀한 우정이 어떤 식으로 깨지는지 설명했다. 성적인 부분이 가장 중요한 부분으로 떠오르면서 아이들은 남자다움을 더욱 중시하며, 이때 사내 코드는 남자들 간 친밀한 우정을 방해하는 요소로 작용한다는 것이다. 예컨대 10대 이전의 남자아이들은 이런저런 속내를 친구에게 털어놓지만[45] 10대로 접어들면 이 같은 공유의 필요성을 전혀 느끼지 못하며 혼자 속으로 삭이는 경우가 많다.[46] 특히 친구에 대한 애착이 강한 10대 후반 아이들은 자신의 감정이 어떤 식으로 판단되는가에 대해 상당한 불안을 느낀다. 그래서 아무리 친한 친구라도 그 친구가 자신에게 애정과 욕구를 드러내는 즉시 그 관계를 끊어 버린다.[47] 둘 사이에 아무런 성적 관계가 없음을 증명하기 위해서다.

웨이 박사의 연구 결과, 남자아이들은 10대로 접어들면 친구들과의 감정적 교류도 완전히 끊어 버렸다. 가령 한 아이가 친구에게 애착을 보이면 또 다른 친구가 나서서 그런 행동은 동성애자로 오해받을 수 있다고 경고한다.[48] 그럼 이내 친구에 대한 감정적 표현은 중단되고 만다. 또 이전에는 이해심이 깊고 배려가 많은 친구를 칭찬했다면 이제는 용감하고 독립심이 강한 남자다운 친구를 칭찬한다.[49] 또한 이 시기의 남자아이들은 어떤 위험도 기꺼이 감수하려는 성향[50] 탓에 흔히 사고뭉치로 불리며, 많은 부모들이 마음고생을 한다. 그런데 사실 이 같은 성향은 남자다움의 기준, 즉 친구들이 서로를 판단하는 기준에 자기가 부합하지 못할까 봐 두려워하는 마음에 기초한 것이다.[51]

친구와의 갈등을 직접 대응하는 측면에서는 남자아이들보다 여자아이들이 한 수 위다. 사춘기 이전까지는 그렇다. 하지만 10대 후반이 되면 상황은 달라진다. 남자아이들도 친구와의 갈등에 정면으로 응수한다. 가령 친구가 약속을 어기거나 생각 없이 말하는 등 우정에 금이 가는 행동을 하면 나약한 모습으로 속상한 마음을 표현하는 대신 강하게 화를 내 버린다.[52] 여자아이들이 친구 간 갈등은 있을 수 없다고 믿는 것과는 반대로, 남자아이들은 서로에 대한 친밀한 표현을 조금도 허용하지 않는다. 부드럽고 여린 마음을 겉으로 내보이면 혹시라도 동성애자로 비난받을지 모른다는 두려움 때문이다.

이처럼 강요된 침묵은 부정적인 판단에 대한 아이들의 민감도를 더욱 높인다. 비난에 직면한 상황에서 자신의 상한 마음을 위로하며 칭찬으로 격려해 줄 친구가 없을 때 아이들은 쉽게 상처받는다. 10대 사이에서 우정은 때로 '갑옷'으로 비유되며[53] 이 갑옷이 없으면 다른 사람들이 더 무섭고 위협적으로 느껴진다.[54] 그러나 어디에든 예외는 있게 마련이라 일부 아이들은 남녀를 막론하고 또래들 간의 '조롱 압박'에서 자유로운 모습을 보인다. 올해 열여섯 살의 조엘Joel은 자신에 대한 친구들의 판단에 실망감을 감추지 못했다. "애들이 왜 저를 보고 키득대는지, 왜 '여리고 약하다'라며 웃어 대는지 도저히 이해하지 못하겠어요. 저는 제가 변했다고 생각하지 않아요. 변한 건 그 친구들이에요. 저는 여전히 마이크Mike와 늘 함께하죠. 정말 좋아요. 우리가 같이 다니면 이상한 눈빛으로 쳐다보는 애들이 있다는 거 저도 알아요. 마치 동성애자를 보듯 말이에요. 하지만 그건 그냥 그 애들 생각일 뿐이에요. 우린 그런 관계가 아니니까요. 그렇죠?"[55] 요컨대 우정은 칭찬과 비난에 대한 엄격한 규칙을 그대로 따르게 하는 힘도 있지만, 때로 그 규칙을 완전히 바꿔 버리기도 한다.

자존감을 지키기 위한 강력한 무기

◇

친밀함, 사랑 그리고 자기 탐색은 우정의 바탕을 이루는 세 가지 요소다. 친구 관계는 대가족이나 씨족 사회 같은 가까운 관계의 특징을 모방하고 있다. 예컨대 하나의 씨족과 마찬가지로 또래 집단에도 그들만의 고유한 판단 체계가 있다. 이와 더불어 여자아이들은 9세,

남자아이들은 11세를 전후로 파벌을 형성하기 시작하며, 이 같은 파벌은 서로에 대한 칭찬과 비난을 통해 점차 강화된다. 각 파벌에 따라 어떤 모습이 좋고 어떤 의견이 옳고 누구 말이 맞는지에 대한 나름의 기준이 있으며, 이 기준에 따라 무리에 속하는 사람과 속하지 못하는 사람을 판단한다. 무리에서 배제되지 않으려면 일정한 자격을 갖추어야 하는데, 이것은 오랜 시간 상호작용을 통해 충분히 습득할 수 있다. 남녀를 막론하고 친구들은 보통 쇼핑을 같이하며 비슷한 옷을 입고 다닌다. 또 외출을 함께 준비하며 치장한다. 같은 음악을 듣고, 같은 텔레비전 프로그램을 보며, 문화적 취향도 비슷하다. 파벌 내에서 공유하는 은어나 옷, 머리 스타일, 손톱, 피어싱 및 기타 액세서리는 무리에 속한 존재임을 나타내는 상징이 된다.

일단 하나의 파벌에 속하고 나면 집단의 일원으로서 자기 위치를 지키기 위한 노력이 필수적이다. 그래서 아이들은 파벌의 규칙을 중시하며 다른 구성원이 전달하는 간접적인 메시지에 귀를 기울인다.[56] 이 같은 메시지는 주로 해당 무리의 구성원임을 상징하는 행동을 하라고 재촉한다. 이를테면 "옷을 그런 식으로 입으면 안 돼"나 "그 이상한 애랑 말을 섞은 거니?" 같은 메시지로 말이다. 직접적으로는 "그건 바보 같은 행동이야"나 "계집애처럼 굴지 마"라고 말할 수도 있다. 어리석다 또는 멍청하다고 따돌림의 대상이 된 아이는 나머지 아이들에게 '우리 집단의 규칙을 어기면 너도 조롱과 경멸의 대상이 될 거야'의 메시지를 보내는 일종의 경고장 같은 존재가 된다.[57] 만약 부모가 집단의 일원임을 상징하는 행동을 제한하면 강하게 반발하는 이유가 바로 이 때문이다. 아이들은 이것이 자기 사회생활이 걸린 중요한 문제라고 생각한다.

파벌 내 구성원의 지위는 가족 구성원으로서의 지위보다 훨씬 불안정하다. 그래서 10대 아이들은 집단 내에서 자기 위치를 끊임없이 주시한다. 여전히 파벌에 속한 존재인가의 여부는 나이와 성별에 따라 달리 규정된다. 여자아이들은 '친구들 사이의 중요한 소식이 나에게도 전해지는가 아니면 나만 모르고 있는가?,' '친구들이 무언가를 계획할 때 나의 스케줄도 확인하는가 아니면 전혀 신경 쓰지 않는가?,' '체육 수업이 끝나고 나를 기다렸다가 학생식당으로 가는가 아니면 나만 빼고 먼저 가는가?' 등의 기준으로 자신이 파벌의 구성원인지 판단한다. 남자아이들은 '나의 농담에 친구들이 웃어 주는가?,' '친구들이 내게 이런저런 내용을 묻는가?,' '어디로 갈지, 어떤 게임을 할지에 대해 내 의견을 따라 주는가?' 등을 기준으로 삼는다.

파벌 내 구성원의 지위를 보장하는 가장 확실한 방법은 긍정적 혹은 부정적인 판단의 결정권자가 되는 것이다. 마치 집안의 가장처럼 말이다. 이들은 다음과 같이 선언하면서 구성원의 포함 여부를 결정짓는다. "너는 우리 파벌에 속하지만 그 애는 아니야." "너는 인정하지만 그 녀석은 안 돼." 수장을 제외한 나머지 구성원들은 여전히 일원으로 속해 있음을 확인한 후에야 비로소 안도감을 느낀다. 한편 나는 10대 아이들의 파벌이 갖는 다양한 특징을 연구하면서 여자아이들이 칭찬과 비난을 통제하기 위해 필사의 노력을 기울인다는 점에 각별히 주목했다. 이들은 알 수 없는 규칙을 만들어 무리에 속한 자와 그렇지 않은 자를 나누었다. 또 이런저런 규칙들을 아무 때고 만들어 냈다. 이를테면 "그 애랑 말하고 싶으면 우리랑 놀 생각은 하지마"나 "그런 색깔 옷은 아무도 안 입어" 같은 식이었다.[58] 물론 남자아이들이라고 크게 다르지 않았다. "그 녀석이 말한 게임은 너무 지루해. 네 생각이 좋다", "넌 아주 좋은 친구야. 근데 걔는 진짜 얼간이 같아"라며 무분별한 기준으로 친구들을 평가했다.[59]

모방으로 표현하는 칭찬

◊

일단 하나의 파벌에 속하고 나면 아이들은 해당 무리의 판단 체계를 빠르게 흡수한다. 그러면서 나와 꼭 닮은, 비슷한 생각을 가진 친구를 만났다고 기뻐한다. 그러나 마음이 통하는 친구를 찾아가는 과정은 생각보다 훨씬 복잡하다. 친구들과 대화를 나누면서 자기 취향이나 생각이 끊임없이 달라지기 때문이다. 10대 아이들은 속한 집단의 기준을 바탕으로 자신의 판단 체계를 형성해 나간다. 물론 파벌 전체의 시각에 반기를 들기도 한다. 특히나 이 시기의 아이들은 논쟁이 주는 쾌감 자체를 즐기는 경향이 강하기 때문이다. 하지만 집단 내 구성원의 시각에 자기 생각을 맞추고 조정하는 경우가 일반적이다. 실제로 다수 심리학자의 연구 결과 연령대를 막론하고 사람들이 대화나 논쟁을 할 때, 혹은 가십거리를 나눌 때조차 '관계 욕구', 즉 서로의 애착 관계를 유지하고 싶어 하는 욕구가 작동했다.[60] 그래서 상대방이 어떤 가치를 추구하는지 알고 싶으면(문학이나 정치 등) 주변의 친구가 어떤 가치를 중시하는지 파악하면 된다.[61]

이것은 누구나 친구의 생각을 무조건 받아들인다는 게 아니라, 나이가 많든 적든 사람은 사회적 동물로서 시시때때로 그 모습을 달리한다는 것을 뜻한다.[62] 의식하든 의식하지 않든 우리는 다른 사람의 자세나 버릇, 얼굴 표정을 흉내 낸다. 우리가 좋아하는 사람일 경우에는 더욱 그렇다. 모방은 존경과 인정의 표현이다. 앞서 어린아이와 부모의 관계에서 살펴보았듯, 모방은 칭찬의 또 다른 형태이기도 하다.

한편 10대 아이들에게 친구는 강력한 힘의 원천이다. 대개 부모들은 이렇게 말한다. "친구가 한다는 이유만으로 따라 하지는 마." "친구가 강요한다고 될 일이 아니야. 네가 판단해서 결정해." 하지만 어른들의 이 같은 생각은 또래 집단 내에서 칭찬과 비난이 구성되는 방식을 전혀 고려하지 않은 것이다. 이니스Innis는 올해 열네 살의 아들 롭Rob을 두고 이렇게 말했다. "우리 아들은 정말 완벽한 아이예요. 하지만 친구들만 만나면 세상에 그런 바보가 없어요. 머릿속에 있는 모든 걸 창 밖으로 내던져 버리나 봐요. 얼빠진 녀석들한테 마음을 모두 빼앗긴 것 같다니까요."

롭이 보인 행동은 또래 집단의 막강한 영향력을 보여 주는 전형적인 사례다. 이것은 롭이 친구들에게 온통 정신이 팔려 있어서가 아니라 좀 더 깊고 단단한 친구 관계에 대한 욕구를 우선시하고 있기 때문이다. 이 같은 현상을 또래 집단의 압박이라 볼 수도 있겠지만, 사실은 존중감의 숨은 경제학이 나타내는 징후에 더 가깝다. 친구들과 함께 있는 상황에서 아이들의 우선순위는 무리 속에 잘 섞여 들어가 배제되지 않는 것이다.

폭력서클은 따돌림의 피난처인가

◇

처음으로 엄마의 손을 놓고 유치원으로 향하던 다섯 살 때의 기억이든 쉬는 시간에 함께 놀 친구가 없어 서성이던 여덟 살 때의 경험이든, 누구나 한 번쯤은 어린 시절에 외로움을 느꼈던 기억이 있다. 소위 '아동기 반응'이라 불리는 이 같은 기억에서 누구도 완전히 자유로울 수 없다. 다만 차별, 혹은 배제는 일시적인 것이라고 스스로 되뇌면서 잘 조절해 나갈 뿐이다. 가족이나 직장, 지역사회 등 외부로부터 얻는 존중감은 일시적인 사회적 불확실성으로부터 우리를 보호하는 일종의 갑옷이다. 하지만 일부 아이들에게는 이 같은 사회적 배제가 너무나 익숙하다. 조심스레 발걸음을 내딛어 보지만 모든 문은 눈앞에서 닫혀 버린다. "넌 이곳에 들어올 수 없어" 혹은 "넌 자격이 부족해"라는 말로 거부당하기 일쑤다. 사람들의 판단도 부정적이다. 대다수는 이들을 두려워하고 피하며 쳐다보려 하지 않는다. 그래서 때리고 따돌리며 누군가가 이들의 물건을 훔치는 상황에서도[63] 오히려 피해자를 탓할 뿐 아무도 항의하지 않는다.

이렇게 따돌림을 당하면 아이들은 차별과 배제의 기억을 자부심으로 바꿔 줄 대상을 찾아 나선다. 대표적인 곳이 폭력서클이다. 대다수 부모들이 두려워하는 폭력서클 조직은 상당한 권위를 자랑하는 남학생, 여학생 클럽의 특징을 그대로 흉내 내고 있다. 공식적인 가입절차와 정기 모임, 조직의 역사에 대한 자부심, 소속감 등이 바로 그것이다. 물론 이름 있는 클럽에서 요구되는 조건, 이를테면 명문가 자제, 사회적 지위, 올바른 말씨, 구별되는 차림새와는 전혀 거리가 멀지만, 자존심을 지키고 냉대감을 피하려 한다는 목적만큼은 같다.

때로 낮은 자존감은 폭력서클 가입의 동기가 된다. 그래서 처음 폭력서클에 들어간 아이들의 경우 자존감이 거의 하늘을 찌른다.[64] 그리 좋은 위치가 아닐지언정 자신을 인정하고 받아 준 곳이 있다는 사실만으로 아이들은 자존감을 회복한다.[65] 소속 집단이 있다고 당당하게 내세울 수 있기 때문이다. 폭력서클에 포함되었다는 것은 다음과 같은 사실을 의미한다. '우리 조직원들은 서로를 좋게 생각할 것이다.

만약 우리에게 손가락질하는 사람이 있다면 그들이 잘못된 것이다. 이들을 위협하는 것이 우리의 자존감을 회복하는 길이다.'[66]

하지만 이렇게 형성된 자존감은 금방 무너지기 쉽다. 폭력서클에 들어간 후에는 폭력적이고 거친 모습을 보이면서 자신의 존재를 끊임없이 증명해야 하는 압박에 시달린다. 이로 인해 아이들은 깊은 우울증에 빠지고 때로는 자살 충동을 느끼기도 한다.[67] 지난 10년간 청소년 폭력서클을 연구해 온 범죄학자 크리스 멜데Chris Melde에 따르면 폭력서클에 속한 아이들은 가입 전에 이미 우울증과 자살 충동을 경험한 경우가 많았다. 이를 극복하고 자존감을 지켜 내기 위한 방법으로 폭력서클의 일원이 된 것이다.

일반적으로 폭력서클에서 조직원의 자존감을 지켜 내는 구심점은 폭력이다. 칭찬을 받을 길이 전혀 없을 때, 부정적인 시선으로나마 다른 사람의 관심을 받기 위해서는 상대에게 두려움을 심어 주는 것이 가장 효과적이다. 이는 예일 대학교 교수이자 사회학자 일라이자 앤더슨Elijah Anderson이 필라델피아의 빈민가를 중심으로 진행한 현장 연구 결과와 일치한다.[68] 앤더슨이 빈민가의 거리 문화를 살펴보니 옷 입는 법이나 인사법은 물론 자세나 걸음걸이에도 나름의 규칙이 존재했다. 그리고 이들 문화는 공공의 사회관계를 지배하는 존중감, 특히 폭력을 행사하는 자로서 존중감을 얻고자 하는 강렬한 열망을 바탕으로 형성되었다. 이에 대해 앤더슨은 다음과 같이 설명했다. "거리 문화의 중심에는 존중감이라는 요소가 강하게 자리하고 있습니다. 존중감은 구성원에 대한 '올바른' 대우와 '적절한' 권리, '마땅한' 대접이 무엇인지를 정의합니다. (……) 거리 문화에서 존중감은 일종의 외부 개체인데, 아주 단단한 듯 보이지만 언제든 쉽게 놓쳐 버릴 수 있는 것이기도 합니다. 끊임없이 지켜 내야 할 대상인 셈이죠."[69]

1764년 펜실베이니아 주 그린캐슬 사건에서부터 2016년 오하이오 주 콜럼버스 사건에 이르기까지 '무분별하다'라는 수식어가 붙는 학교 총기 난사 범죄는 대개 외톨이의 잘못된 노력에서 시작된 것이다. 이들은 냉대감을 없애고 자존감을 회복하기 위해서라면 테러까지 불사한다.[70] 실제로 대량 살상을 자행하는 테러리스트 집단은 스스로 주목받지 못하거나 인정받지 못한다고 느끼면 아무런 거리낌 없이 사람들을 죽인다. 보스턴 마라톤 폭탄 테러범 타메를란 차르나예프Tamerlan Tsarnaev와 조하르 차르나예프Dzhokhar Tsarnaev 형제는 배제감과 거부감이 극단적 분노와 공격성으로 표출된 대표적인 사례다. 형 타메를란은 각종 소셜 미디어를 통해 자신은 미국인 친구가 단 한 명도 없으며, 미국 사람들을 도저히 이해할 수 없다고 했다. 동생 조하르 역시 트위터에 '왜 슬퍼 보이냐?'처럼 쓸데없는 것을 물어보는 사람이 제일 싫다고 불평했다. 또한 자신이 나약해 보이는 것에 극도로 분개하며 이렇게 기록했다. "내가 그렇게 힘없고 약해 보이나? 하지만 사자를 향해 짖고 있다는 걸 아는 개는 거의 없지. 난 도망치지 않을 거야. 너희들 모두 쏴 버릴 테니까."[71] 인정에 대한 욕구는 매우 강렬하다. 사회적 배제를 아무런 불평 없이 수용할 수 있는 사람은 많지 않다. 자존감이 상실되고 이를 회복하고자 하는 노력마저 실패한다면, 심리학자 브루스 후드의 말처럼 이들의 행동은 훨씬 사악하고 어두운 형태로 나타날 수 있다.[72] 그래서 사람들은 한 개인의 냉대감이 사회적 비극으로 이어졌다고 불만의 목소리를 높이는 것이다.

저항으로 표현되는 존중감

◇

다이아몬드형 눈매에 까만 눈동자를 지닌 열다섯 살 소녀 애니타Anita는, 굳게 다문 입술에 시무룩한 표정을 하고 마치 이렇게 말하고 있는 듯했다. "나 건드리지 마." 얼마 전 런던 남서부 지방에 있는 애니타의 학교에서 강연을 마친 후 잠깐 동안 학생들과 우정에 대한 이야기를 나눈 적이 있다.[73] 모든 행사가 끝나고 밖으로 나서는 순간 애니타가 나를 불러 세웠다. "거기 잠깐만요!" 날이 선 목소리였다. 내가 뒤를 돌아보자 애니타가 멈춰 섰다. 애니타의 어깨와 다리는 미동도 없이 곧게 뻗어 있었지만, 딱 달라붙은 레깅스 너머로 무릎의 떨림이 느껴졌다. 애니타는 아무 말도 하지 않았다. 그렇게 1분 정도가 흘렀다. 녀석은 내가 겁먹기를 바라는 눈치였다. 자신의 적대적인 눈빛에 내가 당황한 듯 미소 짓거나 그 어떤 반응이라도 보여 주기 원하는 모습이었다. 마침내 애니타가 입을 열었다. "그럼 외톨이는요? 친구를 원하는 사람은요? 저 같은 애들은 빼고 연구하실 건가요?"

때로 사람들은 사색을 하거나 무언가에 몰두하면서 혼자만의 시간을 보낸다. 하지만 애니타는 그런 아이가 아니었다. 그녀는 자기 행동이 사람들의 반감을 쉽게 사며, 누군가가 조금이라도 자신을 깔보는 듯 느껴지면 절대 용서가 안 되는 자신의 옹졸한 마음을 털어놓았다. 복잡한 가정사까지 이야기해 주었다.

"어떻게 해야 할지 모르겠다고 말하는 사람을 보면 이해가 안 가요. 저는 모든 일을 눈물로 해결하는 엄마나 자신이 똑똑하다고 생각하지만 사기죄로 또다시 철창 신세가 된 아빠보다는 제가 더 많이 안다고 생각하거든요. 제 주변에는 어떻게 행동하는 것이 옳은지 제대로 알려 줄 사람이 없어요. 그래서 뭐든 저 스스로 생각하고 행동하죠. 하지만 괜찮아요."

1년 후 다시 학교를 찾았을 때 애니타는 더 이상 외톨이가 아니었다. 의기양양한 모습에 걸음걸이에도 자신감이 넘쳤다. 그리고 자신과 비슷한 모습을 한 친구들에게 둘러싸여 있었다. 하나같이 온몸에 피어싱을 한 채 한쪽 머리통은 지그재그 무늬로 삭발한 모습이었다. 애니타는 폭력서클의 일원이 되어 있었다. "좀 변했죠?" 한껏 자신감에 찬 표정으로 애니타가 말했다.

애니타는 사람들과 있을 때 이토록 편안한 감정을 느껴 본 적이 없다고 말하며 요즘은 혼자 걸어갈 때도 마치 폭력서클의 친구들이 함께 있는 것 같다고 했다. 애니타의 폭력서클은 남학생 폭력서클과 어울리며 때로는 서로의 구역도 넘나들고 금전적인 부분도 공유한다고 했다. 하지만 머리 위로 단호히 선을 그어 보이며, 제 여자 부리듯 함부로 대하는 건 절대 못 참는다고 힘주어 말했다. "개들이 단지 남자라는 이유만으로 절대 우러러보지는 않아요. 여자들의 코드에 대해 더 많이 안다고 지껄여 대는 소리도 무시해 버리죠."

저항은 때로 예기치 않게 생겨나지만, 모든 폭력서클의 공통적인 강점이기도 하다. 더럼 대학교 교수이자 진화심리학자 앤 캠벨Anne Campbell은 뉴욕의 여학생 폭력서클을 연구하며 한 가지 특이한 사실을 발견했다. 이들은 보통의 여자들 무리에서 익숙한 표현, 예컨대 '여자 친구', '괜찮은 여자애', '섹시한 여자' 등의 어휘를 전혀 사용하지 않았다.[74] 이 같은 표현은 남성 위주의 사회에서 희생당한 여성을 상징한다고 여겼다. 남성이 지배하고 학대하는 사회의 희생자가 되기보다, 남성만큼 강하고 공격적인 모습이 허용되는 폭력서클의 가입을 선택한 것도 같은 맥락에서였다. 그래서 이들은 일반적인 성별 규범을 무시하고 폭력서클만의 규칙을 만들어 칭찬과 비난을 주고받았다.

우리는 평생 동안 친구의 존재를 통해 유대감과 친밀감, 자부심을 느끼며 살아간다. 성인이 된 후에는 친구들에게 나를 어디까지 드러낼 것인지 끊임없이 저울질하며 때로 딜레마에 빠지기도 한다. '나는 과연 친구에게 정직하게 말하고 있는가?', '진심 어린 마음을 전하고 있는가?', '인정받는 것만 중시하고 솔직한 마음을 숨기면서 거짓

자아를 보여 주고 있지는 않은가?' 등과 같은 고민을 하면서 말이다.

우정의 가장 긍정적인 기능은 개인적 판단과 사회적 판단 사이에서 하나의 틈새를 만들어 낸다는 것이다. 이 틈새에서 우리는 서로를 이해하고 공감하며, 칭찬에는 더욱 힘을 얻고 비난에는 크게 상처받지 않도록 마음을 토닥여 나간다. 이 같은 맥락에서, 우리는 이를테면 '일과 사랑, 부모로서의 역할 등에서 합리적인 선택을 하고 있는가?' 같은 문제에 있어 친구들의 판단을 하나의 지렛대로 삼는다. 개인적으로나 업무적으로나 문제가 생겼을 때, 우리는 사소한 장애가 우리의 근본적인 가치를 떨어뜨리지 않는다는 확신을 친구에게서 얻는다. 배우자나 자녀 관계에서 갈등이 생겼을 때도 친구에게 이런저런 조언을 구한다. 그러나 무엇보다 중요한 것은 친구는 우리에게 '여러 문제들과 상관없이 너는 좋은 사람이고 옳은 방향으로 가고 있어'라는 자신감을 심어 주는 존재라는 점이다.

우리는 무엇이 옳고 바람직하며 수용될 수 있는가를 끊임없이 탐색해 나간다. 이때 친구는 하나의 동맹이 된다. 새로운 친구를 사귀며 우리는 '나와 비슷한 사람은 누구인가?'에 대한 개념을 넓혀 나간다. 그래서 처음에는 모든 것이 낯설고 다르다고 느꼈던 사람과 둘도 없는 친구가 되어 일상의 많은 부분을 공유하게 된다. 이 과정에서 스스로의 판단 장치를 다듬어 가는 노력은 계속된다. 아니, 계속되어야 한다. 좋은 친구와 서로의 판단을 공유하는 것은 마치 사업을 함께 꾸려 나가는 것과 같다.

6장

부부 : 항상 나를 존중하고 있음을 표현해 줘

"성공적인 결혼 생활을 위해 꼭 필요한 전제는
'때로 화를 내거나 공격적인 모습을 보여도,
내 배우자는 기본적으로 존경할 만한 사람이다'라는 생각이다."

흔히들 결혼을 두고 '기쁨의 결합,' '환희의 속삭임'이라고 표현한다.[1] 하지만 이러한 기쁨과 환희는 서로에 대한 칭찬이 유지되고 비난이 적절히 관리될 때 비로소 유지될 수 있다. 칭찬 없는 결혼 생활은 아주 피곤하고 씁쓸한 관계로 이어지기 쉽다.

"전 사랑을 원해요. 사랑은 제 모든 걸 받아 준다는 뜻이니까요." 남편 로저Roger의 말에 아내 레이첼Rachel이 장난스럽게 대꾸했다. "늘 저를 최고로 여겨 주는 사람이 좋아요. 그렇지 않은 순간에도, 심지어 상대방이 그리 멋진 사람이 아니라도 말이에요." 로저는 레이첼의 오른손을 자기 두 손으로 감싼 채 손가락에 입을 맞추며 대답했다. "당신은 늘 최고지. 물론 나도."

30대 중반의 로저와 레이첼은 신혼부부의 일상 속 판단 양상을 관찰하는 프로젝트에 참가했다. 해당 프로젝트는 총 열두 쌍의 부부[3]를 대상으로 18개월 동안 진행되었는데,[4] 이들은 다른 부부들과 마찬가지로 서로를 비난하기보다 칭찬과 인정을 중심으로 관계를 잘 유지해 나갔다.

로저와 레이첼 부부는 결혼한 지 3년이 채 안 된 신혼부부였다. 장난치듯 서로에 대한 높은 기대를 언급하기도 했지만, 이 정도 기대쯤은 따스한 사랑으로 충분히 채워질 수 있다는 확신을 갖고 있었다. 그러나 프로젝트에 참가한 부부들이 모두 이들 같지는 않았다. 많은 부부가 긍정적인 기대는커녕 온갖 비난과 질책으로 서로를 옭아매고 있었다. 프로젝트 첫 번째 과정은 전문적인 조언이 필요한 부부를 대상으로 진행했으며, 상담사는 남편과 아내를 각기 따로 불러 서로의 첫 만남과 당시 느꼈던 매력에 대해 들어 보았다.[5] 부부는 연애 시절의 애틋했던 감정을 떠올림으로써 서로에 대한 불평불만으로부터 생각의 무게중심을 옮겨 볼 수 있었다. 이 같은 과정은 남편과 아내로 하여금 서로 칭찬해 주고 지지해 주던 따뜻했던 기억을 불러일으킨다. 또한 이를 통해 상담사는 서로가 한때나마 지지했던 부분과 현재 실망하고 있는 부분을 확인할 수 있다.

이 같은 '무게중심의 이동' 효과는 나의 연구에 참여한 다른 부부들에게도 똑같이 적용되었다(단, 이들은 별도의 상담 과정에는 참여하지 않았다). "남편은 저를 깊이 이해해 주었어요. 결혼 전에는 친정 식구들이 매사 저한테 의지하는 편이었거든요. 저도 때로는 생각 없이 웃고 떠들고 싶은데 말이죠. 잉Ying은 저의 그런 숨은 모습을 많이 찾아 주었고, 덕분에 제가 성장할 수 있었답니다." 이 같은 소피Sophie의 말에

잉이 화답했다. "처음 본 순간, 소피는 제 심장에 박혀 버렸습니다. 소피의 얼굴을 보면 하루 종일 일하며 쌓였던 모든 피로가 싹 사라져 버리곤 했죠." 잉과 소피는 서로 어깨를 기댄 채 앉아 있었다. 웃음소리가 들릴 때마다 부부의 어깨는 함께 넘실거렸다. 이들은 서로의 완벽한 반쪽인 듯 보였다. 하지만 그보다는 두 개의 새로운 자아가 생겨난 것으로 보는 게 적절하다. 서로가 칭찬과 인정을 통해 자기 자신조차 깨닫지 못했던 내면의 모습을 끌어냄으로써 '완벽한 한 쌍'이 되었기 때문이다.

소피는 열다섯 살에 어머니를 여읜 후부터 어린 여동생을 직접 돌보았다. 공부는 물론 동생의 진로와 남자 친구 문제까지 소피의 손길이 닿지 않는 곳이 없었다. 남편 잉은 이민 전문 변호사로 온종일 골치 아픈 사건들과 씨름했다. 잉의 표현을 빌리자면, '슬픔, 학대' 등의 표현을 빼놓고는 자기 일과를 설명할 수 없을 정도였다. 이처럼 나름의 상처와 고충을 지니고 있던 부부는 칭찬을 통해 활력 넘치는 새로운 자아를 발견했다.

쉰여덟의 밸러리Valerie와 예순둘의 줄리언Julian은 결혼 1주년 파티를 성대하게 준비하고 있다. 그동안 밸러리의 삶은 그리 평탄치 못했다.

"내 나이 스물둘에 애가 셋이나 딸린 과부가 됐죠. 이후의 삶은 마치 롤러코스터 같았어요. 정말 쉽지 않았죠. 하지만 어느덧 50대가 되었고, 아이들도 모두 자랐어요. 사업도 어느 정도 안정을 찾았고요.

그렇게 한숨을 돌렸지만, 제 인생은 거기서 끝인 것 같았죠. 저 같은 사람에게 늘 칭찬해 주고 인정해 주는 이런 멋진 남자가 찾아오리라곤 상상도 못 했답니다!" 얼마 전 아내를 잃은 줄리언에게 밸러리와의 인연은 더없는 행복이었다. "첫 번째 결혼 생활은 서로 불평만 하다가 끝난 것 같아요. 예전 아내는 아주 멋진 여자였지만, 늘 저의 안 좋은 면만 들춰내곤 했어요. 매 순간 비난의 연속이었죠. 하지만 밸러리는 저의 장점만을 이야기해 줘요. 매일같이 저를 칭찬해 주죠." 줄리언은 자조 섞인 웃음을 지어 보이며 말을 맺었다. "게다가 밸러리의 칭찬은 꽤 설득력이 있어요."

두 살 연하의 더글러스Douglas와 얼마 전 결혼한 올해 서른아홉의 베스Beth는 남편을 이렇게 칭찬했다. "남편은 제가 아는 한 가장 현실적인 사람이에요." 베스의 말에 남편 더글러스가 대답했다. "여자들은 하나같이 제가 지루하다고 하곤 했어요. 하지만 베스는 저의 진가를 알아봐 주었죠. 베스를 만난 건 정말 축복이에요."

이처럼 많은 부부가 서로의 장점을 인정하며 칭찬했으며 서로 칭찬하는 부분도 각기 달랐다. 하지만 공통점이 한 가지 있었다. 바로 남편 혹은 아내는 칭찬을 통해 서로에게 숨어 있는 자아에 생명을 불어 넣었다는 점이다. 칭찬은 때로는 간접적인 형태로도 나타난다. 가령 배우자의 농담에 감탄사를 연발하며 적극적으로 반응하는 것은 독특한 생각과 사고를 칭찬하는 것이다. 또 "당신은 정말 사려 깊은 사람이야"라는 표현은 배우자의 마음을 잘 헤아려 준다는 것에 대한 칭찬일 수 있다. "당신 없으면 난 아무것도 아니야"처럼 배우자의 존재 자체를 기뻐해 주는 것 역시 칭찬의 범주에 속한다.

조화로운 결혼 생활에 가장 큰 위협은 성적 매력의 감소가 아니라 서로에게 꼭 필요한 칭찬을 하지 않는 것이다. 다른 관계와 마찬가지로 부부 사이에서도 긍정적 또는 부정적 시각으로 매사에 서로를 판단한다. 거의 자동적으로 이루어진다. 부부는 다음과 같은 질문, 즉 '배우자가 나의 진가를 알고 있는가?', '배우자가 나를 제대로 대접하고 있는가?', '부부 관계를 존중하는가? 배우자가 나의 기대를 충족하는가?', '나는 여전히 배우자를 존경하는가? 만약 그렇지 않다면 상대방에 대한 실망과 비난으로 인해 사랑이 없어진 것은 아닌가?' 등의 질문을 마음속에 품은 채 배우자의 행동과 감정을 평가한다.

요컨대 칭찬을 지속하고 비난을 조절하는 것은 결혼 생활의 성공과 실패를 좌우하는 가장 중요한 변수다.[6]

결혼 생활에서 칭찬과 비난의 황금비율

◊

칭찬과 비난 그리고 결혼 생활의 역학 관계에 대해서는 거의 알려진 바가 없었다. 물론 이에 대한 각종 설문 조사 내용과 방대한 양의 통계자료도 있고, 수차례 진행된 임상 결과도 존재한다. 하지만 일부 심리학자는 이들 자료만으로는 칭찬과 비난이 결혼 생활에 미치는 영향을 밝혀내기가 결코 쉽지 않다고 보았다. 이들은 평범한 부부가 일상에서 대화하고 논쟁하는 모습을 직접 관찰하는 것이야말로 시간과 비용이 많이 들더라도 심도 있는 역학 관계를 풀어내는 유일하고 가장 효과적인 방법이라고 생각했다.[7]

존 가트맨John Gottman은 이들 심리학자 가운데 대표적인 인물로 40년 이상 이 같은 직접 관찰 방식의 연구를 진행해 오고 있다. 가트맨 박사는 무려 3000여 쌍의 부부를 수년에 걸쳐 면밀히 관찰했다. 그는 연구를 위해 여느 가정집처럼 꾸민 '결혼 실험실'을 마련했다. 참가자들은 이곳에서 비슷한 생각을 보이는 주제에서부터 견해가 엇갈리는 주제에 이르기까지 다양한 대화를 이어 나갔다. 평범한 집 같은 자연스러운 분위기 덕분에 남편과 아내의 상호작용을 보다 세심히 관찰할 수 있었다. 카메라와 녹음기는 두 사람의 자세와 눈동자의 움직임, 무언가를 만지작거리거나 발을 동동거리며 구르는 모습 등 세부적인 시각 정보와 음성 정보를 담아냈다. 또한 추가적인 기록 장비는 심장 박동 수, 발한 정도, 아드레날린 분포와 같은 심신의 변화를 측정하면서 심장에서부터 귓불, 손가락에 이르는 혈액순환 정도까지 표시했다. 가트맨 박사의 '결혼 실험실' 연구는 1970년대부터 그 성과를 보이기 시작했다. 실험을 통해 수집된 다양한 결과는 '결혼 생활의 지속, 혹은 중단에 영향을 미치는 보이지 않는 힘'을 밝혀내는

데 큰 공을 세웠다.[8]

　가트맨 박사는 '결혼 실험실'을 통해 나타난 부부의 상호작용 결과[9]를 이후 결혼 생활이 지속되는 비율과 견주어 비교했다. '부부는 여전히 결혼 생활을 지속하고 있는가 아니면 중단했는가?' 가트맨 박사는 연구 결과를 분석하며 이들 자료가 부부의 이혼 가능성을 예측하는 변수로 사용될 수 있을지 평가했다. 이후 수십 년에 걸쳐 많은 연구 결과가 축적되었고, 가트맨 박사는 드디어 결혼 생활의 지속 여부를 판가름할 수 있는 변수 하나를 발견해 냈다.[10] 그것은 부부가 종종 싸움을 하는지, 공통의 관심사가 있는지, 혹은 성적인 화학 반응이 지속되는지의 여부가 아니었다. 결혼 생활의 지속 가능성을 예측하는 핵심 변수는 바로 칭찬과 비난의 역할이었다.[11]

　어떤 부부는 극적인 상황도 꽤 자연스레 받아들인다. 때로는 즐기는 모습까지 보인다. 말하는 도중 소리를 지르거나 울기도 하고 방문을 쾅 닫고 들어가 버리기도 하지만 한편으로는 더 깊은 사랑과 존중을 나타내며 서로를 웃게 해 주려 노력한다. 서로에게 소리 지르는 것 이상으로 더 많이 함께 웃는다. 언성을 높이다가도 까르르 웃으며 흐지부지 넘어가기도 하고, 어느 순간에는 열띤 논쟁이 활기찬 토론으로 바뀌기도 한다. 서로의 생각을 따져 물으며 반대 의견을 내놓는 경우도 다반사다.[12] 하지만 아무리 자주, 그리고 크게 싸운들 이들 부부가 이혼할 가능성은 거의 없다.

　또 감정 표현을 거의 하지 않는 부부도 있다. 이들은 서로를 인정하고 칭찬하는 말은 물론 비판과 경멸 등의 비난의 말도 최소로 한다. 남편과 아내는 서로를 조심스레 대하며, 상대방이 보이는 예민한 모습에 매우 신경을 쓴다. 옆에서 보기에는 아주 따분하고 공허한 관계로 비칠 수 있다. 그러나 이들 부부의 이혼을 언급하는 것도 섣부른 판단이다.

가트맨 박사의 연구 결과 부부싸움을 하느냐 안 하느냐는 전혀 중요하지 않았다. 중요한 것은 비난의 양과 비교해 칭찬이 얼마나 되느냐였다. 비난은 칭찬보다 그 여파가 훨씬 크다. 더 많은 감정을 유발하며 기억에도 강하게 남는다.[13] 그래서 비난으로 인한 상처가 흡수되기 위해서는 훨씬 더 많은 횟수의 칭찬이 필요하다. 결론적으로 칭찬과 비난의 비율이 5:1일 때 결혼 생활이 가장 원만하게 유지되었다. 이를 '마법의 비율'이라고 하며, 결혼 생활의 지속 여부를 예측하는 지표로 사용된다.[14]

권위적인 칭찬은 비난만큼 나쁘다

◊

로맨틱한 남녀 사이에서 일어나는 화학 작용은 부모와 어린아이 간 화학 작용과 매우 유사하다. 서로의 얼굴을 보고 이해와 존중을 주고받을 때도 비슷한 감정이 생겨난다.[15] 부모와 자녀 사이에 칭찬이 꼭 필요하듯, 부부 관계에서도 마찬가지다. 반복된 칭찬은 비난의 해독제 역할을 한다. 남편 혹은 아내를 향한 칭찬은 인정과 존중을 받고 있다는 확신을 심어 주고, 배우자로 하여금 서로가 꼭 맞는 하나뿐인 동반자라는 믿음을 갖게 해 준다.

그러나 이것이 전부가 아니다. 부모 자식 간의 칭찬이 꼭 필요하지만 결코 간단한 문제가 아닌 것과 마찬가지로,[16] 부부 사이의 칭찬도 때로는 문제의 불씨가 된다. 부부는 다양한 방식으로 남편 또는 아내를 칭찬하는데, 서로의 목표나 가치에 대한 칭찬이 종종 다툼으로 이어지기도 한다. '최고다, 멋지다, 훌륭하다, 특별하다' 등의 형용사를 쏟아내는 칭찬 세례가 때로는 배우자의 기대에 완전히 빗나가는 것일 수 있다.

칭찬의 기능은 매우 다양하다. 압력을 행사하거나 역할을 배정할 때, 다른 사람의 고유한 판단 장치를 무너뜨릴 때도 칭찬이 사용된다. 그런데 귀 기울여 듣는 기능을 잃어버린 칭찬, 곧 상대방의 바람과 욕구에 더 이상 반응하지 않는 칭찬은 이른바 '권위적인 칭찬'이 되기 쉽다. 상대방을 얕잡아 보고 일일이 통제하면서 때로는 위협하는 모습까지 보인다. 연구 과정에 참여한 제니Jenny와 길Gil, 앨릭스Alex와 그레이엄Graham, 베스와 더글러스 세 쌍의 부부는 권위적인 칭찬 때문에 부부 사이의 긴장을 경험한 바가 있었다.

남편 길이 출장을 떠나기 바로 전날, 제니는 세탁소에 맡긴 정장을 찾아다 놓았다. 그러자 길이 말했다. "제니! 당신은 어쩜 그리 세심해? 난 까맣게 잊고 있었거든. 챙겨 줘서 고마워. 당신 없인 난 아무것도 못한다니까!" 길은 사소한 배려에도 깊은 감사를 전하며 제니의 노력을 인정해 주었다. 이것은 결혼 생활에서 아주 중요한 부분이다. 하지만 동시에 길의 표현은 자신이 기대하는 제니의 역할을 그대로 나타낸 것이다. 길은 제니가 매우 세심하고 꼼꼼하기 때문에 그렇지 못한 자신에게 많은 도움을 준다고 이야기하지만, 이것은 서로의 능력을 확실하게 구분하는 표현일 수도 있다. '당신은 세심해'라는 말을 계속해서 반복할 경우 이것은 길이 제니에게 자신이 기대하는 배우자 유형을 강요하는 것으로 비칠 수 있다. 얼마 후 길은 또 다른 출장 일정이 잡혔다. 출장을 떠나기 하루 전날 제니가 말했다. "짐 싸기 전에 세탁소에 가서 찾아야 할 옷이 많아." 곧이어 길이 대꾸했다. "당신이 좀 찾아 줄래? 우리 세심한 제니, 부탁해." 그런데 말이 떨어지기 무섭게 제니가 불같이 화를 내며 쏘아붙였다. "그 소리 좀 안 할 수 없어? 더 이상 못 들어 주겠어!" 길은 할 말을 잃고 멍하니 아내를 쳐다보았다. '세심하다'라는 칭찬이 제니에게는 존경의 시선이 아니라 강요와 압박에 더 가까웠던 것이다.

세 살 난 아들을 둔 앨릭스는 남편 그레이엄에게 풀타임 육아 도우미를 고용하자고 제안했다. 물론 합리적인 근거도 마련해 두었다. 연장 근무 시 받게 될 임금 인상분이 있었고, 아침 시간을 지금보다 여유 있게 보내면 저녁 시간에 느끼는 긴장과 피로가 훨씬 덜할 것 같았다. 그레이엄은 임금 계산표를 보며 한참 동안 생각하더니 이렇게 말했다. "하지만 여보, 당신은 진짜 좋은 엄마야. 우리 애를 당신만큼 잘 돌볼 수 있는 사람이 어디 있겠어?"

그레이엄의 이 같은 찬사는 엄마로서 앨릭스의 자질을 아주 높이 평가한 것이었다. 아이를 돌보기에 가장 적합한 사람이라는 칭찬에 누가 기뻐하지 않을 수 있겠는가? 하지만 여기에는 앨릭스의 입장이 완전히 배제되어 있다. 그레이엄은 아이의 행복을 강조하며 아내의 감정에 호소해 우리 사회 전반에 깊숙이 자리한 모성애를 자극했다. 이 과정에서 앨릭스가 준비한 손익분석 결과는 아무 쓸모 없는 것이 되고 말았다.

이처럼 부부 관계에서의 칭찬과 비난은 종종 문화적인 기준과도 관련되어 있다. 대개 남편과 아내는 어떻게 하면 단 한마디의 칭찬으로 상대방 내면의 '또 하나의 눈'을 작동시킬 수 있는지 잘 알고 있다.[17] 또 하나의 눈은 우리로 하여금 배우자의 기대를 충족시키도록 채찍질함으로써 때로 부부 관계의 판단에서 제3의 역할을 수행한다. 즉 제니의 세심함에 대한 길의 칭찬, 앨릭스의 엄마 역할에 대한 그레이엄의 칭찬은 우리에게 친숙한 성별 규범이라는 '또 하나의 눈'에 기초한다.

부부는 각자의 방식대로 이 같은 문화적 규범에 순응하거나 저항해 나간다. 수Sue와 마크Mark 부부도 앨릭스 부부와 비슷한 육아 문제를 겪고 있었지만, 이들의 대처 방법은 조금 달랐다. 마크는 아내

수가 맞닥뜨린 현실적인 문제에 보다 집중하기로 결정했다. 사실 마크도 처음에는 수를 한껏 치켜세우며 엄마의 역할을 강조했다.

"당신은 최고의 엄마야. 남의 손을 빌리면 아이들이 엇나가지 않을까?" 하지만 수는 자기 마음이 힘들다는 점을 강하게 호소했다. "정말 지옥이 따로 없어. 이러다간 내가 먼저 엇나가고 말 것 같아, 여보." 결국 마크가 한 걸음 물러섰다. 결혼 생활에 있어 수의 감정이 무엇보다 중요하다고 판단한 마크는 칭찬으로 무마해 보려던 시도를 포기했다.

또 다른 형태의 권위적인 칭찬은 결혼이라는 계약까지 파기해 버릴 수 있다는 암묵적 생각을 드러내기도 한다. 베스는 남편 더글러스에게 이렇게 말했다. "당신은 내가 늘 의지할 수 있는 언제나 든든한 버팀목이에요." 더글러스가 직장을 잃고 우울해하는 순간에도 비슷한 칭찬만 반복했다. "당신은 강한 사람이에요. 언제나 그랬잖아요. 어떤 상황에서도 당신은 나를 지켜 줄 거라고 믿어요. 그렇죠?" 몇 달이 지나 더글러스의 우울증이 더욱 심해지면서 급기야 새 직장을 찾는 일까지 그만두었다.

베스는 '당신한테 정말 실망이군요. 이제 더 이상 의지할 수 없겠어요' 같은 직접적인 불평은 하지 않았다. 대신 남편에 대한 자신의 기대를 끊임없이 되풀이했다. "당신은 강한 사람이에요. 충분히 할 수 있어요. 항상 나를 지켜 줬잖아요." 이러한 칭찬의 말로 베스는 사실 다음과 같은 자기 생각을 간접적으로 표현한 것이다. '지금 당신은 내

가 필요로 하는 사람이 아니야.'

이 같은 권위적인 칭찬은 직접적인 비난만큼이나 상대에게 강한 죄책감을 불러일으킨다. 남편 혹은 아내에게 자신의 기대를 충족시켜 달라는 압력을 가하기 때문이다. 또한 시간이 지나면서 서로의 욕구는 점차 변해 가므로 배우자의 기대는 더 이상 유효하지 않을 수 있다. 힘든 시간을 견디고 있는 더글러스에게는 마음껏 약해질 수 있는 시간이 필요했다. 하지만 베스는 엄격한 칭찬을 거듭하면서 자신은 남편의 나약한 모습을 받아 줄 수 없음을 우회적으로 표현했다. 이 경우 더글러스는 다음과 같은 딜레마에 봉착한다. '아내의 기대를 저버리고 실망시킬 것인가, 아니면 나의 욕구를 무시하고 아내의 기대에 부응하는 척 연기를 할 것인가?'[18] 만약 자신에게 솔직해지기를 택한다면 더글러스는 커다란 위험을 감수해야 한다. 그는 아마도 이렇게 생각할 것이다. '아내에게 실망을 안겨 준다면 부부 관계에 금이 갈지도 몰라.'[19] 이처럼 배우자의 욕구와 바람, 목표에 부합하지 않는 칭찬은 상대방에게 불안과 죄의식을 심어 주며, 결국 부부 관계를 위태롭게 한다.

권위적인 칭찬에 담겨 있는 배우자의 요구에 순응할 것인가 혹은 저항할 것인가의 여부는, 주로 부부 관계 속 힘의 역학 관계에 의해 좌우된다. 힘의 역학 관계에 관해 지금껏 다양한 방식의 연구가 진행되어 왔다. 어떤 사람들은 돈을 많이 벌거나 경제적으로 풍족한 배우자가 더 많은 힘을 갖고 있다고 생각한다. 또 사회적 위치가 부부 관계의 서열을 결정한다고도 주장한다. 다시 말해 사회적으로나 직업적으로 높은 위치에 있는 쪽에 더 많은 힘이 있다는 것이다. 이는 오늘날 사회 분위기에서는 특정한 성별의 배우자에게 의사결정권이 있다는 의미도 될 수 있다.

이 모든 요인은 부부 관계를 형성하는 바탕이 된다. 하지만 보다 정제된 의미에서 힘은 과연 무엇을 뜻할까? 바로 '배우자의 감정에 영향을 끼칠 수 있는 능력'이다.[20] 이 힘을 측정할 수 있는 방법 하나는 남편과 아내 중 누구의 칭찬과 비난이 더 큰 영향력을 행사하는지 보는 것이다.

배우자의 따뜻한 칭찬 한마디에 온종일 미소를 머금으며 생활하는가? 경멸과 조롱 같은 극단적 비난에 무시로 일관하고 있지는 않은가? "당신 생각 따위는 아무도 관심 없어!" 혹은 "그렇게 말을 했어야지. 안 그래?"라고 말하면서 말이다. 남편 혹은 아내는 배우자의 비난을 두려워하며 부정적인 반응이 나올까 항상 긴장하고 있지는 않은가? 부부 사이에 대화를 할 때 마치 언제 터질지 모르는 지뢰밭 같다고 느껴지는가? 말 한마디, 행동 하나로 언제 어떻게 비난받을지 모른다는 두려움을 안고 사는가? 남편 혹은 아내는 배우자의 분노에 무심하게 행동하는가?

다른 모든 대인 관계에서와 마찬가지로, 부부 관계 속 힘의 역학 관계도 협상과 조율을 통해 매번 다르게 움직인다. 앞서 우리는 칭찬이 얼마나 강력한 힘을 행사할 수 있는지 살펴보았다. 그런데 그보다

다섯 배나 더 강한 힘을 갖고 있는 비난은 대응하기도 힘들며 파괴력 또한 엄청나다.

단순한 실수가 비난으로 이어지는 순간

◇

흔하게 볼 수 있는 비난의 형태, 이를테면 일반화된 비난과 지적, 자기 위주의 판단, 유연하지 못한 태도[21] 등은 결혼 생활에 무척 치명적이다. 이 같은 비난은 배우자에게 상처를 줄 뿐만 아니라, 사소한 의견 대립을 극단적인 다툼으로 몰아가기도 한다.

어떤 세탁기를 살 것인지, 무엇을 먹고 입을 것인지, 약속 장소에 몇 시까지 나갈지 같은 일상적인 부분에서 부부는 얼마든지 다른 의견일 수 있다. 하지만 이것이 큰 다툼이나 언쟁으로 이어지는 경우는 많지 않다. 함께 살아가는 과정에서 결코 피할 수 없는 문제들이기 때문이다. 하지만 어떤 부부의 경우 사소한 의견 차이가 매번 심각한 갈등으로 이어지기도 한다. 그 이유는 무엇일까? 해당 문제에 관심이 너무 없거나 많아서일까? 아니다. 이들의 관심이 오직 누구 탓인지 가려내는 데만 집중되어 있기 때문이다.

단 한 번의 문제나 다툼도 배우자에 대한 평소의 불만과 합쳐지면 대개 일반화된 비난으로 이어진다. 이런 상황에서는 남편 혹은 아내의 단순한 실수도 심각한 성격적 결함처럼 보일 수 있다. 일반화된 비난의 파괴적 본성은 초기의 직접 관찰 연구에서 이미 증명된 바 있다. 텔레비전 채널을 두고 남편과 실랑이를 벌이던 아내는 난데없이 신경질을 부리며 소리를 친다. "젠장! 왜 맨날 당신 보고 싶은 것만 봐? 허구한 날 맥주나 마시면서 미식축구나 보고! 당신한테 나는 안 보여? 내가 원하는 건 안 보이냐고!"[22]

보통 화가 나면 '눈에 뵈는 게 없다'라고 말한다. 하지만 연구 결과는 전혀 대조적이다. 사람들은 극도의 분노 속에서도 상당한 관찰력을 보였다. 일단 화가 올라오면, 어떤 말로 공격할 것인지 전체적인 그림을 그리고 단어 하나하나의 의미를 생각해 선택한다. 위의 대화에서 아내는 "젠장!"이라는 말로 공격을 시작했다. 이것은 남편에 대한 불만이 꽤 오랜 시간 지속되었음을 나타낸다. 이 짧은 한마디에는 '난 당신한테 지쳤어'라는 의미까지 담겨 있다. 이후 아내의 불만은 일반화된 형태로 표현된다. '당신은 항상 자기 마음대로 해. 이기적이야. 손 하나 까딱하지 않아. 결혼 생활에 아무것도 기여하는 바가 없어. 늘 제멋대로고, 게으르고, 유머 감각이라고는 찾아볼 수도 없어' 같은 오랜 불만이 "허구한 날 맥주나 마시면서 미식축구나 보고!"라는 표현으로 함축되어 나타났다. 결국 30초도 안 되는 짧은 시간 동안 아내는 남편에게 극도의 비난을 퍼부은 셈이다.

일반화된 비난은 전염성이 강하다. 비난당한 배우자는 똑같은 방식으로 상대를 공격한다. "당신은 날 항상 깎아내려. 맨날 뭐가 그렇게 불만이야?" 그러나 그렇게 사랑하는 남편 혹은 아내를 거세게 비난하고 나면 공정하지 못한 스스로의 태도에 본인이 당황하고 만다. 대화는 의도치 않은 이상한 방향으로 흘러간다. 부부는 어느덧 깜짝 놀라 서로를 쳐다본다. "그런 의미가 아니었어. 당신도 그렇지?" 그즉시 대화는 제자리를 찾고, 다툼은 사라진다. 하지만 비난에 대한 우리의 자동 방어 기제는 갖은 이유를 끌어대며 상대방을 탓하게 하며, 자신의 분노를 스스로 정당화한다. 거친 말들을 쏟아 내며 감정이 격해진 상황에서는 공정치 못한 자기 태도는 부정한 채 모든 원인을 배우자 탓으로 돌린다. 남편 혹은 아내의 부당한 행동에 자신은 그저 대응만 했을 뿐이라면서 말이다.

부부 사이에 주고받는 비난에 대해 처음으로 심도 있는 연구를 진행한 심리학자 프리츠 하이더Fritz Heider는 이 같은 패턴을 '근본적 귀인 오류'라고 명명했다.[23] 최근에는 '행위자–관찰자 편향Actor-Observer Bias'이라는 용어로 더 많이 사용된다. 이것은 배우자의 부적절한 행동은 성격 탓으로 돌리는 반면 같은 행동을 자신이 한 경우에는 외부의 영향을 탓하는 왜곡된 사고 체계를 일컫는다. 예를 들어 루스Ruth는 자기 남편에게 이렇게 말했다. "당신은 항상 내 탓만 해. 이것만 봐도 당신이 얼마나 감사할 줄 모르고 못된 사람인지 알 수 있어." 하지만 자신이 남편에게 안 좋은 말을 내뱉은 데는 그만한 이유가 있다고 생각했다. '나는 오늘 정말 힘들었어. 너무 지치고 배고파서 그랬던 거라고.' 다시 말해서 남편은 성격 자체에 문제가 있어서 자신에게 상처를 주었고, 자신은 일시적으로 외부의 영향 때문에 어쩔 수 없이 상처를 주었다는 것이다.

비난의 화살이 잘못된 방향을 가리키면, 구체적인 실수나 판단 착오 등만 비난하는 게 아니라 상대방의 정체성 자체를 공격하게 된다. 그런데 대체 나의 정체성에 관해 상대에게 어떻게 사죄할 수 있단 말인가? 그로 인한 손해를 어떻게 보상한단 말인가? 스스로 전혀 다른 사람이 되어 배우자에게 인정받으면 모든 상황이 나아질 수 있을까? 이처럼 특정 행동이나 말이 아닌 성격 자체를 비난하면 배우자에게 상당한 무력감을 안겨 준다.[24] 이 상태에서는 수치심까지 겹쳐 비난을 받은 상대는 극단적인 생각을 할 수도 있다. '나의 존재 자체를 비난하는 거라면, 벗어나는 유일한 방법은 숨어 버리거나 아예 사라져 버리는 것뿐이야.'

싸움의 원인이 상대방이라고 생각하는 이유

◊

또 하나의 위험한 비난 방식은 뭐든 상대방 탓으로 돌리는 것이다. 부부에게 문제가 생기면 해결에 집중하는 대신 서로를 탓하기에 바쁘다. 일상에서 흔히 겪는 일이어서인지 연구에 참여한 모든 부부가 이와 관련한 최근의 경험들을 이야기해 주었다. 소피와 잉의 경우, 얼마 전 아들 쿠스Chus의 자동차 엔진이 털털거리며 멈춘 사건이 있었다. 미국자동차협회AAA의 멤버십 기간은 이미 만료된 후였다. 뒤늦게 이 사실을 알게 된 남편 잉은 그 즉시 문제의 원인을 아내 소피에게 돌리며, 그녀에게 '계획성 없고 좀처럼 믿을 수가 없는 사람'이라고 비난했다. 레이첼과 로저 부부도 비슷했다. 수도관 누수로 집이 물바다가 되자 레이첼은 모든 문제를 남편 탓으로 돌렸다. 그가 계획했던 보수 공사를 미루고 '땜질' 식으로만 수리했기 때문이라는 것이다. "당신은 그저 돈 안 쓰는 게 최고지? 언제고 한번은 이렇게 될 줄 알았다니까!" 줄리언과 밸러리 부부는 멘켄스Menkens라는 전문가가 한 증권 투자가 완전히 실패로 돌아가자 서로를 탓하기에 바빴다. 줄리언은 투자 현황을 제대로 지켜보지 않았다며 아내를 비난했고, 밸러리는 애초에 멍청한 투자 전문가를 믿은 게 잘못이라며 남편을 몰아세웠다.[25]

상대방을 탓하는 것은 때로 순간적인 폭발일 수 있다. 자신의 화를 그대로 표출했던 잉은 다시금 평정을 되찾고 이렇게 말했다. "멤버십 기간까지 일일이 확인하는 건 어려운 일이야. 앞으로는 자동 결제 시스템을 이용해 보자." 잉의 제안과 함께 부부의 논쟁도 끝이 났다. 밸러리 역시 증권 서류를 한쪽으로 밀어 놓으며 남편에게 말했다. "돈만 잃었으니 얼마나 다행이에요, 여보." 그러자 언제 그랬냐는 듯 서로에 대한 비난은 금세 사라졌다.

하지만 서로를 탓하는 것은 언제든 격한 싸움으로 번질 수 있다. 대개 가까운 사이일수록 상처와 죄책감을 안겨 주기가 더 쉽다. 남편 혹은 아내는 자신을 향한 비난을 방어하면서 그 화살을 상대방에게 되돌린다. "내가 계획성이 없다고? 당신이나 똑바로 해!" "지금 내가 나쁜 놈이라는 거야?" "감히 나한테 그런 말을 해? 내가 너한테 어떻게 했는데!" 이때 남편과 아내는 각각 스스로를 희생자로 여긴다.

이 같은 비난의 바탕에는 '행위자－관찰자 편향'이 짙게 깔려 있다. '당신을 비난하면서 상처 주고 있다는 거 알아. 하지만 내가 이렇게 하는 건 모두 당신 때문이야. 매번 나를 실망시키잖아. 당신은 나를 제대로 인정해 주기는커녕 내 감정 같은 건 안중에도 없어. 나 그렇게 나쁜 사람은 아니야. 당신만 제대로 했다면, 나도 이렇게까지는 안 했을 거라고. 하지만 당신의 그 부정적인 성격이 나를 점점 더 못된 사람으로 만들고 있어.' 요컨대 우리는 자신의 나쁜 행동은 일시적인 것으로 여기지만 배우자의 문제는 끊임없이 반복되는 것으로 생각한다.

이러한 충돌의 순간에는 자신에게 유리한 기억으로 스스로를 보호한다. 설령 부부 관계가 손상을 입더라도 개의치 않는다. 이 같은 편향된 기억은 좋지 않은 분위기를 더욱 악화시키며 갈등의 원인이 배우자에게 있다는 생각을 더욱 굳힌다. 동시에 자신은 항상 배우자를 도와주고 배려하면서 관대하게 행동했다고 생각하고[26] 배우자에 대해서는 고집 세고 이기적인 모습으로 자기에게 무관심했던 기억만을 떠올린다. 남편 혹은 아내의 친절하고 자상했던 모습은 묻어 버린 채, 지금처럼 자신을 화나게 했던 기억만을 생각하는 것이다.

상대의 마음을 꿰뚫고 있다는 위험한 생각

◊

부부 관계에서 문제가 되는 또 하나의 비난 방식은 배우자의 생각과 동기를 추측하는 것이다. 이것은 서로를 이해하는 데 치명적이다. "당신 기분 충분히 알겠어"라고 달래듯 말하는 대신 배우자의 마음을 꿰뚫어 본다는 듯 비꼬며 말한다. "당신은 내가 잘 알지. 무슨 생각을 하는지 다 보여."[27] 그러면서 진짜 의도를 밝히라고 상대방을 압박한다. "날 못된 사람으로 만들려고 일부러 그랬다는 거 누가 모를 줄 알아?" "나보고 미안해하라고 일부러 그러는 거잖아!"[28] 자신은 남편 혹은 아내의 마음속을 훤히 들여다본다고 생각하기 때문에 배우자의 설명이나 입장 같은 건 좀처럼 들어 보려 하지 않는다. 이 같은 상황에서 추측을 당한 쪽 배우자는 그저 상대방의 생각에 휘둘릴 뿐 아무것도 할 수 없는 무력한 상태가 되고 만다.

다툼이 격해질수록 남편과 아내 모두 서로에게 거부당한 채 수치심을 느낄 수 있다는 두려움에 휩싸인다. 앞서 살펴보았듯 수치심은 우리를 무모하게 만들어 자신이 의지하는 가장 가까운 사람조차 공격하게 한다. 사회심리학자 준 탱니June Tangney의 연구 결과, 수치심을 느낀 배우자의 경우 더 격렬하게 상대를 비난하며 반격했다. 예를 들면 이런 식으로 말이다. "당신 일부러 내 기분 더럽게 만들었지? 역시 당신답다, 당신다워."[29]

이 상황에 이르게 되면 다툼의 목적은 완전히 달라진다. 부부는 더 이상 문제 해결에 집중하지 않는다. 목표는 오직 서로에게 더 많이 상처를 주고 모욕하며 흠집 내는 것으로 바뀌어 버린다.[30] 남편과 아내는 서로 비난을 퍼붓는다. 그러면서 각자 이렇게 생각한다. '난 그럭저럭 괜찮은 사람이야. 내가 누군가에게 상처를 줄 때는 충분히 그럴 만한 이유가 있어. 배우자를 비난하는 것도 마찬가지야. 비난받을 만하니까 내가 비난하는 거라고.' 이런 상황에서는 대개 친구나 부모, 배우자를 향한 '칭찬의 관점(다른 사람의 성격은 물론 삶 전체를 매우 가치 있는 것으로 바라보는 것)'이 '비난의 관점'으로 바뀌어 스스로를 배우자에게 희생당한 존재로 간주해 버린다.

이 같은 상호 비방은 결혼 생활을 점점 불길 속으로 몰아넣는다. 첫 번째 불씨는 "당신은 내게 상처를 줬어"에서 "당신은 늘 상처만 주는 사람이야"라고 대화의 방법이 바뀔 때 시작된다. 그러다 어느 한쪽이 "문제는 당신한테 있는데, 내가 왜 항상 양보하고 타협해야 해?"라고 질책하면 두 번째 불씨가 타오르기 시작한다. 이후 한쪽 배우자가 심각한 딜레마에 빠졌을 때 결국 마지막 불씨까지 활활 타오르고 만다. "이대로 내 옆에 남아서 계속 비난받고 살든지, 아님 그냥 헤어져. 더 이상 내가 할 수 있는 게 없어." 서로에 대한 걷잡을 수 없는 비난은 결국 결혼 생활을 망쳐 버린다.

비난에 대한 두려움이 싸움을 키운다

◊

남편과 아내는 그들만의 방식으로 서로의 신체를 파악하고 욕구와 습관 등을 알아 나가듯, 다툼이 생겼을 때도 나름의 해결 방법을 모색해 나간다. 그런데 다툼을 해결하기는커녕 대화를 할 때마다 언성을 높이는 부부도 있다. 이들은 매번 똑같은 패턴을 반복한다. 그래서 대화를 시작할 때마다, 서로의 입장에 차이가 드러나거나 문제가 생겨날 때마다 으레 상대방의 비난을 예상한다.

이들 부부는 논쟁이 시작되기도 전에 이미 교착 상태에 빠져 버린다. 육아, 아이의 낮은 성적, 주택 담보 대출, 부엌 보수 공사, 여름 휴가 등 어느 것이든 대화의 주제를 막론하고 서로의 결점에만 주목할 가능성이 높다. 이들은 일상 속에서 불가피하게 마주하는 문제들 앞에서도 비슷한 반응을 보인다. "그건 당신 잘못이야!" 한편, 일부 사람들은 배우자로부터 비난을 당할 때 느끼는 혼란스러움에 어찌할 바를 모른다.

나의 연구에 참여했던 톰Tom과 아이샤Aisha 부부는 둘 사이에 부부 관계를 갈라 놓는 '불쏘시개'가 많다고 했다. 톰이 말했다. "아이샤와는 대화가 안 돼요." 그러자 아이샤가 받아쳤다. "나 역시 마찬가지라고. 당신이랑은 말이 안 통해!"

남편 톰이 계속해서 말을 이어 갔다. "아내가 기를 쓰고 덤벼들 때면 제 머릿속은 요란한 종소리로 가득 차 버려요. 아이샤도 배울 만큼 배운 사람이라 합리적으로 생각하고 판단할 줄 알았죠. 그런데 아니에요. 제게 들리는 거라곤 아내의 시끄러운 목소리뿐이에요. 아내가 저의 잘못된 점을 두고 이런저런 불평을 쏟아낸다는 걸 알고는 있지만, 저보고 뭘 어떻게 하라는 건지 모르겠어요. 아내가 화를 내는 것도 싫지만, 더 참을 수 없는 건 그 상황에서 제가 느끼는 혼란이에요. 도저히 견딜 수가 없어요." 아이샤가 말했다. "제가 화를 내도 남편은 아무것도 못 느끼는 것 같아요. 반응이 전혀 없거든요. 남편은 마치 제가 그 자리에 없는 사람인 것처럼 행동하죠. 제가 화를 낼 때 남편이 그렇게 힘든 감정을 느낀다는 것도 오늘 처음 알았어요."

부부 간 논쟁에서 감정이 격해지면 한쪽 배우자는 소위 '돌담 쌓기'를 택한다. 형용하거나 통제하기 힘든 감정에 휩싸였을 때 모든 감각을 차단한 채 단단한 돌담을 쌓아 올려 몸과 마음이 아무런 감정을 느끼지 못하도록 만든다. 이 같은 돌담 쌓기는 감정의 과잉 상태를 처리하는 하나의 방식으로, 우리의 생리적인 자극을 확산시킨다.[31] 그래서 심장이 빨리 뛰고 아드레날린 분비가 급속도로 많아지며 혈압도 올라간다. 우리 몸 전체가 마치 "아주 위험한 상황이야!"라고 외치는 것 같다.

이러한 상황에서는 눈앞의 일들을 제대로 처리할 수가 없다. 보고 듣는 기본적인 능력이 모두 저하되기 때문이다. 뇌로 흘러가야 할 피가 다른 장기에 사용되어 판단 능력도 떨어지는데, 위험을 느낀 장기를 보호하고 근육에게 경계 신호를 전달하는 데 많은 피가 소모되기 때문이다. 한편 배우자가 돌담을 쌓아 올리면 나머지 한쪽 배우자는 상대방의 감정을 이해하고 공감하는 데보다 자신이 느끼는 혼란스러운 감정을 조절하는 데 더욱 집중한다. 그래서 상대방의 말에 집중하고 있다는 소리("음" 혹은 "아")나 몸짓(끄덕임, 머리 흔들기, 눈 맞춤 등)도 전혀 나타내지 않고 오직 스스로의 감정을 방어하는 데만 골몰한다. 그러니 상대방의 감정에 무심한 듯 보이는 것이다.

돌담을 쌓는 쪽은 대개 남자다. 약 85퍼센트쯤 된다. 흔히들 여자가 남자보다 비판을 받아들이기 힘들어하며,[32] 쉽게 울음을 터뜨리고 감정적인 상태로 변한다고 생각한다. 그러나 실제로 여자가 남자보다 격앙된 감정을 처리하고 갈등을 대처하는 능력이 훨씬 뛰어나다. 부부 싸움에서도 남자의 스트레스 지수가 여자보다 훨씬 빠르게 올라간다. 결국 남자가 여자보다 감정의 과잉 상태를 겪을 가능성이 더 높다.

감정의 과잉 상태에서 남자들이 보이는 태도는 아내가 남편에 대해 털어놓는 불만들을 들으면 쉽게 이해할 수 있다. 갈등 상황에서 보통 아내는 남편을 두고 '차갑다', '아무 감정이 없는 것 같다', '대화를 피한다'라고 말한다. 남편은 아내와의 대화를 거부한 채 사라져 버리는 것이다. 즉 아내와 자신 사이에 돌담을 쌓는다. 남편의 관점에서 보면 돌담 쌓기는 감정의 과잉 상태로부터 자신을 지켜 내는 유일한 방법이다.[33]

돌담 쌓기는 상대방을 공격하기 위한 방법이 아니다. 오히려 일종의 자기 방어에 가깝다. 그러나 이를 당하는 쪽은 자신에 대한 거부로 받아들이며 상당한 거리감을 느낀다. 심지어 잘난 척으로 받아들이기도 한다.[34] 부부처럼 친밀한 관계에서는 상대의 목소리를 듣지 않고 이해하려 하지 않는 태도가 상당한 모욕감을 안겨 줄 수 있다. 이런 경우 돌담 쌓기는 다음과 같은 의미를 전달한다. '더 이상 당신하고 말 섞고 싶지 않아.' '진짜 이상한 사람이군. 당신과 더 이야기 해 봤자 시간 낭비야.' '당신 감정이 좋든 싫든 그 어떤 감정이든 간에 나하고는 상관없어.'

이 같은 상황에서는 극단적인 모순이 나타나기도 하는데, 바로 남편의 돌담 쌓기에 아내가 감정의 과잉 상태를 경험하는 것이다. 남편이 감정적으로 완전히 차단해 버린 상태임을 확인하고 나면 아내는 대개 생리적으로 극심한 변화를 느낀다. 심장이 빨리 뛰거나 땀이 나며 아드레날린이 솟구친다. 돌담 쌓기를 통해 남편이 피하고자 한 상황을 도리어 아내가 겪는 셈이다. 아내는 감정을 차단하고, 눈과 귀를 닫아 버린 남편을 보며 심한 상실감과 고립감을 느낀다. 결국 각자의 격화된 감정을 모두 상대방의 탓으로 돌리며 비난하는 모양새가 된다.

배우자 외 다른 상대를 칭찬한다는 것

◊

부부 관계는 칭찬과 비난의 잘못된 형태로 인해 무너지기도 하지만, 그 칭찬이 배우자 외에 다른 상대를 향한 경우에도 파국을 맞는다. 부부 간 잠자리에서 오가는 칭찬을 혼외정사에서 사용하면 부부 사이에 놓인 칭찬의 축은 금세 내려앉고 만다.[35]

흔히 부정을 저지른 쪽에서는 '성관계는 단지 육체적 행위에 불과하다'라고 말한다. 그러나 아무리 그 의미를 축소시켜 본들 남녀 간의 잠자리는 그리 간단한 문제가 아니다. 인간의 성관계는 재생산의 목적을 훨씬 넘어선다. 그중 한 가지는 부부 간 결속을 강화하는 것으로 그 효과는 매우 탁월하다. 일단 성관계를 시작하면 두 사람은 신경학적으로, 또 신체적으로 완전히 변환된 상태에 놓이게 된다. 그러면서 기쁨과 보상을 관장하는 뇌의 영역[36]이 극도로 활성화된다. 이때 비판적 사고를 담당하는 전두엽 피질은 작동을 멈춰 버리는 반면 최고의 흥분 상태를 유발하는 '결합 호르몬' 옥시토신[37]과 오피오이드[38]의 분비는 촉진된다. 그러면서 맥박과 호흡, 혈류의 속도가 빨라진다. 피가 몰려 조직이 부풀어 오르면서 골반 전체가 팽창된다. 평소에는 극도로 꺼리던 '신체적 침범'도 이 순간만큼은 황홀한 감동으로 깊게 다가온다.[39] 매기 스카프Maggie Scarf는 이 순간을 두고 '갓난아이가 엄마 품속에서 느끼는 평온하고 따스한 감정이 최고조에 이른 상태'로 묘사한다.[40]

그러나 잠자리의 상대가 남편이나 아내가 아니라고 해도, 우리 뇌는 부부의 잠자리에서 일어나는 화학 작용을 그대로 모방한다. 관계 중에 생겨나는 접촉과 냄새도 남녀의 사랑과 결속에 영향을 미치기 때문이다.

관계 중 살이 맞닿은 상태에서는 혼자만이 느낄 수 있는 세밀한 부분까지 상대와 공유하곤 한다. 이를테면 근육의 긴장감이나 땀의 흐름, 심장 소리 같은 것들이다. 속삭이듯 작은 목소리나 스쳐 지나가는 혼잣말에도 일일이 대꾸하며 서로에게 공감을 표현한다. 이렇듯 관계 중에 느끼는 수많은 감각은 자연스럽게 파트너와의 유대감으로 발전한다. 이 유대감이 머릿속에 저장되고 나면 파트너에 대한 감사를 느끼고 강한 신뢰감을 형성하며, 존경하게 된다. 즉, 칭찬과 유사한 감정이 생겨난다. 이러한 감정은 미래에 대한 기대로 이어지고, 어느덧 두 사람은 단단한 끈으로 연결되어 극도의 친밀감을 느끼는 사

이로 발전한다.[41]

한편 지구상에 존재하는 약 4000종의 포유류 가운데 이른바 '일부일처제'를 고집하는 종은 아주 드물다. 인간이 거의 유일할 정도다. 그래서 부부생활에서의 부정행위를 두고 일부 학자들은 '자연의 섭리를 거스르는 선택'이라고 규정한다.[42] 인간 사회에서 성적인 부정행위는 대부분 부부 관계에 치명적이다.[43] 부정행위의 기준 자체가 인간의 본능보다는 문화적인 것에 가깝다고 해도, 그것은 우리의 기대와 감정에 절대적인 영향을 끼치기 때문이다. 우리는 보통 스스로를 남편 혹은 아내의 유일한 잠자리 파트너로 생각한다. 또한 부정행위가 있었다 하더라도, 부부 사이의 잠자리에 부여되는 가치만큼은 혼외정사에 비할 바가 아니라고 생각한다.

배우자의 부정행위 가능성을 예측하는 핵심 지표는 제삼자와의 끊임없는 비교다.[45] 예컨대 "내가 더 잘할 텐데", "그 여자는 나를 이해해 줘", "다른 사람과 있을 때 훨씬 편안하고 행복해. 내가 더 매력적인 사람인 것처럼 느껴져"와 같은 표현은 결혼 생활의 적신호다.[46] 이것은 배우자를 모욕하는 비난으로써 결혼 생활에 헌신할 의지가 없음을 나타내며, 결국 배우자를 배신하는 타당한 구실로 작용한다. 그러면서 불륜을 저지른 쪽에서는 이렇게 생각한다. '내 배우자는 날 그다지 좋게 생각하지 않아. 나의 진가를 모르지.' 이 같은 생각이 결국 책임 회피로 이어진다. '그러니까 나도 굳이 헌신할 필요가 없어.'

배우자의 불륜이 비난으로 느껴지는 이유

◊

우리는 남편 혹은 아내가 나와 제삼자에 대한 부정적 비교는 하지 않을 것이라고 믿는다. 그러나 기혼자가 불륜을 저지르는 가장 일반적인 이유는, 결국은 다른 사람에 대한 열망이다. "나도 괜찮은 사람이라는 걸 확인받고 싶었어.""남자로서, 혹은 여자로서 아직은 죽지 않았다는 걸 보여 주고 싶었어.""나를 알아봐 줄 사람이 필요했어.""새로운 사람에 대한 열망과 욕구가 가득했어."[47] 이 같은 고백은 부정행위가 전하는 첫 번째 비난 메시지로 볼 수 있다. 곧 "당신만으로는 부족해", "당신은 다른 사람만 못해", 심지어 "당신은 근본적으로 좀 모자라"와 같은 의미다.[48]

부정행위에 거의 예외 없이 동반되는 거짓말은 두 번째 비난 메시지를 전달한다. 불륜을 저지른 배우자는 자신의 거짓말을 상대방을 보호하여 결혼 생활을 유지하기 위한 것으로 정당화하지만, 이는 결국 부부 간 대화를 차단하고 존중하는 마음까지 지워 버린다. 남편 혹은 아내의 불륜을 의심하는 쪽에서는 대화에서 흐르는 정서적 친밀감을 즐기기보다 배우자의 생각을 끊임없이 확인하고 통제하는 데 집중한다. 또 부정행위를 저지른 당사자는 거짓말을 하거나 중요한 사실을 빼놓고 말함으로써 배우자의 생각에 동조하기보다 오히려 그것을 왜곡하고 잘못된 것으로 단정한다.[49]

내 연구에 참여한 열두 쌍의 부부 중 두 쌍의 부부[50]는 배우자의 부정행위로 가슴 아픈 경험을 했다. 올해 서른여덟의 캐런Karen은 어느 날 남편 토니Tony의 마음이 '다른 곳'에 있음을 직감했다.

"남편은 집에 오는 시간이 정말 늦었어요. 그는 항상 일이 많다고만 했죠. 저는 믿었어요. 전혀 의심하지 않았죠. 그런데 집에 있을 때 정말 손 하나 까딱하지 않는 거예요. 그래서 몇 마디 하면 마치 잡아먹을 듯이 덤볐어요. 자기가 밖에서 얼마나 스트레스를 받는지 몰라도 너무 모른다면서 말이에요. 같이 얘기를 좀 해 보려고 해도, 저는 이해 못 한다는 말뿐이었어요. '당신이 정말 걱정된다'라고 이야기하면 제가 멋대로 상상한다며 쏘아붙였죠. 그렇게 몇 달이 흘렀어요. 모든 게 제 탓이라는 남편의 말을 그대로 믿었죠. 부부 사이를 위태롭게 하는 사람은 저였어요. 늘 잔소리만 해 댔고, 남편을 이해하려는 노력은커녕 신경질만 부렸으니까요. 그러다 모든 사실을 알게 됐을 땐…… 글쎄요, '화가 난다'라는 표현만으로는 부족했어요. 뭐든 제 잘못이라는 남편의 비난을 믿어 버린 건 저였으니까요. 정말 바보 같았죠."

이렇듯 거짓말은 상황을 회피하는 것 이상의 역할을 한다. 부정행위 당사자가 받아야 할 비난을 오히려 불륜에 속아 버린 배우자에게로 전가시킨다. "당신 멋대로 상상하는군"이라는 표현은 '부부 관계를 위태롭게 하는 건 내가 아니라 당신이야'라는 의미를 전달한다. 이 같은 배우자의 거짓말은 일명 '가스등 효과Gaslight Effect'[51]를 만들어 낸다. 이 용어는 조지 큐커George Cukor 감독의 1944년 작 〈가스등 Gaslight〉[52]에서 따온 것으로, 영화 속 남편은 아내를 끊임없이 세뇌하고 이를 통해 스스로를 정신병자로 생각하도록 몰아간다. 이처럼 가스등 효과는 남편 혹은 아내가 배우자의 의식을 조종함으로써 자신에 대한 비난을 당연하게 여기도록 속이는 것을 의미한다.

누군가와 가까워질수록 더 믿게 되고, 배신을 당했을 때 느끼는 실망도 그만큼 더 큰 법이다. 비난의 세기도 강력하다.[53] 다수의 결혼 전문가들은 한쪽 배우자가 불륜을 저지른 경우, 가장 중요한 동시에 가장 까다로운 문제가 바로 비난과 죄책감에 대한 부분이라고 설명한다.[54] 이에 대해 캐런은 다음과 같이 말했다. "문득문득 남편을 죽이고 싶을 때도 있지만, 또 한편으로는 늙어 죽을 때까지 내 옆에 살면서 괴로워하면 좋겠다는 생각이 들어요."

남편 토니는 불륜의 책임이 아내에게도 있다고 주장했다. "캐런에게도 저만큼의 책임이 있어요. 늘 제게 쌀쌀맞게 대했거든요." 캐런은 늘 칭찬으로 품어 주던 남편의 울타리가 무너지면서 극도의 배신감을 느꼈고, 토니 역시 아내가 더 이상 자신을 존중하지 않는다는 사실에 말할 수 없는 실망감을 느꼈다. 이 과정에서 둘 사이에 오가던 긍정적인 감정은 완전히 사라져 버렸다.[55]

배우자의 부정에 뒤따르는 세 번째 비난은 부부의 사생활을 침해함으로써 가해진다. 남편과 아내의 관계는 지극히 사적인, 둘만의 영역이다. 부부는 둘만의 대화를 통해, 공통의 관심사를 통해, 아이들과 함께하는 일상을 통해, 또 각종 재정과 주택 문제의 공유를 통해 그 어떤 관계도 흉내 낼 수 없는 친밀함을 쌓아 나간다. 또한 부부는 외부의 자극으로부터 배우자가 자신을 보호해 주길 원한다. 친구나 이웃, 친척 등의 가혹한 판단으로부터 위안받고 싶어 한다. 더글러스는 아내 베스가 예전의 남자 친구와 주말을 같이 보냈다는 사실을 알고 나서 이들이 나누었을 대화를 상상해 보았다.

"부부의 문제를 다른 놈한테 말했다는 사실은 정말 참을 수 없더군요. 저에 대한 불평을 쏟아 내며 스스로 불륜을 정당화한 거죠. 하지만 제가 정말 상처받았던 건, 그런 짓을 하면서도 여전히 저를 존경하는 척 아내 노릇을 했다는 겁니다."

어떠한 고백도 안전하게 보호받을 수 있었던 친밀한 부부 관계가 와르르 무너져 내린 셈이다. 부부 사이에 어떤 문제가 있든 배우자의 시각만큼은 '칭찬의 프레임'에 고정되어 있길 원한다. 이는 곧 자신의 생각이나 성격, 살아온 과거 등을 상대가 긍정적인 시각에서 바라봐 줄 것이라는 믿음이 있음을 뜻한다. 그러나 부부의 이혼은 이 프레임을 무너뜨린다. 이혼은 불화의 종착지로 배우자의 완전한 거부와 극단적인 비난을 의미한다. 그래서 이혼한 부부의 경우 서로에 대한 좋은 감정은 전혀 남아 있지 않다. 가족이나 친구 같은 주변 사람들은 복수심에 가득 찬 이들을 다소 의아한 시선으로 바라보기도 한다. "지극히 합리적이고 이성적인 두 사람이, 서로한테는 어쩜 저렇게 화를 내며 못되게 굴 수가 있지?" 이렇듯 이혼은 각자의 쓰디쓴 감정을 마지막으로 토해 내는 궁극의 비난이다.

이혼한 부부 중에 "생각대로 안 되더라"나 "조금씩 멀어졌어"라고 말하는 이들은 거의 없다. 대신 상대방을 부정적으로 언급하면서 스스로를 위안하는 모습을 보인다. 이를테면 "이혼의 책임은 그 사람에게 있어"라거나 "그 사람은 헤어지자고 말할 자격도 없어"라는 식으로 말이다. 이는 일종의 '인지 부조화'를 해소하는 방식이다.[56] 가령 '나는 지금 나쁜 행동을 하고 있어. 그런데 나는 좋은 사람이야'와 같은 모순되는 믿음 사이에서 긴장을 해소하는 방법으로, 결혼 생활 파탄의 원인을 배우자에게 돌림으로써 스스로에 대한 비난을 피하는 것이다. '난 당신을 떠나. 상처를 주면서 가정까지 깨 버린 당신은 정말 나쁜 사람이야. 이렇게 된 건 모두 당신 때문이야.'

'모든 잘못은 남편 혹은 아내에게 있다'라는 생각은 이혼 과정 전반에 영향을 끼친다. 그래서 사소한 식기 세트는 물론 별장, 아이들 양육권에 이르기까지 양쪽 모두 한 치도 물러서지 않는다. 서로의 잘잘못을 따지느라 좀처럼 합의점에 다다르지 못한다. 이들은 상대를 헐뜯고 비난하면, 배우자에게 거부당했다는 수치심으로부터 조금은 벗어날 수 있다고 생각한다.

모든 부부는 서로의 욕구와 희망을 조율해 나가며 칭찬과 비난을 주고받는다. 이 과정에서 부부 관계가 침몰하는 것은 어느 한쪽이 '나쁜 사람'이라서가 아니다. 그보다는 잘못된 비난 방식과 칭찬의 부재가 근본적인 원인이다. 반대로 성공적인 결혼 생활을 이어 가는 부부의 경우 끊임없이 서로를 '좋은 사람'이라고 생각한다. 그러면서 '칭찬의 프레임'을 유지할 수 있는 상호작용 패턴을 부부가 함께 찾아 간다.

존경과 감사의 마음을 표현하는 칭찬

◇

성공적인 결혼 생활을 위해 꼭 필요한 전제가 한 가지 있다. 그것은 '때로 화를 내거나 공격적인 모습을 보여도, 내 배우자는 기본적으로 존경할 만한 좋은 사람이다'라는 생각을 갖는 것이다.[57] 이 같은 전제는 또한 '남편 혹은 아내로서의 의무를 저버려도 쉽게 만회할 수 있고, 그 배우자는 당연히 용서해 주어야 한다'라는 약속의 바탕이 된다. 이와 반대로 '내 배우자는 이기적이고, 무책임하며, 배려도 없는 등 근본적으로 나쁜 사람이기 때문에 언제든지 나를 실망시킬 것'이라는 전제는 불행한 결혼 생활의 씨앗이다. 모든 문제의 원인을 배우자의 성격적인 결함 탓으로 돌려 버리면 해결은 결코 쉽지 않다. 이런 경우에는 제대로 된 사과가 이루어질 수 없다. 오히려 더 많은 불평으로 이어진다. "미안해. 하지만 난처한 상황을 만든 건 당신이야" 혹은 "미안해. 하지만 난 지금 나를 이해해 줄 수 있는 사람이 필요해" 같은 식으로 말이다. 이처럼 문제의 원인을 모두 상대에게 돌리면 대화할 때마다 화를 내며 충돌할 수밖에 없다.[58]

가정의 붕괴를 경험한다는 건 너무나 끔찍한 일이다. 중요한 관계의 상실은 뇌의 회로에까지 영향을 미쳐 감정과 보상 중추의 활동을 둔화시키고, 혈중 산소 농도를 감소시킨다. 이 같은 변화는 우울증이나 심장병, 심지어 암의 발생까지 예측할 수 있는 강력한 지표가 된다. 가까운 사람의 상실은 건강에도 악영향을 미친다.[59]

그렇다면 칭찬과 비난의 역할을 이해하는 것은 결혼 생활을 유지하는 데 도움이 될까? 정답은 '그렇다'다. 비난에 대한 공통적인 방어 패턴을 알고 나면, 더 이상 자신만이 옳다는 생각으로 다른 사람을 비난할 수가 없다. 또한 상대방의 성격을 비난하는 것이 얼마나 처참한 결과로 이어질 수 있는지를 알고 나면, 상대방을 함부로 대할 수 없게 된다.

한편 칭찬과 비난의 황금 비율을 알고 나면 결혼 생활의 위기에서 벗어날 수 있을까? 아쉽게도 이에 대한 정답은 '아니오'다. 비난의 공격에 대처하는 것은 물론 우월성의 편견(예를 들어 실제로는 더 많은 칭찬을 받아야 한다고 생각하는 것 등)에 사로잡혀 있는지를 스스로 확인하는 것은 결코 쉬운 일이 아니다. 이와 마찬가지로 부부가 칭찬과 비난의 비율을 확인해 가며 매번 신경 쓴다는 것은 아주 어려운 일이다.

우선 배우자의 피드백 없이는 자신의 행위가 제대로 된 칭찬인지, 권위적이거나 무시하는 듯한 칭찬은 아닌지 확인할 수가 없다. 칭찬은 상호적이다. 어느 정도의 칭찬과 비난이 오고 갈 것인지 어느 한 쪽에서 결정할 수 없는 이유가 바로 여기에 있다.

또한 판단을 내릴 때 떠오르는 기억은 대부분 자기 편향적이다. 자기 자신에 관한 기억이든 다른 사람에 관한 기억이든 상관없다. 그래서 자신의 긍정적인 노력은 곧잘 떠올리는 반면 부정적인 말과 행동은 최대한 기억하지 않으려 한다. 부부가 서로 판단하는 것은 당연하지만, 누가 얼마나 더 많은 칭찬을 했는가에 대한 언급은 논쟁으로 이어질 가능성이 높다. 노력의 대가에만 집중하게 되면 결혼 생활은 결국 불행해질 수밖에 없다는 사실을 기억하자.[60]

이처럼 누가 더 많이 하고, 누가 더 많이 주고, 누가 더 많이 양보하는지만 신경 쓰다 보면 불만이 생길 수밖에 없다. 상대방보다 내가 더 많이 희생한다는 생각은 십중팔구 비난으로 이어진다. "당신은 아무것도 하는 게 없어." 상대의 반격도 뒤따른다. "당신보다는 많이 했어. 어쨌든 당신을 위한 거였으니까. 이번에는 당신이 나에게 맞춰 주는 게 맞아." 양쪽 모두 보이지 않는 심판관을 한 명씩 두고 있는 것 같다. 이 심판관은 자신이 준 것에만 더 많은 의미를 두고, 그만큼 주지 않은 배우자는 비난받아 마땅하다는 결론을 내린다.[61]

마지막으로, 배우자를 어떻게 판단하느냐에 따라 관찰의 결과도 달라질 수 있다. 배우자는 비난받아야 한다는 생각이 지배적인 경우, 칭찬과 같은 긍정적인 접근 시도는 못 알아채는 경우가 많다. 실제로 사이가 안 좋은 부부들은 그렇지 않은 부부에 비해 배우자가 칭찬하

려고 노력하는 것에 주목하는 비율이 50퍼센트에 불과했다.[62]

칭찬과 비난의 역할을 숙지한 뒤 우리가 해야 할 일은 그것의 막강한 힘을 인정하는 것이다. 결혼 생활에서의 칭찬은 남편 혹은 아내에 대한 존경은 물론 서로의 감정과 목표, 가치에 대한 관심을 나타낸다. 감사의 마음도 포함되어 있으므로 다른 사람과의 부정적인 비교를 차단하는 역할도 한다. 결혼 생활에서의 판단이 부정적으로 변하게 되면, 그로 인한 상처는 서로에 대한 존중감을 다시 쌓아야만 회복할 수 있다. 하지만 그 과정은 매우 어렵고 힘들다.[63] 자신의 아픔은 들춰내지 않은 채 배우자의 상처는 보듬어 주어야 한다. 또한 나를 모욕하고 수치스럽게 했던 상대방을 기꺼이 받아들여야 한다. 더 나아가 이 같은 노력의 대가로 서로를 칭찬하는 것도 빼놓지 말아야 한다.[64]

다시 말해 부부의 계약을 새롭게 써 나가야 한다. '우리는 서로를 무조건적으로 사랑할 거야'라는 다짐 대신 결혼 생활을 보다 현실적으로 받아들이는 자세가 필요하다. 이런 식으로 말이다.

"나는 당신을, 당신은 나를 판단하게 될 거야. 하지만 서로의 좋은 점을 무시하거나 나쁜 점을 과장해서는 안 돼. 이 부분은 최대한 노력하자. 부정적인 판단이 강하게 들면 대화를 통해 풀어 나가고, 끊임없이 비난하는 행동만큼은 피하자. 상대가 힘들어하는 상황에서는 서로를 위안하며 공감과 지지를 보내 주어야 해. 또 상대방의 성격을 판단할 때는 최대한 긍정적으로, 말이나 행동을 판단할 때는 최대한 구체적으로 이야기하자. 사소한 잘못 하나를 성격 문제로 몰아서 비난해서는 아무것도 해결할 수가 없어. 때로는 여러 편견에 빠져 스스로의 자존감은 지켜 내지만 부부 관계는 위험에 빠뜨릴 수 있어. 우리도 사람이기 때문에 이 부분은 계속 부딪혀 가며 해결해야 해."

칭찬과 비난의 균형을 맞춰 나가는 이 어려운 숙제는 비단 결혼 생활에만 국한되지 않는다. 우리 내면의 판단 장치는 직장 생활을 하며 맺는 인간관계에도 많은 영향을 미친다. 다음 장에서 구체적으로 살펴보도록 하자.

직장 : 한정된 칭찬을 두고 벌이는 경쟁

"복지 제도가 어떻든 일과 삶의 균형이 어떻든 그런 건 아무래도 상관없다.
진짜 중요한 건 회사가 나를 쓸모 있는 사람으로 보느냐의 여부다."

직장으로 갈 때면 우리는 가족이나 친구 같은 가까운 관계는 모두 떼놓고 나선다. 그러나 그대로 갖고 출근하는 게 한 가지 있다. 각자의 판단 장치다. 우리는 회의 중에 동료들의 의견을 들으며 발언의 동기와 그들의 성격을 추측한다. "그분은 왜 승진했는지 알겠어. 발표를 정말 효과적으로 잘하잖아. 문제를 대하는 태도도 진정성 있어 보이고." 그러면서 상사의 발표 능력을 인정하는 동료들의 모습에 주목하고, 자신의 판단에 동조하고 지지하는 동료들이 있다는 데 자부심을 느낀다.

한편 끊임없이 웅얼대며 자신의 주장을 굽히지 않는 동료를 보고는 '자기 목소리가 그렇게 듣기 좋은가?'라고 생각하며 직접 나서서 회의가 계속 진행될 수 있도록 최대한 지원한다. 또 상사가 반지를 만지작거리거나 주위를 둘러보면 혹시나 지루함을 느끼는 것은 아닌지 궁금해한다. 그러다 10분쯤 후 누군가가 잔뜩 거만함이 묻어나는 목소리로 새로운 의견을 내놓는 것을 들으며 이런 생각을 한다. '전혀 새로울 게 없잖아. 바로 5분 전에 내가 말한 거라고. 내 공을 가로채려 들어?' 그 순간 반대편의 동료가 내 마음을 훤히 알고 있다는 듯 미소를 지어 보인다. 비슷한 판단을 내렸다는 생각에 우리의 유대감은 더욱 끈끈해진다.

다른 사람에 대한 나의 판단과 나를 향한 다른 사람의 판단은 직장 생활 만족도에 결정적인 영향을 끼친다. 10년 이상 다양한 조직에서 근무했던 심리학자 벤 다트너Ben Dattner는 직장 생활에서 느끼는 존중감과 냉대감의 중요한 지표로 보수와 승진을 꼽았다. 실제로 직장 생활에서 오는 대부분의 불만은 '적절한 칭찬을 받지 못한 것에 대한 분노'와 '부당한 비난을 받았을 때의 억울함'과 연관되어 있다.[1] 하지만 유감스럽게도 공정하지 못한 대우는 너무나 흔한 일이다. 플로리다 주립대학교 경영대학의 웨인 호크와터Wayne Hochwarter 교수는 1200명의 직장인을 대상으로 직속상관에 대한 설문 조사를 실시했다. 그 결과 31퍼센트는 상사가 본인의 업무 성과를 지나치게 과장한다고 응답했으며, 27퍼센트는 좋은 평판을 얻기 위해 실적을 떠벌린다고 응답했다.[2]

성과에 대한 부적절한 보상은 회사를 그만두는 가장 큰 이유로 꼽힌다.[3] 퇴사 이유를 설문 조사한 결과 37퍼센트는 업무 성과에 대해 정당한 평가를 받지 못해서, 23퍼센트는 상사가 본인의 실수를 감추기 위해 다른 사람을 비난해서 직장을 그만두었다.[4] 적절한 칭찬을 받지 못하거나 부당한 대우를 받으면서 직장 생활을 계속하는 경우에는 극심한 스트레스에 시달리거나 업무 의욕이 떨어졌다. 이 같은 스트레스나 사기 저하는 전염성이 강하므로,[5] 직장 생활에서의 칭찬과 비난의 기능을 제대로 이해하는 것은 각 근로자는 물론 조직 전체를 위해서도 매우 중요한 문제다.

당신의 직장 생활이 힘든 이유

◊

우아한 순결함을 뜻하는 '상아탑'은 성서에 등장하는 표현으로 흔히 학계를 비유하는 데 사용된다.[6] 학문에 종사하는 사람들은 그만큼 순수해서 칭찬과 비난처럼 겉으로 드러나는 것에는 별 관심이 없다고 여겨졌다. 그러나 내 연구 결과는 좀 달랐다. 지난 15년간 학생처장으로 또 학과장으로 대학에 있는 동안,[7] 나는 다양한 직종의 근무지에 대해 연구할 수 있었다.[8] 병원과 법률 사무소, 대형 제조업체 한 곳씩 그리고 학교 두 군데가 그 대상이었다. 이후 여기에 나의 개인적인 경험을 더해 종합적으로 검토한 결과, 학계는 결코 판단에서 자유롭지 않으며 오히려 직장 내 칭찬과 비난의 역동성을 연구할 수 있는 최적의 영역임이 드러났다.

교수들은 판단에 초월하기는커녕 더 강한 집착을 보였다. 심리학자 올리버 제임스Oliver James는 학계를 '사내 정치'[9]가 들끓는 곳으로 비유하기도 했다. 벤 다트너는 '비난의 게임'[10]이 난무하는 곳으로 표현했다. 즉 그들은 자기 위치는 칭찬에 유리하게, 비난에 불리하게 지켜 가면서 동료들이 칭찬받는 것은 어떻게든 막아 보려 꾀를 냈다.

교수들은 다른 사람에 대한 간접적 혹은 직접적인 판단으로 자기 힘을 과시한다. 그들은 동료들의 연구 결과를 평가하고 지적 수준을 검증한다. 또 이들의 서열을 주시하면서 학계 기여도를 추측해 본다. 그런데 평가의 결과 차이가 지나치게 적고 그에 따른 보상도 미미한 경우 상황은 다소 복잡해진다. 다른 사람 눈에는 별것 아닌 것처럼 보이는 이 차이가 교수들에게는 크게 보이는데, 이는 개인이 가져갈 존경의 몫은 걸려 있는 보상의 양에 반비례한다는 '세이어의 법칙Sayre's Law'으로 연결된다. 이것은 월리스 스탠리 세이어Wallace Stanley Sayre가 "학계의 정치는 모든 정치 형태 가운데 가장 격렬하고 잔혹하다. 걸려 있는 몫이 매우 적기 때문이다"라고 언급한 데서 유래했다.[11]

학장으로서 나의 주된 임무는 다른 사람의 의견을 들어 주는 것이었다. 선임 교수들은 물론 신참내기 교수들, 각 부서 직원들까지 이런저런 면담을 요청해 왔고, 자연스레 다양한 이야기를 주고받을 수 있었다. 그런데 이들 중 일부는 자신의 존재와 가치, 성과를 두고 다른 사람의 판단에 지나치게 신경 쓰는 모습을 보였다. 누구보다 독립적인 생각을 지닌 교수들조차 주위의 시선에서 결코 자유롭지 못하다는 사실은 꽤 충격이었다. 판단에 대한 집착은 교수들의 사기와 의욕에도 상당한 영향을 미칠 것이었다. 그래서 나는 학교라는 직장 내에서 교수들이 느끼는 행복감 정도를 측정해 보기로 했다. 먼저 교수들이 주로 요청해 오는 상담 주제를 확인하고, 스스로의 지위와 존재감에 대한 불안 때문에 허비하는 시간이 어느 정도인지 파악했다.[12] 1년 동안 관찰해 보았더니 대화 내용 가운데 약 55퍼센트가 칭찬과 비난에 관련된 주제였다.

먼저 제마Gemma 교수의 사례를 살펴보자. 제마는 강의 시간을 줄여 달라는 요청을 하러 나를 찾아 왔다. 하지만 이면에는 칭찬과 비난에 관한 문제가 있었다. 올해 40대 후반의 제마는 강의 준비를 하느라 연구에 집중할 시간이 없다고 불평했다. 그러나 사실 자신의 강의가 제대로 평가받지 못하고 있다는 게 근본적인 불만이었다. "정말 훌륭한 수업을 하고 있는데, 학교에서 실시하는 강의 평가에는 후보에조차 오르지 못했어요. 역시 요즘에는 성과나 실적을 스스로 드러내야만 인정받을 수 있는 것 같아요." 강의가 뛰어나다는 칭찬은커녕 연구 실적이 낮다는 비난만 들어 억울한 마음이 생긴 것이었다.

앨러스테어Alastair 교수도 비슷했다. 승진 시험과 관련한 조언을 구하기 위해 찾아왔지만 면담의 대부분은 이곳 모교에서 받는 칭찬과 비난에 대한 불만이 주를 이루었다. "저는 세계 유수의 학회에 참석해 발표를 하고 있어요. 모두 저를 초청하고 싶어 안달이죠. 외국에 나가 새로운 논문을 발표하는 날이면 넓은 객석이 가득 찰 정도예요.

하지만 이곳의 동료들은 그런 저를 인정해 주지 않아요. 제 연구의 대중성을 천박함으로 치부해 버리죠. 그저 얄팍한 기술로 사람들을 끌어 모은다고 생각해요. 무슨 뜻인지 학장님은 이해하시죠? 물론 저도 잘 알아요. 교수 사회에서 살아남으려면 스스로를 끊임없이 포장하며 다른 사람은 깎아내려야 한다는 거. 하지만 좀처럼 익숙해지지가 않아요. 이번에 승진이 안 되면, 그만 나가려고요."

비서실에 근무하는 키아라Chiara는 이전보다 늘어난 업무량 때문에 면담 신청을 했다. 하지만 존중감에 대한 문제 역시 꽤 컸다. "제가 하는 일은 대부분 눈에 보이지 않아요. 다른 사람과 업무를 나눈다고 해서 딱히 줄어드는 것도 아니고요. 이런저런 부탁은 기꺼이 들어줄 수 있어요. 얼마든지요. 제 일이 비서 업무니까요. 하지만 저를 무시하는 태도로 부리듯이 대하는 건 정말 참을 수가 없어요."

스스로의 가치는 본인이 잘 아는 것으로 만족해야 한다는 말을 종종 듣는다. 그럴 수만 있다면 다른 사람의 판단이 왜 중요하겠는가? 하지만 현실은 그렇지 않다. 우리는 타인의 시선에서 결코 자유롭지 못하다. 물론 내면의 재판관을 중시할 수도 있고, 개인적으로 또 직업적으로 명망 있는 사람들의 판단에 무게를 둘 수도 있다. 하지만 다른 사람의 영향을 전혀 안 받을 수는 없다.

심리학자 브루스 후드는 인간의 마음이 어떻게 진화했는지를 연구하며 한 가지 중요한 사실을 깨달았다. 그것은 곧 우리의 뇌가 다른 사람의 시선에 민감하게 반응하도록 길들여져 있다는 것이다. 이를 통해 후드는 다음과 같은 결론에 다다를 수 있었다.

"인간은 지극히 사회적인 동물이기에 다른 사람의 시선에 집착하죠. 스스로를 얼마나 좋은 사람으로 생각하느냐가 주위의 판단에 좌우된다는 건, 어쩌면 당연한 사실입니다. 사회에 순응하며 살아야 한다는 압박은 결국 다른 사람의 판단에 가치를 둔다는 의미입니다. 성공과 실패의 대부분은 주위의 시선에 따라 결정되기 때문이죠."[13]

그렇다고 우리가 다른 사람의 판단을 무조건 받아들인다는 뜻은 아니다. 앞서 살펴본 제마나 앨러스테어, 키아라 모두 타인의 시선에 대한 민감도를 조절하기 위해 스스로 노력했다. 또 칭찬과 비난에 대해 자신만의 기준을 갖고 '내면의 재판관'과 협의하는 과정을 거치기도 했다. 요컨대 칭찬과 비난이 분배되는 기준을 둘러싸고 벌어지는 저항과 갈등, 협의 과정은 직장에서 끝없이 반복되며, 직장을 그만두더라도 우리의 생각이나 동료 사이의 대화에서 계속 이어진다.

동료애와 가십은 떼려야 뗄 수 없다

◊

직장은 매일같이 다른 드라마가 연출되는 하나의 세트장과도 같다. 그 속에서 우리는 배우가 되어 공연을 하기도 하고, 또 관객이 되어 다른 사람의 무대를 평가하기도 한다. 동료로서가 아니었다면 그 어떤 인연도 닿지 않았을 사람들, 나와는 다른 부류라고 치부해 버렸을 사람들, 그리고 말 한마디 섞지 않았을 법한 사람들이 직장이라는 무대를 중심으로 한데 모여 살아간다. 이곳에서 우리는 서로의 공통점을 찾아 유대감을 쌓아 나간다. 경우에 따라 지침을 따르기도 하고, 일방적인 결정을 순순히 받아들이기도 한다. 이 과정에서 우리는 좀처럼 속내를 드러내지 않는 사람들을 만나 평가하고 관찰해야 하는 상황에 처하기도 한다.

예컨대 이들과 어떻게 협력해 나갈지, 또 누구를 신뢰해야 할지 파악하는 것이 직장 내 생존을 좌우하는 경우, 우리는 자신과 비슷한 눈을 가진 동료들에게 조언을 구한다. 이를테면 이런 식이다. "조엘Joel은 일하는 게 어때?" "에밀리Emily랑 일하면서 별다른 문제없었어?" "가스Garth는 늘 이런 식으로 일해? 아니면 어쩌다 오늘만 그런 건가?" 이런 식의 질문은 아주 일상적이다. 그래서 올리버 제임스는 직장과 관련된 연구에서 이렇게 언급했다. "우리는 거의 하루도 빠짐없이 동료들의 성격이나 업무 능력에 관해 직접적으로 또 간접적으로 묻고 답을 합니다."[14]

이 같은 비공식적인 의견 교환, 곧 가십은 동료애를 형성하기도 한다. 의견이 비슷한 사람은 왠지 마음도 잘 통할 것 같은 생각이 들기 때문이다. 하지만 특정 동료에 대한 생각을 물었을 때 나와 다른 의견을 비치거나 다소 조심스러운 반응을 보이면 순간적으로 판단을 잘못했다고 여긴다. '아, 저 사람은 나한테 마음을 열지 않는구나.' 그러면서 이후에는 그 사람과의 가십을 피해 버린다. 반대로 상대방이 내 의견에 동조하면 대화가 길게 이어질 수 있다. "맞아. 그 사람 원래 그렇다니까. 같은 팀이 되면 조심해야 할 거야." 동료에 대한 중요한 정보를 얻는 것은 물론, 같은 생각을 바탕으로 일종의 동맹 의식을 갖기도 한다.

직장 내에서의 개인적 판단은 업무에도 큰 영향력을 미친다. 예를 들어 팀장이 어느 팀원의 리더십 역량에 대한 의견을 조사하면서 이런 의견을 들었다고 가정해 보자. "그 사람은 발표를 항상 엉망으로 만들어 버려요." 팀원을 직접 판단해 본 경험이 없는 팀장으로서는 부정적인 생각을 가질 수밖에 없다. 그러나 전혀 다른 의견도 나올 수도 있다. "그 사람 발표는 정말 재미있어요! 전혀 예상하지 못한 엉뚱함이 매력적이죠." 이런 의견을 들으면 다소 의심스러웠던 부분에 대한 걱정까지 완전히 날려 버릴 수 있다. 하지만 누군가는 프로젝트 우위 선점을 위해 일부러 잘못된 정보를 전달할 수도 있다. 무심코 경고하듯 건네며 의심을 조장하는 것이다. "그 사람의 예측은 믿을 게 전혀 못 돼. 자신만만해하지만 늘 빗나가거든." 약삭빠른 사람들은 직장 내 가십을 칭찬과 비난에 아주 효과적으로, 기민하게 이용한다.

그리고 이 같은 판단은 마치 사실인 양 받아들여진다. 나름의 권위 속에서 끊임없이 되풀이되기 때문이다. 그래서 바꾸기도 매우 어렵다. '늘 잘못된 예보를 하는 사람'으로 묘사되는 동료는 이렇게 항변할 수 있다. "제 실력은 그리 나쁘지 않습니다. 아무리 뛰어난 전문가도 매번 정확한 예보를 내놓을 수는 없어요." 하지만 자신에 대해서 어떤 말이 오가는지 동료들이 자신의 실수를 찾아내는 데 얼마나 혈안이 되어 있는지 모르는 경우에는 방어할 준비조차 제대로 할 수 없다.

때로는 부정적인 말들이 오가는 것을 직접 듣지는 못할 수도 있다. 하지만 느낄 수는 있다. 한편 가십이 우리의 직장 생활에 어느 정도 긍정적인 효과를 주는 것도 사실이다. 나에 대한 동료들의 평판이 좋지 않다는 것을 알게 되면 협력과 화합에 대한 의지를 새로이 다질 수 있다.[15] 물론 부정적인 효과도 무시할 수 없다. 말을 꺼냈을 때 동료들의 얼굴에 나타나는 미세한 표정 변화, 그리고 재빠르게 오가는 동료들의 눈빛은 순식간에 그곳을 아주 위험한 장소로 만들어 버린다. 사방에서 들려오는 수군거림과 형태조차 없는 비난이 좀처럼 사그라지지 않는다. 이에 대해 신경과학자 리처드 데이비드은 다음과 같이 설명했다. "경쟁자들 사이에 오가는 무언의 메시지를 읽어 내지 못한 채 동료들과도 상호작용을 할 수 없다면, 업무 능력에도 문제가 생길 수 있습니다."[16] 요컨대 근거 없는 가십으로 시작된 판단이 사실로 뒤바뀔 수 있다는 것이다. 주변에서 들리는 이런저런 말들로 집중력과 자신감을 잃게 되고, 업무 수행 능력도 떨어지면서 자신을 둘러싼 부정적 판단이 결국 사실임을 스스로 증명하고 만다.

칭찬은 앞에 비판은 뒤에

◊

'샌드위치 기술'은 상사가 부하에게 부정적인 비판을 할 때 흔히 권장되는 방법이다. 첫 단계로 비판에 앞서 칭찬을 건넨다. "자네는 언제 봐도 성실하고 훌륭한 팀원이야. 지난주 제리Jerry의 프레젠테이션에도 아주 큰 도움이 되었고." 이제부터 본론으로 들어간다. "그런데 자네가 진행한 이번 프레젠테이션은 많이 부족했어. 클라이언트 표정이 안 좋았는데도 끝까지 자네 생각만 고집하더군. 그쪽에서 하는 말에는 전혀 신경 쓰지 않고 말이야." 그러고 나서 앞으로가 중요하다는 이야기로 비판의 충격을 누그러뜨린다. "좋은 경험 했다고 생각해. 다음부터는 클라이언트 앞에 서기 전에 반드시 팀원들과 내용을 공유하고 의견을 들어 봐. 이번에는 클라이언트에 대해 잘 알고 있는 직원을 한 명 붙여 줄게. 준비하는 데 도움이 될 거야." 이처럼 지나간 실수보다는 앞날의 발전에 보다 집중하는 방식은 부정적 비판을 긍정적 판단 체계 속에 머물도록 해 준다. 칭찬을 받을 수 있는 방법도 함께 제시하기 때문이다.

샌드위치 기술의 근본 원리는 아주 단순하다. 칭찬은 유용하고 풍부한 자원이며, 비판이 비난으로 바뀌어서는 안 된다는 것이다. 또한 건설적이고 미래지향적인 비판을 지향하고 있다. 그러나 회사의 수익이 떨어지고 클라이언트가 계약을 재고하며 직원들이 자기 가치는 물론 지위나 자리에까지 위협을 느끼는 경우라면 상황은 완전히 달라진다. 칭찬은 매의 부리마냥 날카로워지고, 비판은 비난으로 변질되고 만다.[17]

몇 년 전 중소 규모의 법률 사무소와 제조업체 직원들을 대상으로 일과 삶의 균형에 대해 설문 조사를 한 적이 있다.[18] 모두 구조조정이 진행 중인 곳이었다. 조사 결과 대부분의 직원은 회사가 자신에게 무엇을 해 주는가보다 자신이 회사에서 어떤 평가를 받느냐에 주목하고 있었다. 스물아홉의 글렌Glen은 내게 이렇게 말했다. "복지 제도가 어떻든 일과 삶의 균형이 어떻든 그런 건 아무래도 상관없어요. 중요한 건 회사가 나를 쓸모 있는 사람으로 보느냐의 여부입니다. 그래서 다른 사람에게 인정받는, 능력 있는 사람이라는 것을 회사에 보여 줘야 해요. 늘 바쁜 업무에 시달리는 상황을 드러냄으로써 말이죠. 그래서 어떤 사람들은 거짓으로 불평하기도 해요. '잠시라도 쉬고 싶어. 하지만 할 일이 산더미야.' 그러고는 끝없이 늘어선 업무 목록을 펼쳐 보이죠. 실제로 서류함은 텅 비어 있는데 말이에요."

스물넷의 아지트Ajit도 상황은 마찬가지다. "말단으로 입사했는데 그마저도 얼마나 힘들게 들어왔는지 몰라요. 로스쿨에서는 자기표현 능력을 기르려고 수많은 시간을 투자했어요. 교수님들은 늘 이렇게 말씀하셨죠. '인터뷰에서 강한 인상을 심어 줘야 한다. 자기 역량을 최대한 드러내야 한다.' 그렇게 해서 겨우 들어오긴 했어요. 하지만 이 안에서의 경쟁은 더없이 치열하더군요. 매일매일이 혹독한 인터뷰 같아요. 실제 업무보다 더 중요한 건 고객에게 내 역량에 대한 신뢰를 심어 주는 일이죠."

서른둘의 켈리Kelly도 비슷한 처지에 놓여 있다. 지금의 상황에서 최우선 순위는 비난을 피하는 것이다. 사소한 비난거리도 구조조정의 미끼를 제공해 줄 수 있기 때문이다. "제가 속한 부서 역시 감원 대상 이에요. 아주 작은 실수도 구실이 될 수 있죠. 마감 시한을 넘기거나 고객을 잃거나 미팅에서 별다른 주목을 받지 못하면 곧바로 밀려날 수 있어요."

켈리뿐만이 아니다. 부서나 직급을 막론하고 모두들 비난만큼은 피해 보려 애를 쓴다. 그래서 자신이 불리한 상황에서는 다른 사람을 탓하기 바쁘다.[19] 켈리의 팀장 애덤Adam이 볼멘소리를 했다. "저는 제 대로 했는데 회계사가 엉망으로 만들어 놨어요. 이중으로 계산을 해 서 목표 수치를 말도 안 되는 값으로 바꿔 버렸더라고요."

켈리와 같은 팀에 있는 아룬Arun도 비슷한 불평을 늘어놓았다. "우리는 멋진 제품을 만들었는데 영업 팀에서 제대로 역할을 못해 줬 어요." 소위 '비난의 게임'에 빠진 켈리의 동료들은 그럴듯한 희생양 을 찾아 자신의 책임을 떠넘기기에 바빴다. 이 같은 상황에서 켈리는 한 가지 사실을 깨달았다. 중요한 판단의 칼자루는 경영진이 쥐고 있 다는 것이었다. 결국 권력을 가진 자가 모든 판단을 좌우했다.

칭찬을 조작하는 사람들

◊

'나르시시스트'는 보통 자기애가 강한 사람을 일컫는다. 하지만 심리학에서는 조금 다른 의미로 사용된다. 자존감이 낮고 스스로를 과장되게 떠벌리는 사람, 타인의 관심에 집착하며 이를 통해 자존감을 높이려는 사람을 칭한다. 그런데 직장에 이런 사람이 있으면 그 폐해가 매우 심각하다. 나르시시스트는 사람들의 칭찬을 받기 위해 고위험 투자 같은 그럴듯한 계획을 추진하지만, 결국 조직에 엄청난 손해를 끼치고 만다. 이들은 또한 비판에 공격적으로 대응하며, 자신에게 동조하지 않는 사람은 적대시한다. 물론 그중에는 넘치는 투지와 자신감으로 성공하는 사람들도 다수 있다. 일부 심리학자의 연구에 따르면 최고경영자들 가운데 약 4퍼센트가 공감 능력이 부족하고 다른 사람을 조작하는 나르시시즘적 성향을 지닌 것으로 나타났다.[20] 최대 21퍼센트의 최고경영자가 이 같은 특징을 갖고 있다고 밝힌 연구 결과도 있었다(일부에서는 사이코패스 기질로 언급했다). 놀랍게도 이 수치는 교도소 수감자 중의 나르시시스트 비율과 같았다.[21]

나르시시스트는 여러 가지 면에서 함께 일하기가 쉽지 않다. 이들은 자신의 존재감을 드러내기 위해서라면 다른 사람의 희생도 마다 않는다. 자신에 대한 존경을 강요하며, 이에 응하지 않는 사람에게는 강한 분노를 표출한다. 반면 비판에는 무반응으로 일관한다. 그 형태가 자신에게 약이 되는 경우라도 말이다. 무엇보다 이들은 칭찬과 비난의 프레임을 만들어 사내 분위기를 경직시킨다. 매 순간을 자신이 돋보일 수 있는 기회로 삼고 다른 사람은 하찮은 존재로 만들어 버린다. '과연 내가 빛날 수 있는가?' 이들의 관심사는 오직 그것뿐이다.

외과의사인 세라Sarah에게도 이 같은 선배가 있다.[22] "생색내기 좋은, 남들 보기 그럴듯한 수술만 맡으려고 해요. 어쩌다 난이도가 떨어지는 수술을 하게 되면 여지없이 씩씩대며 볼멘소리를 하죠. 또 회의에서 자기 의견이 받아들여지지 않으면 팀 전체를 비판하며 의사 결정 자체에 문제가 있다고 몰아세워요. 담당자에게 그만두라고 협박하기도 하고요. 자신의 업적이나 성과가 제대로 평가받지 못한 일들을 죽 늘어놓으며 주변 사람들에게 부담을 줄 때도 있어요. 뭘 어떻게 해야 할지 모르겠어요. 결국 어떻게든 비위를 맞춰 보려 애를 쓰긴 하지만요. 한 사람 때문에 팀 전체의 사기가 떨어진다니까요."

로펌에서 근무하는 마흔둘의 미셸Michelle 역시 비슷한 고충을 토로했다. 너나 할 것 없이 최고의 위치에 오르고자 몸부림치는 사람들 속에도 나르시시스트가 적지 않았다. "끊임없이 주변을 의식하며 자기를 내세우는 사람들이 있어요. 누군가 한 명이 과시하기 시작하면 이에 질세라 주변 사람들도 자신을 드러내기 바쁘죠. 모든 대화에 이런 분위기가 깔려 있어요. 저는 그냥 입을 다물어 버려요. 저까지 이상한 사람이 되는 것 같아서요. 하지만 완전히 무시하기도 쉽지 않아요. 그렇게 하다 보면 결국에는 자신이 하찮은 존재라는 생각을 하게 될 텐데 말이죠. 스스로 자기 가치를 높일 순 없으니까요."

나르시시스트의 자기 평가는 터무니없이 거창하게 느껴질 수도 있다. 하지만 이들의 높은 자신감이 때로는 설득력 있게 보이기도 한다. 나르시시스트의 자기표현 방식이 꽤 효과가 있다는 사실을 알고 나면 사람들은 이들의 과시하는 태도와 공격성을 모방한다. 관련 자료에 따르면 1979년부터 2006년까지 나르시시스트의 비율은 무려 30퍼센트나 증가했다.[23] 직장 문화 자체가 전체적으로 과시하는 사람들을 인정하면서 적절한 보상까지 해 주는 분위기로 바뀌었기 때문이다. 하지만 일부에서는 자기 판단을 반성하거나 수정할 줄 모르고 다른 사람의 판단에는 적대감만 드러내는 나르시시스트의 존재가 조직의 안정에 상당한 위협으로 작용한다고 경고한다.[24] 상대방의 판단에 집착하는 이들 나르시시스트들은 조직 자체를 와해시킬 수 있을 만큼의 위험을 초래할 수도 있다.

조직 구성원을 평가하는 인위적인 지표

◊

어느 조직에나 걸맞지 않은 칭찬을 의도적으로 끌어내고, 비난의 화살을 다른 곳으로 돌리며, 실제로는 기여한 것이 없으면서 조직의 성공에 핵심적인 역할을 한 것처럼 떠들어 대는 사람이 있게 마련이다. 조직은 이들이 끼치는 해가 적지 않다는 것을 알고 있다. 공정하지 못한 칭찬과 비난의 분배가 직원들의 사기 저하로 이어질 수 있다는 것도 안다. 이 같은 문제에 대응하기 위해 일부 기업은 보다 객관적인 평가 기준을 도입하여 의도된 자기 과시를 효과적으로 배제하고 있다. 그렇다면 과연 조직 내에서 칭찬과 비난은 객관적인 척도로 분배되고 있을까?

오늘날 탈제조업 시대에는 완성된 기계 숫자나 장착된 튜브 개수, 생산된 자동차 대수처럼 객관적인 생산성의 기준이 존재하지 않는다.[25] 이를 두고 올리버 제임스는 다음과 같이 설명했다. "다양한 직종이 빠르게 성장하고 있지만, 대부분은 업무 성과를 측정할 수 있는 객관적인 지표가 없습니다."[26] 예컨대 기술 지원 같은 서비스 분야는 고객과의 통화 건수로 업무 실적을 평가할 수 있다. 하지만 이 숫자에는 상담원의 안내 부족으로 고객이 재차 전화를 건 경우도 포함된다. 그렇다면 월간 잡지를 발행하는 편집부서의 경우는 직원 간 업무 실적을 어떻게 비교할 수 있을까? 아이디어를 내놓는 것이 더 중요할까, 아니면 동료의 제안을 실행하는 것이 더 중요할까?

일부 조직에서는 칭찬과 비난의 기준이 매우 모호하다. 기준이 존재하기는 하지만 쉽게 구별할 수 없다. 이와 관련하여 한나 셀리그슨Hannah Seligson은 자신의 저서 『우아하게 일하고 화려하게 떠나라』에서 신입사원으로서 느꼈던 고충과 애환에 대해 솔직하게 풀어냈다. 이를테면 다음과 같은 문제들이다. '상냥한 태도는 도움이 될까? 혹시 가벼운 사람으로 비치는 건 아닐까?' '한 가지 업무를 완성하거나 실패하는 일이 여러 일에 손을 대는 것보다 중요한 이유는 무엇일까?' '직무 기술서와 실제 업무는 왜 차이가 날까?' '공식적인 기업 구조는 실질적인 권력 체제와 왜 다를까?' '동료보다 일을 많이 하는 사람은 왜 낙오자로 인식되는 것일까?'[27]

　이러한 맥락에서 구성원들이 '사람들은 나의 업무 능력을 어떻게 평가할까?'와 '사람들이 내가 일을 잘한다고, 혹은 못한다고 생각하는 이유는 무엇일까?'의 두 질문에 대답할 수 없다면, 해당 조직은 제대로 작동한다고 볼 수 없다. 이를 피하기 위해 상당수 조직은 제대로 된 칭찬과 비난을 하기 위한 일정 기준을 마련해 두고 있으며, 여기에는 한 가지 전제가 내포되어 있다. 즉 정량적인 근거가 제시될 때 모든 판단은 객관적이고 공정하게 이뤄질 수 있다는 것이다. 이를 통해 구성원들은 서로의 업무 성과를 객관적인 잣대로 비교해 볼 수 있다. 실적이 좋은 사람은 지표상에서 높은 점수로 나타나기 때문이다.

　하지만 모든 자질을 정확하게 측정할 수 있는 건 아니다. 가령 공동체 의식이나 창의성을 어떻게 정량적으로 판단할 수 있겠는가? 구성원의 미묘한 능력 차이도 마찬가지다. 리더십은 물론 다른 사람의 말에 귀 기울이고 창의성을 이끌어 내는 능력도 객관적으로 판별할 수 없다. 측정하는 것 자체에만 집중하게 되면, 정량화할 수 없는 자질은 평가 대상에서 제외되고 만다.[28] 설령 모든 자질이 평가된다고 해도 기준 자체가 지나치게 주관적일 가능성이 높다. 평가자는 기준을 세심하게 살피겠지만, 결국 점수는 해당 구성원에 대한 평가자의 선호도나 구성원의 자기표현 기술, 또는 주위의 시선을 끄는 능력 등 주관적 지표에 좌우될 수밖에 없다.

이 같은 편향된 평가 기준을 바로잡기 위해 취할 수 있는 방법은 목표를 설정하는 것이다. 하지만 직장이라는 곳의 본질상 대부분은 그 목표가 이미 정해져 있다. 또한 목표를 설정하는 유일한 목적이 칭찬과 비난의 분배를 위한 기준 마련에 지나지 않는 경우가 많다.

한 컨설팅 회사에서 3년째 일하고 있는 서른아홉의 그렉Greg은 직장에서의 자신의 일과를 두고 이렇게 표현했다. "칭찬받을 만한 일을 할 때마다 스티커를 한 장씩 받는 제 딸아이의 일상과 별반 다를 게 없죠. 무슨 일을 하든, 얼마나 열심히 하든 별로 남는 게 없는 것 같아요. 칭찬과 비난이 난무하지만 알맹이는 쏙 빠져 있는 느낌이랄까요."

영국의 한 대형 병원에서 외과의사로 일하는 세라는 자신의 직업과 목표가 서로 상충한다고 말했다. "외과의사의 한 가지 목표는 수술 후 합병증을 최대한 줄이는 것이에요. 하지만 수술이 잘 끝나든 그렇지 않든, 환자가 합병증 없이 순조롭게 회복하느냐의 여부는 수술 전 몸 상태에 달려 있는 경우가 많아요. 병원에서는 이 목표 수치에만 집착한 나머지 회복이 어렵다고 판단되는 환자들은 수술 전에 다른 병원으로 이송해 버려요. '합병증 없는 수술'이라는 당초의 목표는 의미를 잃는 셈이죠."[29]

조직이나 그 구성원들이 설정한 목표는 구성원들의 동의와 지지를 얻을 수도 있지만, 조직 문화 전체의 변화를 요구할 때도 있다. 또한 이 목표는 그저 칭찬만 좇고 비난은 면하려는 인간의 심리를 더욱 부추긴다. 앞서 그렉은 이에 대해 '알맹이'가 없다고 표현했으며, 여기서 알맹이란 다른 사람이 내린 판단의 근거를 존중하면서 그들로부터 격려받고자 하는 욕구를 의미한다.

목표 설정에는 또 한 가지 문제가 있다. 조직의 목표가 구성원 개인의 판단 기준과 다른 경우, 이는 상당한 의욕 상실로 이어질 수 있다는 점이다. 이렇게 되면 공정한 평가를 통해 직원들의 사기를 돋운다는 목표 설정의 목적 자체가 무의미해져 버린다. 따라서 또 다른 평가 과정이 필요해진다. 여기서는 직원들이 자기 자신은 물론 동료나 상사에 대한 개인적 판단을 드러낼 수 있다.

권력이 판단을 좌우한다

◊

"저에 대한 평가가 있기 전에는 며칠 동안 잠도 제대로 못 잤어요. 정말 설레거든요. 그렇게 높은 분들의 주목을 한번에 받을 수 있는 기회가 또 언제 있겠어요? 하지만 긴장도 되고, 어느 순간에는 화도 나고요. 그분들은 제가 회사에서 뭘 하는지 속속들이 모르잖아요? 그런데 어떻게 절 판단한다는 거죠? 물론 저의 실적이나 높은 평가를 받을 만한 성과는 미리 자료로 만들어 갔어요. 하지만 저는 말할 틈조차 없었어요. 대화를 이끌어 가는 건 그분들이었으니까요. 전반적으로는 그렇게 나쁘지 않았지만, '개선이 필요한 부분'이라는 항목에서는 화를 주체할 수가 없더군요. 도대체 뭘 보고 평가한 거죠? 성공적인 실적은 다 어디로 사라진 거죠? 그들은 마치 제가 아닌 다른 사람과 이야기하는 것 같았어요. 저에 대한 평가와 실제로 제가 하는 일 사이에는 아무런 연관성도 없어 보였죠." 직원 평가를 두고 테사Tessa는 이렇게 말했다.

공식적이고 문서화된 직원 평가는 판단에 대한 우리의 집착을 바탕으로 한다. 이론상으로는 구성원의 판단을 탐색해 가는 과정이지만, 실제로는 직원들로 하여금 자신에 대한 다른 사람의 판단을 의식하게 만든다. 평가 항목에는 생산성(인위적으로 측정), 리더십, 협동심('조직적 시민의식'이라고도 한다) 등이 포함된다.

평가 과정에서 구성원은 스스로를 직접 평가하기도 한다. '무엇에 뛰어난가?', '추가적인 지원이 필요한 부분은 어디인가?' 등과 같은 다면 평가, 즉 평가가 공동으로 이루어지며 각 참석자의 판단이 모두 반영되는 형식은 '힘의 균형'이라는 측면을 전혀 고려하지 않은 것이다. 직장에서는 어느 한 사람의 판단이 다른 사람의 판단보다 훨씬 큰 힘을 갖는다. 공식 평가에서 임금이나 승진에 영향을 받는 대상은 평가를 하는 쪽이 아니라 평가를 받는 쪽이다. 가족이나 친구, 부부 등 모든 인간관계에서는 힘에 대한 다음 질문, 즉 '누구의 판단이 더 중요한가?'가 반드시 따라온다. 이를 두고 테사는 이렇게 언급했다. "직원 평가에 쓸데없이 너무 많은 에너지를 쏟아 버린 것 같아요. 제 말은 크게 반영되지도 않을 텐데 말이죠. 한낱 저의 판단이 윗분들의 결정에 뭐 대단한 영향을 미치겠어요? 그럴 리 없죠. 절대 그런 일은 없어요."

분노를 부르는 부정적 평가와 깔보는 칭찬

◊

식료품 바이어로 일하는 스물여덟 살의 덩컨Duncan은 얼마 전부서 팀장 레슬리Leslie로부터 업무 평가를 받았다. 그리고 이틀 후 해고를 예상하며 나름의 결론을 내렸다. '길어야 6주 뒤면 쫓겨나겠군. 그런데 레슬리보다야 내가 나은데? 그 사람은 기본적으로 자신감이 없어. 차림새는 또 얼마나 후줄근하다고. 그렇게 비싼 옷을 입으면서 태가 안 나기도 참 힘든데 말이야. 그만큼 사람이 별로야. 내가 백배는 낫지. 일도 훨씬 잘하고. 그래, 난 괜찮아. 이제는 내 아이디어를 적

극적으로 수용해 주는 그런 곳을 찾아볼 거야.'

디자인 회사의 컨설턴트로 일하는 서른 살의 샤론Sharon도 최근 업무 평가를 받았다. 해고 사실을 미리 통보받지는 못했지만 몇 가지 불길한 징조는 느꼈다고 했다.

"정말 벼락을 맞은 느낌이었죠. 그리고 지금까지 생각해요. '미리 알았다면, 지금보다는 상황이 나았을 텐데. 적어도 계획은 세울 수 있었을 텐데' 하고요. 가장 극단적인 비난을 받은 셈이죠. 하지만 이제 와서 제가 할 수 있는 일은 없어요. 그저 저라는 존재가, 저의 생각이 회사와 맞지 않았고, 또 시간이 흘러도 크게 변하지 않을 것 같다는 판단이 결국 해고로 이어지지 않았을까요? 사실 디자인 업계에서는 이런 일이 흔해요. 경기를 많이 타기 때문에 조금이라도 상황이 안 좋아지면 소위 높으신 분들이 빙 둘러앉죠. 그러고는 저항할 힘이 없는 직원들 중에 몇 명을 골라 남길 사람과 버릴 사람을 정해요. 저 역시 회사의 선택을 받지 못했다는 것에는 자존심이 상하지만, 그냥 저와 맞지 않았던 곳이라 생각해요. 그래서 괜찮아요. 이곳에서 경험도 많이 했고 월급도 받았잖아요. 공짜로 일한 거 아니니까요. 물론 제가 원하는 만큼, 제가 쏟은 시간만큼은 아니었지만 최소한 빚을 지고 살지는 않았어요. 이제부터는 제가 정말 잘할 수 있는 일, 그리고 저와 꼭 맞는 회사를 찾아볼 거예요."

덩컨과 샤론은 둘 다 충돌 감소를 위한 노력(자기 자신에 대한 스스로의 판단과 상대방의 판단이 충돌하는 경우, 이 간극을 줄이기 위한 노력 - 옮긴이)에 지나치게 많은 에너지를 쏟고 있었다. 이들은 직장에서 받은 부정적인 평가와 '나는 칭찬받을 만한 사람'이라는 스스로의 믿음을 일치시키려 노력했다. 비난이 너무 괴롭고 아프면 우리는 종종 본래의 모습에서 침도 뽑고 독도 빼서 충분히 수용할 수 있는, 전혀 다른 형태의 비난으로 다시 만들어 놓는다. 이 과정에서 비난받을 당시의 순간을 몇 번이고 곱씹는다. 또 남편과 아내, 친구 등 자기중심적인 나의 생각을 지지해 줄 수 있는 사람들과 이야기를 나눈다. 덩컨의 경우 자신을 쓸모 없는 인물로 간주한 회사의 평가를 완전히 다르게 해석했다. 그는 자신에 대한 '능력 없음'이라는 판단을 평가자의 '무능'에서 비롯된 오판으로 돌려 버렸다. 이처럼 자존감에 상처를 낸 사람의 성격과 판단, 의도, 심지어 외모까지 의심하며 자신을 보호하는 방식은 전형적인 방어책이다.[30]

레슬리에 대한 비난은 덩컨의 마음에 위안을 줄 수 있다. 하지만 방어적인 태도는 경험을 통해 배울 수 있는 학습 능력을 제한한다. 덩컨 역시 자신의 부족한 부분을 여전히 모르고 있다. 조언을 들어도 마찬가지다. "다른 바이어들은 높은 수익을 낸 반면, 제가 들여온 물건은 많이 안 팔렸다더군요. 말도 안 되는 소리예요. 레슬리는 자기가 무슨 말을 하고 있는지조차 제대로 모를걸요."

샤론도 덩컨처럼 충돌 감소를 위해 많은 노력을 기울였지만 그 방식은 전혀 달랐다. 샤론은 자신의 평가자를 일종의 악당으로 치부하지는 않았다. 그녀는 이 같은 해고 방식이 디자인 업계에서는 꽤 흔한 일이라며 일단 수긍하는 태도를 보였다. 팀장이 자신의 결점을 지적하는 행위도 비난하지 않았고, 비난의 화살을 팀장에게 돌리지도 않았다(덩컨은 팀장을 '자신감 없는 사람'으로 몰았다). 대신 회사의 고용 및 해고 패턴을 관찰하며 자신의 부주의를 질책했다. '왜 이런 일이 생길 거라고 예상하지 못했을까?' 그리고 지금 생각해 볼 수 있는 긍정적인 측면에 주목했다. 이를테면 월급 덕분에 최소한 빚이 늘어나는 것은 막을 수 있었다는 사실 등이다. 이후 샤론은 앞으로의 새로운 가능성에 주목했다.

이처럼 충돌 감소 방식은 개인마다 다르게 나타난다. 덩컨과 샤론은 남자와 여자의 반응 차이를 매우 사실적으로 보여 주고 있다. 보통은 여자가 남자에 비해 평가 결과를 모욕적으로 받아들이고 칭찬에 의존적이며, 비판에는 지나치게 민감한 반응을 보인다고 생각한다. 하지만 직장인들을 직접 인터뷰해 본 결과 전혀 아니었다.[31] 부정적인 평가도 여자들이 남자들보다 훨씬 더 침착하게 받아들였다.[32]

일부 전문가들은 이 같은 결과가 남녀의 성향 차이에서 비롯된 것이라고 본다. 즉, 여자들은 대체로 자신의 능력을 과소평가하는 반면 남자들은 과대평가하는 성향이 강하다는 것이다.[33] 평가에 대한 반응 차이도 중립적이거나 부정적인 평가에 여자들이 좀 더 익숙해져 있기 때문에 나타나는 현상이다.[34] 샤론은 팀장에게 자신의 노동 가치를 '최소'로 평가한 이유에 대해 물었고, '더 많은 고객을 끌어올 수 없다고 생각해서'라는 답을 들었다. 샤론은 놀라지 않을 수 없었다.

샤론이 동료와 함께 낸 아이디어로 큰 고객사를 두 곳이나 확보한 게 불과 얼마 전의 일이었기 때문이다. 하지만 팀장은 모든 공로를 남자 동료에게만 돌렸고 샤론의 업무는 보조적인 역할로 단정지었다. 물론 이 같은 평가에 샤론은 쉽게 수긍할 수 없었다. "정말 큰 괴리감이 느껴졌어요. 화도 났고요. 하지만 제가 뭘 어쩌겠어요. 윗선의 평가이니 따를 수밖에요."

연구 결과 여자들은 은근히 깔보는 듯한 칭찬을 들었을 때 남자들보다 훨씬 민감하게 반응했다. 싱크탱크에서 근무하는 펠리시티 Felicity는 얼마 전 최고경영자로부터 선견지명이 있다는 칭찬을 받았다. 고객사가 일방적으로 요구한 자료까지 미리 준비해 프리젠테이션을 성공적으로 이끌었다는 것이었다. 하지만 그녀는 상사의 칭찬에 기쁘기는커녕 분노가 치밀었다. "내가 이런 부분까지 꼼꼼히 따진다는 걸 이제야 안 거야? 보조 자료만큼은 늘 철저하게 준비해 두고 있었는데!" 대학에서 상담 업무를 하고 있는 케이티 Katy도 비슷한 경험을 했다. "학생들을 다루는 방식이 정말 인상적이었어요. 제 몫을 훌륭히 해 주고 있는 상담사가 있어 아주 든든합니다." 이 같은 학장의 칭찬에 케이티는 전혀 기쁘지 않았다. 오히려 기가 막혔다. "고작 이런 걸 두고 인상적이라니. 내가 처리했던 것 중에 가장 간단한 업무였다고! 학장 눈에는 내가 이런 사소한 일이나 하는 사람으로 보였던 거야?"

루시 켈러웨이 Lucy Kellaway가 연구한 결과 직장에서는 적절한 표현으로 칭찬을 하기가 매우 어려운 것으로 나타났다.[35] 켈러웨이의 한 친구는 상사의 칭찬을 두고 아주 쉬운 업무 처리나 직장인으로서 당연히 갖춰야 할 근면성을 치켜세운다며 볼멘소리를 했다. 이런 칭찬을 들으면 마치 애정공세를 줄기차게 받다가 결국에는 불쾌함만 남는 기분이 든다. 그렇다면 무엇이 이 친구의 마음을 우울하게 한 것일까? 첫 번째는 아무리 쉬운 일도 당연시되어서는 안 된다는 생각, 두 번째는 어려운 일을 곧잘 했지만 지금은 의욕도 없고 설령 무언가 해 낸다 해도 다른 사람들 눈에 띄지 못할 것이라는 생각이다. 가까운 사이에서와 마찬가지로 직장에서의 칭찬도 매우 복잡하다. 상대방의 칭찬이 자신의 목표와 가치, 자존감과 조화를 이루지 못하면 그 칭찬은 비난만큼이나 모욕적으로 다가올 수 있다.[36]

직장 내 성적 편견

◊

철저한 준비성을 지닌 펄리시티의 경쟁력에 놀란 팀장이나 샤론의 업무 기여도를 간과한 팀장이나 상대를 편향된 시각으로 대했을 가능성은 그리 높지 않다. "여자 직원들 업무는 남자들 일보다 가치가 낮아." 이런 식의 말도 절대 내뱉지 않을 것이다. 하지만 내재된 편견은 우리의 판단에 자동적으로 스며든다.

이처럼 내재된 편견의 시각을 확인하는 한 가지 방법으로 '내재적 선호 측정 기법(흔히 IAT 기법으로 통칭)'이 있다. 이 기법은 긍정적 혹은 부정적 특징을 얼마나 빨리 연관시키는지 그 속도를 측정하는 방법이다.[37] 이 과정에서 특정 유형에 대한 우리의 내재적 편견이 고스란히 드러난다. 이를테면 남자에 대한 여자의 편견, 흑인에 대한 백인의 편견, 백인에 대한 아시아인의 편견, 평범한 사람에 대해 매력 있는 이들이 지닌 편견 등이다. 참가자들은 대개 그 결과에 놀라움을 금치 못한다.

IAT 기법을 적용해 보면 가장 흔히 드러나는 것이 직장에서의 성적 편견이다. 특정 역할과 능력에 남자와 여자를 결부시키는 속도를 측정해 보면, 남녀를 막론하고 대개 여자는 내조, 양육 등의 단어와, 남자는 사회생활, 리더십, 권력 등의 단어와 빠르게 결부했다. 예전과 크게 달라진 게 없는 셈이다.[38] 적극적인 의지를 갖고 이를 극복하기 위해 노력할 때조차 편견은 우리의 무의식 속에 남아 활동을 이어 간다.

여자들이 직장에서 어려움을 겪는 것은 남자들보다 비판에 민감해서가 아니다. 여자가 남자보다 능력이 없다는 윗선의 의식적 판단 때문도 아니다. 여자들이 야망이나 용기가 부족해서도 아니다. 그것은 남녀를 막론하고 여자들의 능력이 갖는 힘과 영향력을 뒤늦게 인지하는 경향이 아직도 강하기 때문이다. 보통 다른 사람의 능력과 잠재력을 판단할 때는 내재적 편견이 작동하는 경우가 많다. 그래서 고용주는 여자 직원의 제안 사항이나 업무 기여도는 간과하고 보조적인 역할로 치부해 버린다.[39] 이는 칭찬과 비난의 분배에도 상당한 영향을 미친다.

편견은 왜 쉽게 없어지지 않는가

◇

판단 과정에서 편견이 쉽게 사라지지 않는 이유는, 꽤 유용한 학습 체계를 기반으로 판단한다는 데 있다. 우리의 생각은 스키마Schema, 즉 경험을 보다 효과적으로 처리하고 배열하는 패턴을 통해 정보를 흡수한다. 이 같은 정신적 스키마는 예상되는 정보가 무엇인지 미리 보여 주는 역할을 한다. 이 과정을 거치지 않는다면 우리는 테이블이나 의자, 연필 등의 지극히 일상적인 사물을 인지하는 데에도 상당한 어려움을 겪을 것이다. 또한 스키마는 사람들 간의 상호작용에도 많은 도움을 준다. 상대방이 무슨 말을 할지, 어떤 행동을 할지 예상하고 반응하는 과정에 활발하게 이용되기 때문이다. 이처럼 스키마는 대인 관계에서 일종의 지표 역할을 하는데, 그 속에 쌓여 있는 무수한 '연관 언어'로 인해 우리의 판단이 왜곡되기도 한다.

심리학자 코델리아 파인은 정신적 스키마를 갓 태어나 한데 뒤엉켜 자는 강아지들에 비유한다.[40] 잠든 무리 속에서 한 마리가 깨어나면 다른 강아지들도 하나둘 깨어나 움직이기 시작한다. 우리의 생각 저장소인 스키마도 이와 비슷한 방식으로 작동된다. 이런저런 경험들, 다른 사람의 생각에 노출되는 과정, 각종 기사와 영화, 책으로부터 습득하는 문화적 표현 등을 통해 수많은 연관 언어가 스키마 속에 축적되고, 이들 언어는 마치 강아지 무리처럼 한 번에 깨어난다. 여자, 아시아인, 동성애자, 기독교인, 유대인, 무슬림 등 특정 무리에 대한 언급을 할 때도 스키마에 저장된 정보가 자동적으로 연상된다. 각 개인을 완전히 새로운 눈으로 공정하게 바라본다고 생각할 때조차도 마찬가지다. 우리 뇌가 상대방을 해석하고 판단하는 어려운 임무를 수행할 때면, 긍정적으로든 부정적으로든 확고하게 자리 잡은 연관 언어가 순간적으로 개입한다.

일반적으로 편견은 사람의 마음속에 깊이 뿌리내려 쉽게 변하지 않을 거라 생각하지만 작은 불씨로 인해 갑자기 생겨날 수도 있다. 예를 들어 몸매가 좋은 모델의 사진을 보고 나면 여성의 몸에 대한 관심이 좀 더 생겨난다. 또 텔레비전 광고에 바보같이 행동하는 여성이 등장하면 여성의 지적 수준에 대한 기대가 낮아진다. 마찬가지로 당당한 여성 리더 이미지에 노출되면 이후에는 보다 자연스레 여성과 리더십 자질을 연관 짓는다.[41] 이처럼 편견은 그 모습을 수시로 달리하기 때문에, 변하지 않도록 붙잡아 둔다는 건 거의 불가능하다.

여성을 향한 불공정한 편견

◊

올해 마흔아홉 살인 미셸Michelle은 한 엔지니어링 컨설팅 회사와 파트너십 체결을 추진 중이다. 꽤 오랜 시간 이쪽 업계에서 일해 온 미셸은 편견과 그로 인한 판단이 어떤 식으로 반복되는지 수없이 체험했다. 편견은 어느 순간에는 아주 강렬하게 나타났다가 또 어느 순간에는 보일 듯 말 듯 그 형체가 옅어졌다. "대부분의 고객사와 협력 업체는 적극적으로 환영하며 도와줍니다. 때로는 엔지니어링 업계에 종사한다는 것만으로 이득을 볼 때도 있어요. 저는 여자니까요. 그냥 제 일을 하는 것뿐인데 사람들은 신기한 눈으로 쳐다보고, 또 실제 결과보다 더 좋게 봐주기도 합니다. 여자의 몸으로 이런 일을 한다는 것 자체에 놀라는 거죠. 그 정도 시선쯤은 괜찮아요.[42] 하지만 제 의지를 꺾어 버리는 일도 종종 있어요. 보수적인 남자들은 자신의 행동이 아주 신사다워야 한다고 생각하죠. 한번은 면접을 보러 갔는데, 남자 면접관 한 명이 씩 웃어 보이더니 제 의자를 빼 주며 이렇게 말하더군요. 이번 주에 만나 본 많은 구직자들 중에 제가 가장 호감형이라고요. 심지어 신발이 예쁘다는 칭찬을 받은 적도 있어요. 그때 면접관은 여자였지만요. 이런 식의 칭찬은 전혀 달갑지 않아요. 오히려 분위기를 망치는 경우가 대부분이죠."

아직도 수많은 여성들이 직장 내에 은밀하게 파고든 각종 편견들에 시달리고 있다.[43] 입사 면접에서 외모로 칭찬을 받은 미셸의 경우처럼, 업무와 무관한 부분에 대한 칭찬은 듣는 이로 하여금 스키마 속 연관 언어가 작동되게 한다. 근래 들어 여성에 대한 편견의 문제점을 많은 사람들이 인식하기 시작하면서 전체적인 문화의 흐름도 변화하는 추세다.[44] 그 결과 우리의 뇌 역시 여성 편견과 관련된 스키마 속 패턴 확립을 거부하고 있다. 미셸은 다음과 같이 말했다.

"아주 큰 변화가 한 가지 생겨났어요. 요즘에는 상대가 여자라고 한 수 가르치려 들거나 열외로 취급하면, 굳이 본인이 나서지 않아도 주위에서 난리가 나요. 정말 위안이 되죠. 공격당한 여자를 대신해서 주변 남자들이 강편치를 날려 주거든요. 20년 전과 비교하면 큰 변화랍니다."

그러나 모든 편견을 없애기에는 아직 역부족이다.[45] 여전히 많은 사람들은 누군가를 판단할 때 '어떤 무리에 속해 있는가?'를 칭찬의 기준으로 삼는다. 최근 진행된 한 연구에 따르면 학계의 과학자들조차 지원자를 평가할 때는 성적 편견을 여지없이 드러냈다.

분야에 상관없이 어떤 학계든 공석이 생기면 가장 적합한 인물을 선발하려 애쓴다. 과학 분야도 마찬가지다.[46] 여기서 적임자라 함은 대개 학교의 명성에 걸맞은 영향력 있는 논문을 발표한 적이 있고, 발전 가능성이 충분하며, 기존 연구진과 협력하여 연구를 수행할 수 있는 사람을 일컫는다. 채용위원회에 속한 남녀 위원들도 모두 과학자로서 누구보다 이성적으로 사고하며 각종 편견을 타파하기 위해 앞장서는 사람들이다. 포상이나 칭찬이 제한된 경우에는 최대한 합리적으로 분배하기 위해 노력하기도 한다. 이들 대부분은 수학 및 과학 능력에 있어 남녀의 본질적 차이는 극히 미미하거나 아예 없다는 데 동의한다.[47] 그럼에도 여전히 '제니퍼Jennifer'보다는 '존John'의 합격 가능성이 훨씬 높다.[48]

또 다른 연구에서는 총 127명의 세계 유수 대학 이공계 교수들이 신임 교원을 선발하는 과정을 살펴보았다. 평가는 다음의 항목을 기준으로 이루어졌다. '지원자의 경쟁력은 무엇인가?' '연구 이력의 가치는 어느 정도인가?' '잠재력이 있는가?' '각 지원자의 초봉 적정선은 대략 얼마인가?'[49] 조사 결과, 심사자들은 똑같은 지원자를 두고도 성별이 남자로 표기된 경우 더 경쟁력이 있다고 평가했다. 초봉도 마찬가지였다. 동일한 지원자를 성별 표기만 바꾸었더니, 남자 지원자에게 더 높은 초봉을 제시했다. 멘티의 성별 역시 여자보다는 남자를 더 선호하는 것으로 나타났다. 요컨대 똑같은 지원자라도 남자로 인식하느냐 여자로 인식하느냐에 따라 완전히 다르게 평가한 것이다.

이 같은 판단은 여성의 능력에 대한 의식적 편견이나 여성을 배제하려는 고의적 태도에서 비롯된 게 아니다. 우리의 판단을 돕는 여러 정보들이 처리되는 과정에서 전혀 의도치 않게, 의식하지 못한 틈으로 불공정한 편견이 파고든 것이다.

첫인상이 결정하는 모든 것

◇

고정관념은 상대방이 어떤 사람인지, 어떤 행동을 할 것인지 등을 추측하는 데 방해 요인으로 작용한다. 다른 사람의 고정관념에 적극적으로 대항하는 경우 오히려 별난 사람이라는 비난을 받기도 한다. 똑같은 행동을 하고도 여성 총리는 '기가 세다'라고 손가락질을 받지만 남성 총리는 '강인하다'라는 칭찬을 듣는다.[50] 편견의 시각으로 보면, 여자는 힘을 드러낼 수 없는 존재인 반면 남자는 얼마든지 힘을 자랑할 수 있는 존재다.

고정관념은 스스로에 대한 판단에도 부정적인 영향을 끼친다. 우리의 내면에 존재하는 또 하나의 눈, 다시 말해 사회적, 문화적 기준을 끊임없이 들이밀며 다른 사람이 자기에게 기대하는 바가 무엇인지 속삭이는 내적 존재는 우리 판단에 서서히 침투한다. 그 결과 시선이 왜곡되며, 다소 복잡하고 개인적인 판단을 하기가 어려워진다. 그런데 이 같은 편향된 시각은 보통 우리 주변의 아주 사소한 것들에서 드러난다.

일반적인 고정관념에 따르면 여자들은 대개 수학에 약하다. 물론 이 같은 고정관념에 당당히 반기를 드는 여자들도 있겠지만, 이들 역시 영향력에서 자유롭지 못하다. 이와 관련된 놀라운 연구 결과가 있다. 한 정량적 검사에서 여자들은 시작 전에 성별을 기록하도록 했다.

그런데 여성이라는 성별을 기재하는 것만으로 고정관념을 촉발시켜 검사 결과에 영향을 미치기에 충분했다.[51] 참가자들의 점수는 '여성' 혹은 '남성'으로 성별을 적지 않았을 때에 비해 훨씬 낮게 나왔다. 시험에 응시하는 여성의 숫자가 남성보다 적은 때에도 그 반대의 경우보다 낮은 점수를 보였다. 응시 숫자가 적다는 것 자체가 '여자는 수학을 못한다'라는 고정관념을 부추기는 구실로 작용했기 때문이다. 여자들의 행동이 다소 어리석게 묘사된 광고를 보거나 스웨터 대신 수영복을 입고 문제를 푼 경우, 평범한 복장으로 시험에 응한 여자들보다 그 결과가 턱없이 낮게 나왔다. 그러나 남자들은 수영복이든 평상복이든 시험 점수는 복장과 아무런 상관이 없었다. 남자라는 성별을 강조하는 것이 수학적 능력에 대한 부정적인 편견을 촉발하지 않았기 때문이다.[52]

우리의 판단은 침투력이 매우 강하다. 그만큼 서로에게 쉽게 영향을 미친다. 스스로는 부정적인 고정관념에 저항한다고 생각하겠지만 어느 순간 보면 고정관념이 내면화되어 있다. 그래서 공부 잘하는 사춘기 소녀도 과학은 자신과 맞지 않다며 포기해 버리고, 잘나가는 직장 여성도 승진은 못할 것 같다며 지원서조차 안 낸다. 고정관념에 끊임없이 대항해 온 여성들조차 어느 순간에는 그 덫에 걸려들고 마는 것이다. '철의 여인'으로 불리는 마거릿 대처Margaret Thatcher가 대표적인 인물이다. 대처는 자신의 가늘고 앳된 목소리를 좀 더 굵고 무게감 있는 목소리로 바꾸고 싶어 별도의 훈련까지 받았다. 또 여성에 대한 편견 섞인 발언도 서슴지 않았다. "실제로 저는 그렇게 드세지 않아요. 그런 여자들은 저도 싫은걸요."[53] 여성스럽고 부드럽게 말하면 힘없고 능력 없는 존재로 비칠 가능성이 높다. 그렇다고 단호한 태도로 자신감 있게 말하면 십중팔구 꼴사나운 여자로 매도당한다. 이처럼 고정관념 속 뿌리 깊은 편견은 우리의 판단 장치를 왜곡한다. 이 편견에 갇힌 사람들은 그것을 행동으로 어떻게 표출하느냐는 상관없이, 이미 부정적 판단의 덫에 걸려들고 만다.

낯선 사람을 마주했을 때 나타나는 접근 및 회피 성향은 생존을 위한 원시적 판단과 관련이 있다. 위기의 순간에서 보다 효과적으로 살아남으려면 다가가도 괜찮은 사람인지 피해야 하는 사람인지 아주 빠르게 평가해야 한다. 그래서 우리는 누군가를 처음 대면할 때 대개 7초 안에 그 사람의 외모와 목소리, 자세 등을 관찰하며 호감이 가는지, 믿을 만한지, 능력이 있는지, 공격적이지는 않은지, 친절한지 등 여러 가지 특징들을 파악한다.

지난 30년 동안 경험 법칙을 바탕으로 한 신속한 판단에 관해 연구가 활발히 진행되어 왔다.[55] 하지만 진화의 역사 혹은 개인의 역사에서는 이것이 유용하게 사용되었을지 몰라도, 오늘날 칭찬과 비난을 공정하게 분배하는 데에는 오히려 상당한 방해 요인이다. 나는 면접을 보러 가면 면접장에 들어가는 순간 첫인상으로 이미 호감도나 직무 적합성, 경쟁력 등이 결정되는 듯한 느낌을 많이 받았다. 그 이후에 내가 어떤 말과 행동을 하든 처음 1~2초 사이에 형성된 판단에 거의 영향을 주지 않는듯 했다.[56] 앞서 언급한 스키마 속 연관 언어가 작동하는 것 같았다. 마치 자기 손에 따뜻한 커피를 들고 있으면 그 기운이 전해져 상대방을 따뜻한 사람으로 여기고,[57] 차가운 커피를 들고 있으면 상대방도 차가운 사람으로 평가하는 것과 같이 말이다.[58]

과거 20세기에는 무의식을 대체로 의식적으로 금지된 욕망이나 감정이 들끓는 가마솥에 비유했다. 이처럼 인정받지 못한 내재된 힘은 기이한 강박적 행동이나 말실수, 생생한 꿈으로 나타나곤 했다. 그러나 지난 30년간, 인간의 무의식은 우리의 판단을 형성하는 신속한 반응 동력으로 재평가되었다. 인간의 뇌는 기억 및 연상 작용과 관련된 저장 공간을 이용하여 복잡한 사회 환경을 탐색해 나간다. 그러나 생존을 좌우하는 핵심 메커니즘이 우리의 판단을 편견에 취약하게 만들기도 한다.

지위가 높을수록 건강하다

◊

직장에서의 하루 업무가 끝나고 나면, 비로소 우리는 판단의 스트레스에서 벗어난다. 친구와 이야기를 하거나 연인이나 배우자와 밥을 먹고, 인터넷 서핑을 하거나 텔레비전이나 잡지를 보면서, 또 쇼핑을 하면서 온종일 시달렸던 압박에서 해방된다. 이 순간만큼은 나 자신은 물론 다른 사람의 판단을 감시하고 조정하는 지루한 일상을 잠시 미뤄 둔다. 다른 사람의 판단을 살피고, 의문을 제기하며, 다시 수정하는 것은 상당한 에너지가 소모되는 일이다. 그래서 퇴근 후에 마주하는 편안한 관계에서는 내면의 판단 장치가 서서히 작동을 멈춘다. 마치 졸음이 밀려오는 고양이처럼 말이다. 이때는 일과 중에 겪었던 지극히 사소한 판단조차 다시 떠올리고 싶어 하지 않는다. 어차피 나의 본 모습과는 별로 상관없는 것일 테니 대수롭지 않게 취급해 버린다. 그렇지 않은가?

자신이 속한 집단에 조화롭게 어울리고, 다른 사람에게 긍정적으로 평가받고자 하는 욕구는 성관계에 대한 욕구만큼이나 강하다.[59] 그래서 직장에서 기대하는 만큼의 칭찬을 받느냐는 우리의 건강과 수명에도 영향을 준다. 실제로 1980년대에 진행된 다수의 연구가 이 사실을 뒷받침한다. 위계질서가 강한 조직에서 근무하는 사람들의 심장병 발생 원인을 조사해 보니 판단에 대한 민감도와 깊은 상관관계가 있었다. 당시에는 높은 지위에 있을수록 많은 스트레스에 시달리며 이것이 건강에 치명적인 위험으로 작용한다고 믿었지만, 연구 결과는 전혀 달랐다.

건강 불평등을 연구하는 세계적 권위자인 마이클 마멋Michael Marmot 런던 대학교 교수는 영국 공무원 가운데 심장병을 앓고 있는 사람들을 조사해 이들의 전체적인 건강 상태와 수명을 관찰했다.[60] 그 결과 스트레스 때문에 건강이 악화된 이들은 조직 내 상위계층이 아니었다. 물론 높은 지위의 공무원은 엄청난 책임감과 수많은 요구들에 시달리고 있었다. 그러나 이들은 스트레스 관련 질병으로부터 보호받고 있는 듯 보였다. 정작 건강을 가장 위협받고 있는 계층은 중하위층 근로자들이었다.

마멋 교수의 관찰 결과 이들이 고위직 구성원보다 더 많은 스트레스에 시달리는 이유는 힘이 없기 때문이었다. 요컨대 권력의 무게에서 오는 책임감보다 권력의 부재에서 오는 박탈감이 건강에 더 좋지 않았던 것이다. 가진 힘이 적다는 것은 지위가 낮다는 것을 의미했다. 또 아무리 열심히 일해도 인정을 받거나 신뢰를 쌓기가 힘들다는 것을 뜻했다. 과도한 책임 때문에 건강이 위협받을 것이라 예상됐던 고위직 구성원들은 오히려 칭찬과 비난의 권력 구조로부터 상당한 이득을 보고 있었다. 존경이나 인정의 형태로 전해지는 칭찬의 메시지가 이들을 질병의 위험으로부터 보호하고 있었던 것이다.

마멋 교수는 예상 밖의 결과에 놀라움을 금치 못했다. 그래서 동일한 주제로 다른 나라의 조직과 기관에서 실시한 연구들과 비교해보았다. 미국과 호주, 러시아, 일본, 인도 남부 등 세계 여러 나라의 수치를 살펴본 마멋 교수는 한 가지 결론에 이르렀다. 곧 생존에 대한 기본적인 욕구가 충족되고 나면 개인의 행복은 사회적 계급 내 서열에 의해 좌우된다는 것이었다. 그래서 지위가 높을수록 질병에 걸릴 위험은 낮아지고 지위가 낮을수록 건강이 나빠져 수명이 단축될 가능성이 높아졌다.

또한 마멋 교수의 연구 결과 노벨상처럼 많은 사람들이 인정하는 상을 받는 경우 수명이 대략 4년 늘어났다.[61] 반대로 낮은 지위는 수명에 '유해한 요소'로 작용했다. 지위가 낮으면 실망과 낙담이 빈번하게 찾아오고, 다른 사람에게도 쉽게 무시당한다. 이것은 '혼 효과 Horns Effect'[62]로 이어질 가능성이 높다. 즉, 낮은 지위 때문에 여러 장점들이 제대로 빛을 발하지 못한 채 부정적인 모습으로만 비치게 된다. 이 모든 것이 결국 건강에 좋지 않은 영향을 미친다.

흡연이나 음주, 비만, 운동 부족 등 건강에 유해한 다른 요소들도 낮은 지위에서 비롯되는 경우가 많다. 담배를 피우고 술을 마시고 음식을 먹는 것은 우리에게 위안을 준다. 이것들은 자존감이나 사회적 위치에서 얻지 못하는 기쁨을 대신한다. 낮은 지위로 인해 우울감에 빠지면 운동에 대한 욕구도 사라진다. 이처럼 일상 속에서 겪는 칭찬과 비난의 경험은 좋은 쪽으로든 나쁜 쪽으로든 우리의 행동에 영향을 끼친다. "흡연의 가능성은 높은 지위보다는 낮은 지위에 있을 때 더 올라간다." 마멋 교수가 내린 결론이다.[63]

마멋 교수의 초기 연구 결과 남성의 사회적 지위는 직업의 본질과도 밀접한 관련이 있었다. 이후 진행된 연구에서 여자도 남자와 마찬가지로 지위에 상당한 영향을 받는 것으로 밝혀졌다. 하지만 지위를 해석하는 방식은 남자와 여자가 전혀 달랐다. 여자의 경우 일반적인 사회적 지위에 집중하는 경향이 강했다.[64] 직장이나 일반 대중 사이에서 자신의 위치는 크게 신경 쓰지 않았다.

남녀를 막론하고 지위란 올림픽 메달처럼 무언가 크고 대단한 것을 의미하지 않는다. 지위나 자존감은 일상 속에서 주고받는 사소한 칭찬과 비난이 쌓여 만들어진다. 우리는 출근했을 때 동료들의 반응과 사람들이 나에게 말하는 방식, 내가 회의 중에 낸 의견이 수용되는지의 여부를 확인하며 스스로의 지위를 파악한다. 또한 다른 사람들로부터 존중받고 있는지, 열심히 노력한 공로를 인정받는지, 목표를 세웠을 때 이를 지지해 주고 기대해 주는 동료가 있는지, 나의 판단이 중요하게 받아들여지는지 등을 관찰하며 직장 내에서의 자기 위치를 가늠한다.

보통 지위는 부나 권력에서 오는 것이라고 생각한다. 하지만 실상은 그렇지 않다.[65] 남들과 비교했을 때 느끼는 칭찬의 정도, 그리고 다른 사람으로부터 받는 무조건적인 신뢰의 여부로 지위가 결정된다. 높은 지위에 있는 사람들은 상대적으로 노력이나 성과를 인정받기 쉽다. 다양한 사회 활동에 참가하면서 긍정적인 평가를 받을 기회도 많다. 설령 주목받지 못하거나 문제를 일으킨다 해도 이들은 '후광효과Halo Effect'의 혜택을 볼 가능성이 높다. 누구나 존경하는 인물을 판단할 때는 무의식적으로 단점도 장점으로 해석하는 경향이 있다.[66] 그런데 이 같은 무조건적 신뢰는 우리 모두에게 필요한 것이다. 칭찬받을 만한 장점 몇 가지로 단점까지 보완할 수 있기 때문이다.

돈이 칭찬을 상징하는 경우, 지위나 상대적 자존감은 돈과 직결

될 수밖에 없다.[67] 작가 알랭 드 보통Alain de Botton은 지위란 칭찬에 흐르는 사랑을 표현하는 것으로 정의했다. 지위를 통해 우리는 한 집단의 소중한 구성원이라는 사실을 확인하고, 내가 믿고 의지하는 사람들이 나의 존재를 기뻐한다는 확신을 갖는다. 낮은 지위, 혹은 냉대감에서 오는 스트레스는 결국 사람들에게 무시당하거나 버려져 홀로 남겨지기 쉬운 취약성에 기인하는 셈이다.[68]

성공하는 조직에는 적절한 칭찬과 비난이 있다

◊

하버드 대학교의 정신과 전문의 조지 밸리언트George Valliant 교수는 무려 50년 이상 성인 발달 연구를 진행해 왔다. 이 과정에서 그는 칭찬을 즐기는 것만큼 비난을 받아들이는 것도 중요하다는 사실을 알게 되었다. 비난을 수용할 능력이 없을 때 우리의 판단 장치는 제 기능을 하지 못했다. 이와 관련해 밸리언트 교수는 다음과 같이 언급했다. "비난을 하는 쪽은 다 나름의 이유가 있습니다."[69]

하지만 조직 내에서 비난을 수용하는 것은 점점 드문 일이 되어 가고 있다.[70] 로자베스 모스 칸터Rosabeth Moss Kanter는 구성원 각자가 조직의 변화를 고려하기보다 서로를 비난하는 데 앞장설 경우 어떤 결과가 뒤따르는지 설명했다.[71] 가령 홍보 팀은 매출 감소로, 회계 팀은 적자 운영으로 비난받고 있다고 가정해 보자. 이런 상황에서는 어디에 어떤 문제가 있는지 한 발 물러나 생각해 볼 수 있는 분위기가 전혀 조성되지 않는다. 실패의 증거를 앞세운 비난만 가득할 뿐이다. 경영진에서부터 직원, 협력사에 이르기까지 실패 자체를 부인하거나 자기 잘못이 없음을 해명하느라 여념이 없다. 변화의 필요성도 인정하지 않는다.[72]

　조직 내 최고 인력이라 해도 별반 다르지 않다. 비난의 당사자가 평소 존경받는 인물이라 해도 마찬가지다. 에드거 샤인Edgar Schien 교수는 오직 '생존에 대한 불안'이 '학습에 대한 불안'을 넘어설 때만 변화의 수용이 일어난다고 했다.[73] 개인으로든 조직 구성원으로든 비난의 위협에 어떻게 대응하느냐가 생존의 열쇠인 것만은 분명하다. 그러나 비난을 절대 수용하고 싶지 않은 경우라 해도, 비난을 통한 학습을 거부함으로써 발생하는 잠재적 손실을 결코 간과해서는 안 된다.[74]

　직장 내에서 살아남는 방법을 배우는 것은, 보다 큰 관점에서 보면 자신이 맡은 임무를 잘 소화해 내기 위한 일종의 수단이다. 구성원으로서의 생존은 다른 사람의 판단을 이해하는 능력에 달려 있다. 판단이 긍정적인 효과로 이어질 수 있는 방법을 찾거나 판단으로 인해 의욕이 떨어지지 않도록 하는 방법을 찾는 것 등도 조직 안에서의 생존을 좌우한다. 일반적으로 간부 트레이너(팀 역량 극대화를 위한 팀장급 인사 교육 담당자)의 교육에서 가장 강조되는 부분은 차이에 대한 수용이다.[75] 동료들의 각기 다른 성격은 물론, 성격마다 문제에 접근하는 방식, 정보를 처리하는 방법, 우선순위 등도 다를 수 있다는 것을 받아들여야 한다는 것이다. 예를 들어 그렉은 부정적인 결과에, 아지트는 긍정적인 결과에 집중한다고 해 보자. 그렉은 아지트가 거짓말로 속인다고 생각하는 반면, 아지트는 그렉이 회사의 성과를 인정하려 들지 않는다고 느낀다. 또한 미셸은 과거 10년간의 통계자료에 집중하고 가빈은 오로지 자신의 직감에 의존하는 경우, 양측은 서로를 무지하거나 기만적이라고 생각할 수 있다. 하지만 리더 교육에서는 강조점이 전혀 다르다. 리더의 주요 임무는 구성원 간 차이를 최대한 활용하고 각기 다른 역량을 상호 보완적으로 극대화할 수 있는 방법을 모색하는 것이다. 이처럼 팀장과 리더 교육의 강조점이 다른 것은, 구성원으로 하여금 동료들의 판단에 보다 유연하게 반응하게 해서 비난도 기꺼이 수용할 수 있는 분위기를 만들기 위함이다. 하지만 이것은 우리가 해결해야 할 수많은 과제들 중 하나일 뿐이다. 우리가 동료를 판단하는 기준은 업무적인 요소를 훨씬 넘어서기 때문이다.[76]

직장의 종류와 숫자는 개별 가족만큼이나 다양하다. 하지만 사람과 사람이 함께 일하는 곳이라면 어디서나 빠지지 않고 등장하는 몇 가지 화두가 있다. 편애와 책임 전가, 이목 끌기와 따돌림, 수용 및 거부 등이 바로 그것이다. 우리가 직장 내에서 경험하는 판단은 보통 다음과 같은 편향된 생각으로 이루어지는 경우가 많다. '누군가가 나의 매력을 알아볼까? 내 얼굴이 못생긴 사촌과 닮았다고 흉보는 건 아닐까? 내 웃음에서 따스함과 편안함을 느끼는 사람이 있을까? 어릴 적 유치원 선생님과 내가 닮은 것 같다는 이유로? 누군가가 내 목소리를 거슬려 하지는 않을까? 누군가가 내가 말할 때 존경 어린 시선으로 바라봐 줄까? 텔레비전 프로그램이나 책, 정치 등에 관한 내 의견에 귀를 기울여 줄까? 누군가가 내 판단을 무시하지는 않을까?' 사실 이모든 생각은 업무와는 아무런 관련이 없다. 하지만 칭찬을 받을 것인지, 아니면 비난을 받을 것인지와는 아주 깊은 관련이 있다.

성공적인 조직 생활은 다른 사람의 판단을 읽고 반응하는 데 달려 있다. 평소 자신의 판단을 주의 깊게 관찰하면서, 그 판단을 확신해도 되는 순간과 의심해야 하는 순간을 가려내야 한다. 우리는 대개자신의 판단보다는 다른 사람의 판단이 지닌 결함이나 약점을 잡는데 훨씬 능숙하다.[77] 이 같은 맥락에서 다른 사람을 공정하게 판단하고 있는지, 어떤 편견과 맹점이 우리의 시각을 왜곡하고 있지는 않은지, 자신이 지나치게 완고한 태도를 보이고 있는 것은 아닌지 등을 자문해 보는 것은 상당한 겸손과 자기 절제의 표현이다. 판단에 관한 우리 뇌의 작동 원리를 이해한다면 훨씬 현명한 판단을 내릴 수 있을 것이다.

8장

소셜 미디어 : 내면을 피폐하게 하는 끝없는 비교

"오직 팔로워들의 박수갈채만을 기대하며 우리의 마음은
마치 '나를 봐 줘요!'라고 외치는 아이들 수준으로 퇴행한다."

부족한 정보로 하는 판단들

◊

어떤 직업군에서는 지극히 제한된 정보로 사람들을 평가해야 한다. 경찰관, 세관원, 변호사 등이 가장 대표적이다. 이들은 특히 거짓말하는 사람들을 상대하는 경우가 많은데, 상대방의 성향을 제대로 파악하는 것이 성공적인 업무 수행의 열쇠가 된다. 물론 이들의 판단이 늘 완벽한 것은 아니다. 따라서 판단의 신뢰도 역시 매우 다양하게 나타난다.[1]

일반 가정의 고문 변호사인 캐럴린Carolyn은 직업상 재산이나 아이들의 요구 사항, 가족 간 관계 등에 대한 진술의 사실 여부를 가려내야 한다. 이를 위해 특히 일관성 없는 발언을 경계한다. 이를테면 사람들은 "내가 마누라나 때리는 놈으로 보여?"라고 말하다가 "딱 한

번 때렸어요"라고 금세 번복하고, "아내가 모르는 돈은 한 푼도 없어요"라고 말해 놓고는 "비상금 통장으로 딱 하나 가진 게 전부예요"라고 뒤집어 버린다. 판도를 바꾸는 결정적인 정보는 "요 몇 년 동안은 얼마나 잘 참았다고요. 작년에 딱 한 번 코카인을 한 것 말고는요"와 같이 무심코 튀어나오는 경우가 많다고 캐럴린은 말했다. 진실은 증거와 함께한다는 사실도 캐럴린은 잘 안다. 가령 빈집에서 혼자 울고 있는 아이를 발견하고 신고한 이웃에게 "나는 아이만 집에 두는 그런 부모가 아니라고요!"라고 외치며 결백을 주장하는 식이다.

지난 30년간 수많은 일들을 겪어 온 캐럴린은 이제 누구보다 빠른 판단력을 갖추게 되었다. 하지만 그녀는 때로는 거짓말을 그대로 믿어 버리고 진실은 믿지 않는 실수도 저지른다고 솔직히 고백했다. 그러나 잘못된 판단은 오히려 관찰 능력을 더 보완하는 계기가 된다고도 말했다. 상대방을 판단할 때 캐럴린은 먼저 목소리에 귀를 기울이고 얼마나 안정적인지, 음색은 어떤지 유심히 듣는다. 또 소리가 몸의 어디에서 나오는지, 이를테면 가슴 속 깊은 곳에서 나와 내면의 감정까지 전달하는지, 아니면 주절주절할 때처럼 입에서 나오는지를 정확히 파악한다. 다음으로는 자세를 확인한다. 적극적으로 대화하고자 하는 의지가 나타나는지, 방어적인지 혹은 적대적인지, 긴장하고 있는지, 스스로를 지나치게 통제하고 있는지 등을 살핀다. 그러고 나서 눈동자의 움직임을 관찰한다. 대개 사람들은 계속 똑바로 쳐다보는 것이 진실을 말하고 있는 증거라 여긴다. 그러나 캐럴린은 이것이 대부분 정직을 가장하기 위한 고의적 응시라고 단정했다. 진실을 말하는 순간에는 정면을 응시하기보다 아래나 옆을 보는 경우가 많다는 것이다. 캐럴린에게 무엇보다 중요한 것은 자기 판단을 확실하다고 단정짓지 않고 늘 새로운 가능성을 열어 두는 것이다. 그녀는 더 많은 증거를 확인하면서 언제나 자신의 판단을 수정할 준비가 되어 있다.

대개 처음에는 극히 제한된 정보로 사람을 판단한다. 이후 무의식적 판단 장치가 빠르게 작동하면서 상대방의 얼굴이나 목소리, 행동으로부터 다양한 정보를 습득하고 처리한다.[2] 물론 이 중에는 신뢰할 수 있는 정보와 그렇지 않은 정보가 뒤섞여 있다. 앞서 우리는 편향된 생각과 방어적 태도가 합리적인 판단을 어떻게 그르칠 수 있는지 살펴보았다. 그러나 우리는 첫인상은 매우 신중하게 판단해야 하며, 더 많은 정보를 얻게 되면 반드시 재평가 작업이 이루어져야 한다는 것을 잘 알고 있다. 대부분의 사람들은 새로운 정보에 비추어 기존의 판단을 바로잡는 데 아주 뛰어나다.

그러나 최근 우리의 판단 장치를 왜곡하는 또 다른 세력이 등장했다. 이것은 판단의 속도를 증가시키지만, 동시에 판단의 신뢰도는 감소시킨다. 또 낮은 수준의 정보는 빠르게 확산시키는 데 비해 다소 복잡한 양질의 정보는 거의 처리하지 못하기 때문에,[3] 판단의 새로운 증거를 확보할 수 있는 가능성을 약화시킨다. 바로 소셜 미디어다.

페이스북에서 소속감을 느끼는 10대들

◊

　페이스북Facebook은 일종의 소속감과 함께 사람들에게 주목받을 수 있는 기회를 제공한다. 지난 2004년 한 대학의 소셜 네트워킹 사이트로 출발한 페이스북은 13세 이상이면 누구나 가입할 수 있는 대표적인 사이트다. 현재 전 세계적으로 매달 16억 5000만 명의 사용자가 활발히 활동하고 있다.[5] 페이스북 사용자는 이직이나 퇴사 등 자신의 고용 상태는 물론 연애, 결혼 등의 정보를 표시할 수 있다. 이를 통해 전화 통화나 편지를 주고받을 필요 없이 서로의 근황을 쉽게 파악할 수 있다. 또한 사진이나 영상을 올림으로써 휴일에 친구들과 뭘 하며 어떻게 지내는지 실시간으로 보여 준다.

　누구나 어느 정도는 의사소통에 강박적인 성향을 보인다. 그래서 자기가 뭘 하고 있는지 다른 사람에게 드러내고 이를 통해 주목받고 인정받고 싶어 한다.[6] 이 같은 욕구에 주목한 페이스북은 게시물에 '좋아요'를 누르거나 댓글을 달 수 있도록 허용했다. 하지만 늘 그렇듯 긍정적인 판단에는 반드시 부정적인 판단도 따른다. 페이스북에 '싫어요' 버튼은 없지만,[7] 사용자들은 각종 이모티콘이나 부정적인 댓글을 통해 거부감을 표시할 수 있다. 일부 사용자의 경우 '좋아요'를 많이 못 받으면 사람들이 자기 존재를 꺼린다고 생각한다.[8]

　오늘날 소셜 네트워킹을 선두하는 사이트로는 페이스북 외에도 인스타그램Instagram, 스냅챗Snapchat, 트위터Twitter 등이 있으며, 매달 새로운 사이트가 계속 생겨나고 있다. 이제 소셜 미디어는 우리 삶의 일부가 되었다. 특히 10대 청소년들에게 미치는 영향력은 막강하다. 친구 관계를 유지하는 데 핵심적인 역할을 하기 때문이다. 아이들은 소셜 미디어를 통해 친구 사이에 오가는 새로운 정보를 자신이 제대로 파악하고 있는지 끊임없이 확인한다. 이 과정에서 친구들과 소통하며 안정을 찾고 소속감을 느낀다. 그러나 때로 아이들은 소셜 미디어를 통해 다른 사람이 가진 고유의 판단 장치를 제멋대로 평가한다. 오늘날 아이들이 어디에도 자신을 숨길 수 없는 이유가 바로 여기에 있다.

나를 제외한 모든 사람이 즐겁다

◊

약 30년 전, 10대 소녀와 엄마에 관한 연구를 진행한 적이 있다.[9] 당시 10대였던 아이들은 이제 그 또래의 아이를 둔 엄마가 되었고, 연구에 참여했던 서른여섯 명 가운데 열네 명과 다시 연락이 닿았다. 성인이 된 후 청소년기에 대한 관점이 어떻게 변했는지 후속 연구를 진행해 볼 참이었다.

수십 년 전 인터뷰했던 아이들을 다시 만나 갈등과 고민을 들어 보는 일은 생각보다 흥미로웠다. 당시 아이였던 그들은 부모나 친구의 영향력에서 벗어나 스스로 판단하기 위해 무진 애를 쓰고 있었다. 지금은 중년의 엄마가 된 그녀들과 1980년대[10]에 인터뷰를 진행하며 기록했던 모든 자료를 함께 읽어 보았다. 그때의 기억과 10대 아이들을 키우고 있는 엄마로서의 경험을 비교해 보고 열네 명 모두가 한 목소리로 강조하는 부분이 있었다. 그것은 곧, 오늘날의 거대한 사회적, 심리적 변화 뒤에는 소셜 미디어가 존재한다는 점이었다.

연구 당시 열다섯이었던 에이미Amy는 올해 마흔셋이 되었다. 지금은 그때 자기 나이보다 한 살 어린 딸을 두고 있다. 열다섯의 에이미는 자기 코가 너무 뭉툭하고 피부는 물컹물컹한 데다 색깔마저 얼룩덜룩하다고 불평했었다. 사람들이 많은 곳에 갈 때마다 너무 힘들다고도 했다. "내 몸뚱이는 왜 이럴까? 굵고 무딘 마대자루가 서 있는 것 같아. 사람들의 시선을 견딜 수가 없어. 비상구조차 없는 좁은 방에 갇혀 있는 느낌이야."[11] 당시의 기록을 읽어 주자 에이미가 헉 하고 숨을 내쉬며 대답했다. "세상에, 제가 그런 생각을 했다고요? 지극히 평범한 이렇게 얇고 예쁜 피부를 두고? 그런데 박사님, 제 딸아이 마샤Masha도 비슷한 생각을 하고 있을 것 같아요. 다행스럽게도 저는 방문 닫고 안 나가면 그만이었어요. 그러면 아무도 만나지 않을 수 있었으니까요. 하지만 마샤는 그럴 수가 없어요. 소셜 미디어가 사방에서 감시하고 있잖아요. 마샤가 로그인을 하지 않아도 누군가는 늘 그

곳에 있어요. 마샤가 올린 사진과 댓글, 새로운 소식들을 보면서 끊임없이 판단하죠. 딸아이가 요즘 한창 힘들어했어요. 그런데 30년 전의 저를 보니 마샤의 마음이 확 와 닿네요. 혼자서 얼마나 속을 끓일까요."

　이후 마샤와 이야기를 나누며 어떤 일로 힘들어했는지 들을 수 있었다. 마샤의 친구들은 대부분 인스타그램을 한다. 몇 년 새 페이스북의 가장 큰 경쟁 상대로 부상한 소셜 미디어다. 여기에 사람들은 보통 행복하거나 즐거워 보이는 사진들을 올린다. 그래서 마샤도 '정말 정말 예쁘고 모든 걸 다 가진 듯한 소녀'로 보이는 사진을 올려야겠다고 생각했다. 친구들과 의논까지 해 가며 심사숙고 끝에 드디어 사진 한 장을 골랐다. "너무 뚫어져라 쳐다봐서인지 어느 순간 제 모습이 이상하게 보이더라고요. 에이 모르겠다 하고 그냥 올렸죠. 올리자마자 친한 친구들 몇 명이 댓글을 달아 주었어요. 정말 예쁘다며 칭찬하는 내용이었죠. 뿌듯하고 행복한 마음까지 들었어요. 하지만 얼마 후, 끔찍한 댓글들이 달리기 시작했어요." 마샤의 목소리는 흔들렸다. 몸까지 떠는 듯했다. 그러고는 내게 전화기를 넘겨 주며 말했다. "박사님이 직접 보세요."

　나는 댓글들을 죽 읽어 나갔다. 무시하고 경멸하는 내용 일색이었다. "이 햇병아리는 몇 살이지? 열 살짜리 어린애인지, 서른다섯 아줌마인지 도통 모르겠네.""이마 위에 커튼 내렸니? 아, 설마 앞머리?" 그중에서 가장 최악은 "그림자까지 못생겼네"라는 댓글이었다.

사실 이 정도 내용은 10대들 사이에 번지고 있는 악성 댓글에 비하면 심한 것도 아니다. 그러나 자신에 대한 부정적인 평가를 읽는 것은 누구에게나 쉽지 않은 일이다. 한 조사에 따르면 댓글의 내용이 부정적일수록 우리는 더 집착하는 성향을 보인다.[12] 가치를 둘 만한 아무런 이유가 없는 상황에서도 말이다. 마샤는 힘없는 눈빛으로 말을 끝맺었다. "나에 대해 전혀 모르는 사람들이 댓글을 달고 비난을 해요. 아는 사이가 아니라도 상관없다고 생각하는 거죠. 또 친구 사이라면 그저 재미로 그럴 수 있다고 생각하고요."

지금은 이완Ewan과 다이애나Diana의 엄마가 된 린다Linda[13]는 열세 살에 나와 처음 만났다. 사춘기 소녀 린다는 누구나 좋아하고 또 예쁘다고 칭찬하는 선망의 대상을 향해 노골적인 시기심을 드러냈다. 당시의 인터뷰 기록을 훑어본 린다는 이완과 다이애나에게 소리 내어 읽어 주었다. "예쁘고 멋진 아이가 되고 싶어. 그렇게 되면 어디든 갈 수 있고, 뭐든지 할 수 있을 거야. 안정감을 느끼면서 말이야."[14] 열세 살 린다가 꿈꾸었던 안정감은 인정과 수용으로부터 오는 일종의 안도감이었다. 그렇게 예쁜 아이가 되고 나면 다른 사람으로부터 비난을 당할 일도, 거부나 배제를 당할 일도 없을 거라 생각했다. 하지만 부정적인 판단에서 자유로운 사람은 아무도 없다. 온라인상에서는 더더욱 그렇다. 13세에서 17세 사이의 청소년들을 조사해 보니 89퍼센트의 아이들이 자신을 모욕하거나 경멸하고 혹은 위협하는 메시지에 영향을 받았다.[15] 그중 54퍼센트는 분노나 수치심을 느끼고 의욕

마저 잃었다.[16]

올해 열세 살인 린다의 아들 이완은 페이스북을 '악몽'으로 표현한다. "무시해 버리면 안 돼? 아예 탈퇴해 버려." 힘들어하는 아들을 보다 못한 린다가 이렇게 말하자 이완은 말도 안 된다며 펄쩍 뛰었다. "차라리 겁쟁이나 절름발이로 조롱당하는 게 나아요. 체스 클럽에서 욕을 먹어도, 모르는 사람들한테 쓰레기 취급을 받아도 페이스북을 안 하는 것 보다는 낫다고요." 이완보다 두 살 많은 다이애나 역시 남동생만큼 힘든 시간을 보내고 있다고 토로했다. "사진을 올렸는데 '예쁘다', '멋져!', '더 보여 줘' 같은 댓글이 달리면 기분이 정말 좋아요. 하지만 나름 괜찮다고 생각하는 사진을 올렸는데 '좋아요' 표시 하나 없으면 마치 사람들이 저한테 침을 뱉는 것처럼 느껴져 마음이 상해 버려요."

스마트폰으로 이런저런 사이트를 둘러보던 다이애나가 화면을 내보이며 말을 이었다. "한번 보세요. 페이스북이나 인스타그램을 보면 누구나 완벽한 삶을 사는 것처럼 보여요. 그중에는 '소셜 미디어 스타'도 꽤 있고요. 팔로워 수도 많고 게시물도 엄청나죠. 이들이 하는 건 모두 뉴스가 돼요. 한 번쯤은 누구나 이런 대열에 서 보고 싶어 해요. 사람들이 나를 좋아해 주는지, 대단하게 여겨 주는지 알고 싶어 하죠." 이완이 여기에 덧붙였다. "안 좋은 댓글이 달리면 모두 지워 버리고 싶어요. 아니면 그냥 참아요. 하나하나 답을 다는 것도 방법이고요." 다이애나도 소셜 미디어를 무시하는 건 있을 수 없다고 단호하게 말했다. "소셜 미디어를 하지 않으면 내 존재는 없는 거나 마찬가지예요."[17]

대화가 끝나고 집을 나서려는 찰나, 린다는 내게 휴대폰을 건네며 인스타그램에 올린 사진 한 장을 보여 주었다. '최고의 교사상'을 받는 사진이었다. 나는 축하의 인사를 전했다. 그러나 사진을 바라보던 린다의 얼굴에는 어느덧 웃음기가 사라져 있었다. "인스타그램을 시작한 지 얼마 안 됐어요. 이 사진이 첫 게시물이에요." 잠시 숨을 고른 린다는 아이들의 힘든 마음을 알겠다는 듯 말을 이어 나갔다. "이완과 다이애나에게 어떤 어려움이 있는지 충분히 알겠어요. 인스타그램 속에선 모두가 행복하고 즐거워 보이죠. 성공한 사람들, 멋진 사람들만 있는 것 같아요. 심지어 제 사촌들 가족사진을 봐도 그렇게 부러울 수가 없어요. 이렇게 화려한 삶을 사는 이들을 보면, 지금 내가 잘 살고 있는 건지 의문이 생겨요. 불안감도 밀려오고요. 그런데 가장 최악은 제가 너무 초라하게 느껴진다는 거예요."

한동안 린다의 말이 뇌리에서 떠나질 않았다. 린다는 모두의 선망을 받는, 사회적으로도 성공한 여성이다. 하지만 그녀마저도 화려하게 포장된 타인의 삶에는 그냥 지나치지 못했다. 작고 보잘것없어 보이는 자기 모습에 초라함마저 느꼈다. 결국 아이든 어른이든 완벽해 보이는 타인의 모습에는 주눅들고 약해지게 마련이다.

끝없는 비교와 피상적인 칭찬이 만드는 불만족

◊

린다가 느끼는 감정에 깜짝 놀라기는 했지만, 사실 이런 반응은 지극히 일반적이다. 이를 뒷받침하는 연구 결과도 수없이 많다. 우리의 내적 판단은, 심리학자들이 일컫는 소위 '사회적 비교'에 매우 민감하다. 1950년대 심리학자 리언 페스팅거Leon Festinger는 이 같은 비교가 자기 판단의 중요한 기준임을 깨달았다.[18] 우리는 스스로에게 질문한다. '어떻게 하면 주변 사람들 기대에 부응할 수 있을까? 다른 사람들 좀 봐. 나는 나 자신에게 무얼 기대해야 하는 걸까?'

대학 동창회에 가면 이른바 출세한 친구들을 많이 만나게 된다. 정부 중앙부처에서 일하는 친구도 있고, 변호사로 잘나가는 친구도 있다. 그런가 하면 외면적인 화려함보다는 내면적인 성숙함을 이루는데 성공한 친구도 있다. 이들의 성취는 겉으로 드러나지 않기 때문에 그 어떤 환호나 칭송도 주어지지 않는다. 원대한 포부로 꿈을 이룬 친구들을 보면 나 역시 기분이 짜릿하다. 그들의 성공과 출세가 주는 화려함에 함께 도취되기도 한다. 하지만 그만큼 허탈한 마음이 드는 것도 사실이다. 나는 린다의 불편한 마음도 충분히 이해가 갔다. 동창회는 으레 다른 사람과 자신을 끊임없이 비교하게 되는 곳으로 악명이 높다. 그렇다면 이 같은 태도가 우리의 자존감에는 어떤 영향을 미칠까? 동창회가 끝나고 나면 사람들은 모두 흩어져 각자의 일상으로 돌아간다. 평범한 하루하루를 보내다 보면 그날의 비교 의식은 조금씩 옅어져 간다. 그러다 다른 흥미로운 일이 생기면 그쪽으로 관심이 집중되면서 우리의 마음은 다시금 안정을 되찾는다. 하지만 매일같이 소셜 미디어에 시간을 쏟는 사람들은 조금 다르다. 비교 의식이 전혀 수그러들지 않고, 일상 속에 깊이 뿌리내린다.

오늘날 10대들이 가장 많이 사용하는 소셜 미디어는 페이스북, 인스타그램, 스냅챗 등이다.[19] 이곳에서는 종종 모든 것이 완벽해 보이는 사람을 만나게 된다. 외모는 물론 그들의 삶에는 어느 하나 부족한 게 없어 보인다. 소셜 미디어에 빠져 있는 사람들은 하루에도 몇 번씩 사이트를 들락거린다.[20] 하지만 이들이 마주하는 완벽한 일상은 결코 현실이 아니다. 매우 까다롭게 선별된 사진 속 모습일 뿐이다. 이 같은 온라인상의 모습은 실제를 판별하기 어렵다. 직접 만나 생각을 나누고 무언가를 함께할 때 우리는 비로소 그 사람의 참모습을 알 수 있다. 이를테면 함께 식사를 준비하거나 어떤 영화를 볼지 결정하고 프레젠테이션 자료를 같이 편집하는 등의 활동을 통해서 말이다. 지극히 평범한 상호작용 속에서도 서로에 대해 많은 것을 알 수 있다. 우리는 보통 '저 사람 아이디어는 괜찮은가?', '내 말을 듣고 있나?', '유머 감각이 있나?', '열정적인 사람인가?', '생각하는 관점이 독창적이고 신선한가?' 등을 궁금해한다. 물론 실제적인 상호작용 속에서도 우리의 판단은 잘못될 수 있다. 하지만 허울만 좋은 지극히 단순한 정보로 사람을 판단할 경우, 단순히 잘못된 판단으로 끝나지 않는다. 판단 자체의 가치가 없어져 버린다.

사람과 직접 대면했을 때는 상대방의 얼굴 표정까지 세심하게 살필 수 있다. 내 말에 관심을 보이면 상대의 동공이 커진다. 그는 깊은 한숨으로 거부나 공감을 표시하기도 하며, 온화한 웃음으로 편안한 마음을, 씁쓸한 웃음으로 불편한 마음을 드러내기도 한다. 이를 통해 우리는 상대방의 주관적인 마음을 해석하고 이해한다. 까다로운 선별 작업을 거친 관념적 자아가 아닌, 일상적인 관계 속에서 그 사람을 평가한다. 셰리 터클Sherry Turkle은 관념적 자아를 '단편적 형상'으로 명명했다.[21] 소셜 미디어 사용자들은 보통 남들에게 보이기 원하는 모습대로 자신을 포장한다. 그래서 이곳에는 다듬어지지 않은 일상도, 불완전한 모습도, 회의적인 부분도 드러나지 않는다.

이처럼 허울뿐인 왜곡된 렌즈로 다른 사람을 바라볼 경우 우리의 내면은 비교 의식으로 점점 피폐해져 간다. 이 같은 새로운 판단 문화를 소설가 메리언 키스Marian Keyes는 다음과 같이 묘사했다. "자신의 내면을 타인의 외면과 끊임없이 비교함으로써 자신이 늘 부족하다고 느낀다."[22] 그러나 문제적 상황, 즉 왜곡된 비교는 옳지 못하다는 것을 깨닫고 나서도 소셜 미디어의 늪에서 빠져 나오기는 힘들다. 마치 노예가 된 것처럼 말이다. 소셜 미디어의 폐해에 가장 심각하게 노출된 10대 아이들(비단 청소년에게만 국한되어 있지는 않다) 역시 이 같은 문제를 잘 알고 있다. 낸시 조 세일즈Nancy Jo Sales가 10대 여자아이들과 진행한 인터뷰에서 캐리Carrie는 말했다. "소셜 미디어에서는 상대방의 진실된 모습을 알지 못한 채 이런저런 평가를 내려요. 정확하지도 않은 정보로 혼자 오만가지 상상을 다 하죠."[23] 다라Dara가 덧붙였다. "나를 자꾸 다른 사람과 비교하면서 점점 편견이 심해지는 것 같아요."[24] 10대 아이들은 보다 객관적이고 냉철한 태도를 가질 필요가 있다고 입을 모은다. 하지만 이처럼 겉모습에 집착하는 문제를 깨닫는다고 해서 소셜 미디어의 막강한 힘이 약해지는 것은 아니다.

긍정적으로든 부정적으로든 다른 사람을 판단하는 것은 인간의 기본적인 활동이다. 하지만 소셜 미디어는 이 같은 우리의 능력을 약화시키고 보이는 것에만 집착하게 만든다. 긍정적인 피드백은 도파민 분비를 촉진하여 일시적으로 좋은 기분을 느끼게 한다. 주변의 관심과 사랑을 한몸에 받는 듯한 착각을 일으킬 정도다.[25] 하지만 이 감정은 이내 사라져 버린다. 상당수 소셜 미디어 사용자는 팔로워 숫자나 게시물의 '좋아요' 숫자에 집착하며 더 많은 사람들이 자신을 바라봐주기를 원한다. 하지만 어느 순간이 되면, 아무리 많은 칭찬과 환호를 받아도 우리의 내면은 여전히 불만족스러운 상태임을 깨닫는다. 허울뿐인 얄팍한 정보로 자신을 꾸며낸 소셜 미디어에 만족하지 못하는 이유는, 칭찬이 부족해서가 아니라 그것이 피상적인 칭찬에 불과하기 때문이다.

소셜 미디어가 주는 그릇된 희망

◊

인터넷 사용과 자기 불만족 사이의 연관성을 확립한 최초의 연구 결과는 1998년에 출간되었다. 이때는 소셜 미디어라는 매체가 출현하기 이전이었다. 로버트 크라우트Robert Kraut 연구 팀은 총 73개 가정의 169명 구성원을 대상으로 연구를 진행했다. 〈인터넷 역설: 사회 참여와 심리적 안정을 감소시키는 사회적 기술Internet Paradox: A Social Technology that Reduces Social Involvement and Psychological Well-Being?〉[26]이라는 제목으로 발행된 이 논문은 특정 기간 동안 인터넷 사용자의 우울증과 외로움이 증가한 정도를 보여 주고 있다. 당시 인터넷은 의사소통의 주요 수단으로 사용되었다. 텔레비전의 기능보다는 전화기로써의 기능이 훨씬 강했다. 그럼에도 인터넷 사용으로 사회 활동이 증가하기는커녕 오히려 감소되었다. 사람들은 점점 더 고립되어 갔고, 그럴수록 친구나 지인들과 어울려 외로움을 떨쳐 내기보다 가상 공간에서 보내는 시간이 더 많아졌다. 후속 연구에서도 페이스북 몰입도와 우울증[27], 불안정한 자의식[28] 사이에는 깊은 상관관계가 있음이 밝혀졌다. 그런데 단지 고립된 생활만이 문제가 아니었다. 보다 심각한 문제는 판단이 왜곡되는 데 있었다.

우리가 상대방에게 원하는 판단, 즉 정확하고 확실한 인정과 칭찬은 소셜 미디어상에서는 기대하기 힘들다. 칭찬은 실질적이고 반응적인 관계에서 비로소 진정한 의미를 갖는다. 직접 얼굴을 마주보거나 전화 통화로 우리는 상대방의 호흡과 목소리를 들으며 미세한 반응을 확인한다. 이를 통해 내가 어떤 식으로 평가되고 있는지도 파악한다. 온라인상에서는 내가 올린 사진이나 글이 '좋아요'를 많이 받으면 그 순간 큰 기쁨을 느낀다. 그런데 여기서 기쁨을 느끼는 이유는 단 하나다. 미리 예상했던 기쁨이기 때문이다. 상대방의 호응을 기대하면서 중뇌의 신경세포는 도파민이라는, 기분 좋은 감정과 관련된 신경 전달 물질을 분비한다.[29] 하지만 기쁨을 느끼면서도 왠지 만족스러운 기분은 들지 않는다. 소셜 미디어에만 지나치게 몰입하다 보면 우리는 일종의 악순환에 빠진다. 즉, 기쁨의 감정을 기대하고 순간적으로 희열을 맛보지만 온전한 만족감이 없어 또다시 같은 과정을 되풀이하게 된다.

누군가가 내가 한 일에 대해 칭찬을 하면 무언가 이루어 낸 것 같은 뿌듯함이 느껴진다. 또 나를 인정해 준 상대방에게 고마운 생각이 들면서, 누군가의 삶에 긍정적인 영향을 주었다는 것에 만족감을 느낀다. 그런데 유심히 고르고 골라 올린 사진 한 장에 사람들이 보이는 관심이 과연 그 정도로 큰 의미가 있을까? 칭찬의 대상은 누구이고, 왜 칭찬하는 것일까? 칭찬에는 강력한 힘이 있다. 그러나 한편으로는 우리가 가치를 두는 것에 대한 칭찬인지, 받을 만한 칭찬인지, 원하는 사람으로부터의 칭찬인지 민감하게 들여다볼 필요가 있다.

소셜 미디어를 수시로 확인하는 사람들을 보통 '중독자'라고 한다.[30] 그들은 만족스러운 피드백을 끊임없이 갈구한다. 하지만 소셜 미디어가 우리에게 주는 것은 그릇된 희망일 뿐이다. 문자나 댓글처럼 온라인에서의 상호작용이 늘어날수록 불만족스러운 내면의 우울감은 더욱 커져만 간다.[31] '좋아요' 숫자가 아무리 많아도, 소셜 미디어는 좀처럼 해소되지 않는 칭찬에 대한 갈증만을 일으킬 뿐이다.

당신이 악성 댓글에 더 민감한 이유

◇

소셜 미디어상에서의 부정적인 댓글은 긍정적인 댓글과 같은 특징을 보인다. 내용이 모호하고 장황하다. 그래서 끊임없이 생각하게 만든다.[32] '왜 이렇게 반응이 부정적일까? 왜 사람들이 나를 인정해 주지 않는 걸까? 무엇이 이들을 이토록 화나게 한 것일까?' 이완은 게시물에 달린 부정적인 댓글들을 이해해 보려고 끊임없이 전화기를 들여다보았다. 이완이 말했다. "저의 어떤 점이 마음에 안 드는 건지 알고 싶어요." 소셜 미디어에서 좋지 않은 경험을 하게 되면 보통은 그만둘 거라고 생각한다. 하지만 그렇지 않다.[33] 오히려 더 집착하며 어떤 말이 오가는지 확인한다. 자신에 대한 안 좋은 소문이 떠돌거나 누군가 나에게 모욕을 줄 때처럼 말이다. 다른 사람의 판단에 집착하는 인간의 본성상, 싸워서 바로잡거나 똑같이 되갚아 주는 과정 없이 잘못된 판단을 그대로 외면하기란 매우 어렵다.

이처럼 안 좋은 댓글에 관심이 집중되는 현상을 '부정 편향 Negativity Bias'이라 일컫는다.[34] 이 효과는 1930년대 러시아 심리학자 블루마 자이가르닉Bluma Zeigarnik이 처음으로 인식하여 체계화했다. 베를린에서 유학하던 당시 자이가르닉은 식당 종업원들이 이미 계산된 테이블의 주문 메뉴보다 아직 계산이 끝나지 않은 주문 메뉴를 더 잘 기억한다는 사실을 알고 강한 호기심을 느꼈다. 자이가르닉은 이 특이한 효과에 대해 보다 자세히 연구해 보기로 했다. 이후 꿈에 나타나는 내용이나 떨치고 싶은 생각, 힘든 고민거리 등 우리 마음을 불안하게 하는 여러 요소들을 분석한 결과 아직 해결되지 않은 일일수록 꿈에 더 많이 나타나고 반복해서 생각하는 경향이 짙었다.[35] 이후 자이가르닉의 동료 마리아 오브시안키나Maria Ovsiankina의 추가 연구를 통해 미완성 과제는 우리의 머릿속에 남아 정신을 산란하게 한다는 사실이 증명되었다. 그중 가장 흔한 것이 바로 자신을 향한 부정적인 판단이었다.

비난을 받아들이는 데에는 상당한 시간이 소요된다. 비난을 접하면 불안한 마음부터 생겨나기 때문이다. 자신이 어떤 잘못을 했는지, 어떤 약점을 보였는지 떠오르지 않을 경우, 우리는 상대방에게 당한 모욕을 끊임없이 되뇌다가 잊어 보려 노력한다. 하지만 노력하면 할수록 비난의 기억은 더욱 또렷해진다. 마치 신발 안에 들어 있는 돌멩

이처럼, 끊임없이 쓰리고 아파서 도저히 무시할 수가 없다.

진화의 역사를 살펴보면 안 좋은 환경에 적절히 순응해 온 생물이 끝까지 살아남을 확률이 높았다.[36] 진화심리학자들은 좋은 기회를 놓쳤을 때 생겨나는 후회나 아쉬움보다 위험을 무시했을 때 생겨나는 파장이 훨씬 더 심각하다고 보았다. 예를 들어 인류 초기의 조상들이 똑똑하고 매력적인 부류의 사람들과 어울릴 기회를 포기했다고 생각해 보자. 조금 아쉽기는 해도 별다른 문제는 생겨나지 않았을 것이다. 하지만 특정 인물이 적대적이라는 신호를 무시했다면 그 혈통은 더 이상 유지되지 못했을 것이다. 그만큼 치명적이다. 따라서 진화론적 관점에서 보면 부정 편향은 충분히 적응 가능한 특성이다.[37] 그러나 문제는 소셜 미디어에서는 그 힘이 잘못된 방식으로 사용된다는 것이다. 소셜 미디어에서의 부정 편향은 피해자에게는 극도의 수치심을 안겨 주고, 가해자에게는 오히려 더 큰 힘을 실어 준다.

비난은 전염된다

◇

"그냥 죽어 버리지 그래?" 애스크닷에프알Ask.fr이라는 사이트의 한 사용자가 열여섯 소녀 제시카 레니Jessica Laney에게 말했다. 어떤 사용자는 '걸레', '창녀'라고 부르며 그녀에게 욕을 퍼부었다.[38] 부정적인 댓글 하나하나는 제시카의 머릿속을 파고들었다. 그리고 어느 순간, 모든 일상이 댓글에 압도당했다. 결국 제시카는 혹독한 비난을 이겨 내느니 차라리 죽는 게 낫다는 결론에 이르고 말았다.

이른바 '악성 댓글'의 비극적 결말은 이제 꽤 많은 사람들에게 알려져 있다. 이는 대다수의 부모와 교사, 관련법을 제정하는 국회의원들이 깊이 우려하고 있는 문제이기도 하다.[39] 그러나 가해자를 이해하려는 노력은 턱없이 부족하다. 단순히 말썽 한번 부려 보려고 작정하고 덤빈 것인가? 따돌리는 행위를 통해 자신의 목소리를 내고 싶어 한 걸까? 작성한 댓글이 실제 생각이나 믿음과는 어떤 관련이 있는가? 아픈 환자인가? 성질이 못된 사람인가? 도대체 어떤 사람인가? 아무도 제대로 알려고 들지 않는다.

소셜 미디어에서 다른 사람을 공격하는 이들은 대개 다른 상황과 장소에서는 타인에 대한 공감이나 자기 통제, 심지어 포용적인 면모까지 보인다.[40] 상호 간 행동은 아주 민감하고 반응적이어서 이들이 '악성 댓글'의 가해자라고 의심할 여지조차 없다.[41] 그럼에도 이들이 소셜 미디어에서 전혀 다른 성향을 보이는 이유는 실제의 어두운 모습을 감추고 있어서가 아니다. 내면의 판단 장치가 자신의 발언 행위를 더 이상 상호적인 행동으로 인식하지 않아서다. 요컨대 이들은 자신은 물론 댓글의 당사자까지 비디오게임에 등장하는, 일종의 가상 캐릭터로 생각한다.[42]

더욱이 소셜 미디어에서는 매우 빠르고 강한, 그러나 얕은 판단이 주를 이룬다. 내용은 대부분 부정적이다. 일반적인 대인 관계에서도 논리정연하고 공손하게 말하는 것보다 무례한 표현이 더 많은 시선을 끄는 것처럼,[43] 소셜 미디어에서도 댓글의 내용이 자극적이고 모욕적일수록 사용자의 팔로워 숫자가 늘어난다. 그래서 사람들은 마치 경쟁하듯 분노를 유발한다. 부정적인 표현은 전염성이 강하기 때문에, 이 같은 경쟁은 비난을 더욱 부추긴다. 더욱이 소셜 미디어에서는 사이버 공간 특성상 비판이나 거절에 대한 응수가 즉각 이루어지지 않는다. 댓글로 공격하는 것이 전부다. 그래서 나쁜 행동에 대한 일종의 '무임승차'가 이루어진다. 즉 비난의 수위가 높아질수록 언어 표현이 더욱 자극적으로 변하고, 점점 더 많은 사람들이 싸움에 가담한다. 이 같은 전염의 악순환을 '비난의 전염 효과Nasty Effect'라고 한다.[44]

복잡한 과정 없이 손쉽게 다른 사람의 평가를 받을 수 있다는 건 분명 좋은 일이다. 그러나 그만큼 부정적인 폐해도 심각하다. 소셜 미디어에서 오고 가는 모욕적인 말들은 그저 온라인 캐릭터에게 향하는 것쯤으로 여겨진다. 그러나 비난의 당사자는 실제로 존재하는 인물이다. 모욕적인 댓글 하나로 당사자는 물론 가족까지 깊은 상처를 받을 수 있다. 인생 전체가 바뀌기도 한다. 이처럼 누군가의 존재가 단순히 사진 한 장으로 보여지는 공간, 그 사진조차 단편적인 모습밖에는 드러내지 못하는 소셜 미디어에서는, 진심 어린 공감보다 무관심이 자연스럽다. 이곳에서는 고통의 흔적도 드러나지 않는다. 목소리의 갈라짐, 울먹이는 얼굴, 축 처진 입술 등 그 어떤 것도 보이지 않는다. 또 잔인한 공격을 제지하는 사람도, 분위기를 살피며 긴장감을 나타내는 사람도, 입술 근육을 실룩이며 불공정함을 표시하는 사람도 존재하지 않는다. 비난과 공격에 동조하는 사람이 늘어나면 게시물은 사이트 전면으로 이동한다. 그러면서 팔로워 숫자가 늘고 비슷한 댓글이 줄줄이 달린다. 이른바 '비난의 전염 효과'가 두드러지며 부정적인 판단은 전염병처럼 빠르게 퍼져 나간다.

보통 소셜 미디어를 이용하면 다양한 의견을 접할 수 있다고 하지만, 사실 자기 생각과 비슷한 글이나 사진을 더 보게 되는 경우가 많다. 이것은 누가 믿을 만하고 누가 그렇지 않은지에 대한 우리의 판단과 관련되어 있다. 즉, 우리는 아는 사람으로부터 얻는 정보와 판단이 모르는 사람의 그것보다 더 믿을 만하다고 생각한다. 그래서 자신이 좋아하고 존경하는 사람이 이견을 드러내는 경우에는 이의를 제기하기도 한다. "왜 그렇게 생각해?" 혹은 "그 국회의원을 어떻게 그렇게 평가할 수 있어?"라는 식으로 말이다. 그러나 프로필 사진과 댓글만 존재하는 소셜 미디어에서는 자기와 다른 의견을 가졌다고 해서 굳이 따지고 들 이유가 전혀 없다.

소셜 미디어 사용자들은 자신과 관점이 맞지 않으면 팔로우나 친구 관계를 끊어 버린다. 자신과 다른 의견은 묵살해 버리고 생각을 같이하는 글이나 사진만 확인한다면, 소셜 미디어의 게시물은 하나같이 우리의 판단을 더욱 공고히 해 준다는 착각에 빠지기 쉽다. 더욱이 소셜 미디어의 알고리즘 자체가 사용자가 이미 확인한 것과 유사한 게시물을 보여 줌으로써 주목도를 높이는 방식으로 운영된다. 우리와 비슷한 관점의 글이나 사진만 접할 가능성이 높은 것이다.[46] 이로 인한 결과는 소위 '메아리 방 효과Echo Chamber Effect'로 나타난다. 한 사람이 자신의 생각을 말하면 다른 한 사람도 호응하며 맞장구를 친다. 마치 문 닫힌 공간에서 내가 낸 목소리가 그대로 들려오는 것처럼 말이다.[47] 이 같은 메아리 효과는 상대방의 판단에 대해 깊이 생각하면서 문제를 제기하고 싶은 욕구를 떨어뜨린다. 자기 생각만 더 강하게 굳어지며, 자기와 다른 의견에는 적개심마저 든다.[48] 결과적으로 우리는 편향된 시각을 갖게 될 뿐만 아니라 비난의 전염 효과로 생겨난 부정적인 영향에조차 무관심한 태도를 보이게 된다.

관심받고 싶은 철없는 마음

◇

지난 2012년, 린제이 스톤Lindsey Stone은 페이스북에 사진 한 장을 올렸다. 어딘가에 쭈그리고 앉아 음란한 손짓으로 요란하게 소리치는 듯 보이는 사진이었다. 아무런 맥락 없이 봤다면 그저 평범한 여자가 장난치는 사진쯤으로 여겼을 것이다.[49] 하지만 린제이가 앉아 있던 곳은 알링턴 국립묘지에 있는 한 무명의 전사자 묘지였다. 그리고 그곳에는 '소리 없이 묵념하세요'라는 팻말이 붙어 있었다. 사실 린제이가 그런 행동을 한 건 단순히 재미를 위해서였다. 남다른 의미를 두지 않았다. '금연'이라는 표지판 앞에서 담뱃대를 부러뜨리는 사진을 찍을 때처럼 말이다. 소셜 미디어 사용자가 자신을 드러내고 싶어 하는 욕구와 긍정적인 피드백을 받고 싶은 마음을 다소 철없는 행동으로 표출하는 것을 일명 '온라인 탈억제 효과Online Disinhibition Effect'이라고 일컫는다.[50]

디지털 기기로 의사소통을 할 때는 상대방의 목소리를 전혀 느끼지 못한다. 오직 팔로워들의 박수갈채만을 기대하며 우리의 마음은 마치 "나를 봐 줘요!"라고 외치는 아이들 수준으로 퇴행하는 것 같다. 댓글이 하나둘 달리면 괜한 자신감에 우쭐하기도 한다. "사람들이 내 생각에 반응하고 있어!"[51] 그러면서 팔로워 숫자가 급격히 늘어나는 흐뭇한 상상도 해 본다. 그 사람들이 모두 자신을 존경하는 것도 아닌데 말이다.[52] 소셜 미디어 외에도 우리의 말과 행동을 판단받을 수 있는 곳은 얼마든지 많다.[53] 그러나 이 사실을 알려 주는 실존 인물이 소셜 미디어에는 존재하지 않는다. 이 같은 상황 속에서 자기중심적인 생각은 더욱 강해지고 비판적인 태도는 점차 줄어든다.

결과적으로 린제이의 사진은 사람들의 칭송을 받지 못했다. 소리 없이 묵념하라는 지시를 어긴 것에 대해 아무도 좋게 보지 않은 것이다. 처음에는 비난의 강도가 그리 높지 않았다. 군복무를 했던 친구한 명은 댓글에 이렇게 적었다. "이런 행동은 일종의 모욕이야. 별 의미도 없고."[54] 그 후 이 사진은 철없는 소녀의 유치한 장난쯤으로 여겨졌다. 물론 사람들의 관심도 크게 얻지 못했다. 그렇게 잊히는 듯했다. 그런데 어느 순간 댓글의 양상이 완전히 달라졌다. 비난이 쏟아지기 시작한 것이다. 그 시발점은 아마도 린제이가 간병인으로 일한다는 사실이 알려지면서였던 것 같다. 직업적 이미지와 사진 속 모습이 전혀 어울리지 않았기 때문이다. "린제이 스톤을 불살라 버리자!"라는 댓글은 무려 1만 2000개의 '좋아요'를 받았다. '린제이가 군대를 욕되게 했다', '미국에 불명예를 안겼다' 등의 비난과 함께 부정적 댓글이 급속도로 늘어났다. 분위기를 선동한 이들은 자신의 비난을 과시하며 팔로워와 지지층을 늘려 나갔다. 그러는 동안 비난의 전염 효과로 인해 린제이의 삶은 완전히 뒤바뀌었다.

이처럼 순간의 잘못된 판단으로 뭇매를 맞은 경우는 매우 많다. 휴가를 맞아 아프리카를 여행 중이던 저스틴 사코Justine Sacco는 독일 사람과 아프리카 사람을 희화화하는 트윗을 남겼다. 당시 저스틴은 한 미디어 인터넷 회사의 커뮤니케이션 담당 임원으로 아주 잘나가던 인물이었다. 직업상 그는 트윗 한 줄의 파급력을 충분히 짐작했을 것이다. 그래서 자신의 입장은 물론 회사의 체면을 생각해서라도 그런 말은 하지 않았어야 했다. 하지만 손안의 작은 디지털 기기 속에 갇혀 있다 보면 종종 어린애 같은 유치한 생각을 하게 될 때가 있다. 그날도 저스틴은 자신의 트윗이 무척 재미있고 그럴듯하게 보였다. 그러나 채 몇 시간도 지나지 않아 뭇매가 쏟아지기 시작했다. "커뮤니케이션 전문가? 웃기고 있네. 당장 쫓아내라!" 그 길로 저스틴의 회사 생활은 끝나 버렸다.[55]

이처럼 잘못된 표현의 문제는 인식 못 하고 주목받기만을 원하는 것은 소셜 미디어가 판단력을 흐린다는 대표적인 증거다. 소셜 미디어 활동은 보통 충동적이고 즉흥적으로 이루어지기 때문에 사용자가 판단에 중요한 것을 놓칠 때가 있다. 맥락과 관점을 제대로 반영하지 못하는 것이다. 린제이가 찍은 사진의 경우 병사의 죽음이 곧 개인의 비극인 동시에 국가의 손실이라는 점을 무시했다. 또 저스틴의 조롱 섞인 표현에는 평상시라면 입에 올리지 않았을 고정관념이 여지없이 드러났다.[56] 그는 아프리카 사람과 에이즈를 연관시키면서 백인의 우월감을 표출하는 우를 범했다. 앞을 못 보는 박쥐가 주변에서 들려오는 미묘한 소리로 방향을 찾아 나가듯, 우리는 다른 사람과 동행할 때 느끼는 울림을 통해 판단 장치를 수정하고 조정해 나간다. 이렇게 가정해 보자. 사람을 대면할 기회는 없고 디지털 기기만 가지고 있는 상황에서, 반박할 수 없는 판단들이 올라와 있다. 특정 사람들만 의견을 내고 그 내용에 대한 재평가는 전혀 이루어지지 않고 있다. 의견이 극단적일수록 더 많은 시선을 받는다. 이런 상황이라면 우리의 판단 장치는 과연 어떻게 될까? 아마 어느 순간 활동 과잉 아니면 활동 불능 상태가 되어 버릴 것이다.

공감하는 능력을 앗아가는 소셜 미디어

◊

소셜 미디어의 전반적인 폐해는 셰리 터클이 명명한 '공감의 위기'[57]로 나타난다. 이것은 사람들을 모으고 연결하는 본래의 기능과 전혀 상반되는 현상이다. 오직 인간에게만 찾아볼 수 있는 마음보기 역량, 곧 서로를 이해하고 하나되기 위해 힘쓰는 능력은 다른 사람에게 얼마나 공감하느냐에 달려 있다. 그러나 최근 한 연구 결과[58]에 따르면 오늘날 대학생의 약 4분의 3은 30년 전의 대학생보다 공감 능력이 떨어진다. 특히 최근 10년 새 소셜 미디어의 출현으로 더욱 가파르게 감소한 것으로 나타났다. 어린아이에게도 나타나는 공감하는 마음은 인간의 타고난 본성이지만,[59] 마음보기 역량이 제대로 발휘되지 못하면 억제될 수 있다. 소셜 미디어는 인간의 관점을 축소시킨다. 사람들은 그저 사용자나 팔로워, 가상의 친구일 뿐 현실 세계에 존재하지 않는다. 그러면서 사람에 대한 공감 능력이 점차 배제되는 것이다.

소셜 미디어에서 이루어지는 단순하고 극단적인 판단은 우리의 판단 능력에 부정적인 영향을 끼친다. 이 같은 양상은 극단적이고 공격적인 시각에 점점 길들어 가는 소셜 미디어 사용자와 인터뷰해 보니 더욱 확실히 드러났다. 소셜 미디어 분석센터 소장 제이미 바틀릿 Jamie Bartlett은 사람들의 반응을 연속적으로 이끌어 내어 거대한 파도를 형성하는 것은 특정한 패턴으로 굳어진다며, 이를 일종의 '돌림노래' 현상으로 보았다. 이 같은 돌림노래는 부정적인 게시물이 등록되고 이에 대해 공격이 가해지면서 시작된다. 공격에 대한 반응으로 또 다시 부정적인 댓글이 달리면서 비난은 점점 더 높은 강도로 되풀이된다. 여기서 한 가지, 판단에 참여하는 사람들은 게시물에 대한 동조나 반대 의사를 분명히 밝혀야 한다. 그 결과 판단은 양극으로 나뉘며 단순화되고 고착화된다. 여기서는 그 어떤 회유나 합의, 반성도 찾아볼 수 없다.

이에 대한 전형적인 사례로 바틀릿은 한 페이스북 그룹의 운영자인 폴Paul의 행동을 언급했다. "폴은 다른 페이스북 페이지에서 무슬림을 공격했어요. 그러자 무슬림들도 폴을 비난하기 시작했고, 이후 양쪽의 공격은 점점 과격하게 극단으로 치달았죠. 사실 폴은 독실한 마니교도였어요. 마니교는 친구가 아니면 적, 선이 아니면 악이라는 극단적인 이념을 추구하는 곳이죠."[60] 소셜 미디어도 이와 비슷한 양상을 보인다. '그들'과 '우리'라는 이분법적 태도가 분명하다. 그래서 '그들'의 고통을 목격한다 해도 아무런 공감 없이 무감각하게 받아들인다.[61]

이 같은 왜곡된 판단은 비단 소셜 미디어만의 문제가 아니다. 그러나 소셜 미디어가 우리의 판단에 미치는 영향력을 제대로 파악하려면, 이분법적 태도의 효과가 얼마나 빠르게 확산되는지부터 이해해야 한다. 급속히 발전하고 있는 신경과학 분야를 통해 보다 자세히 관찰해 보자.

우리 뇌는 각 영역별로 전문화된 기능을 갖고 있다. 예를 들어 고통이나 두려움 같은 원초적 감정을 느낄 때 활성화되는 영역과 믿음이나 욕구, 맥락 같은 부차적 감정을 느낄 때 활성화되는 영역이 각기 다르다. 그래서 분노, 두려움, 기쁨, 슬픔 등의 원초적 감정은 일명 '고통의 매트릭스'가,[62] 자부심, 갈망, 호기심, 의심, 조바심 등의 한층 복잡한 부차적 감정은 '정신적 매트릭스'가 관장한다. 우리가 다른 사람을 생각하고 판단할 때는 양쪽 매트릭스가 동시에 작동한다.

제1차 네트워크, 즉 '고통의 매트릭스'는 다른 사람의 고통이나 기쁨을 전달할 때 자기 자신의 고통을 전달할 때와 같은 신경 장비를 사용한다.[63] 그래서 누군가가 손에 화상을 입거나 차에 치이거나 뾰족한 것에 찔리는 모습을 보면, 실제로 그들이 느끼는 고통을 그대로 겪는다. 즉, 다른 사람의 아픔에 공감하는 신경 매트릭스는 자기 고통을 전달하는 신경 활동과 매우 닮아 있다. 우리가 목격하는 고통의 강도 또한 신경 활동에 영향을 준다. 누군가가 불에 타는 모습을 봤을 때, 그리고 발가락에 상처 난 모습을 봤을 때의 활동 정도는 전혀 다르게 나타난다. 자신의 고통과 다른 사람의 고통 간에 맞물려 있는 신경적 관련성이 공감의 토대가 되는 것이다. 이른바 공감의 스위치가 켜져 있으면, 우리는 기부나 봉사 등으로 자신의 마음을 표현한다.

공감은 또한 그룹이나 단체의 협력으로 이어지기도 한다. 조너선 하이트는 이를 '군집 스위치Hive Switch'라고 명명했다.[64] '군집 스위치'가 작동하면 주위 사람들이 마치 자신처럼 느껴지며, 그들의 어려움을 빨리 해결해 줘야 할 것 같은 도덕적 조급함이 생겨난다. 그래서 마치 같은 벌집에 붙어 있는 벌들처럼 공동의 목표를 세우고 함께 나아간다. 그러나 사람들 간의 협력을 도모하는 '군집 스위치'는 공감 능력을 빼앗아 그룹 간 경쟁과 충동을 부채질하기도 한다. 공감의 기능이 작동되지 않으면 상대방을 다른 그룹 혹은 벌집 외부에 있는 존재로 인식하게 된다. 그래서 그들의 고통을 최소화하여 느끼거나 심지어 즐기기까지 한다.[65]

공감은 고통과 관점이라는 이차원적 특성을 지니고 있다. 즉 우리가 다른 사람에게 공감할 때는 내면의 고통을 느끼는 것에 그치지 않고 그 사람의 생각이나 욕구, 감정 등을 이해하게 된다. 가령, 상대방의 선택과 결정이 이루어진 맥락을 우리가 이해한다고 생각해 보자. 이는 제2차 네트워크, 즉 정신적 매트릭스가 관여하는 부분이다. 이 매트릭스는 우리가 상대방의 생각을 궁금해하거나 다른 사람의 행동을 이해해 보려고 노력할 때, 혹은 다른 사람의 말과 행동을 추측할 때 활성화된다.[66] 그런데 때로는 두려움이나 편견, 갈등, 극도의 신체적 욕구 등으로 인해 정신적 매트릭스가 고통의 매트릭스와 완전히 분리되어 작동하기도 한다.[67] 또 고통의 당사자가 '사용자' 혹은 '팔로워' 같은 가상의 인물인 경우, 상대방에 대한 이해가 부족한 것이 원인이 되기도 한다. 이 같은 상황이 발생하면 상대방의 고통이나 수치심을 짐작해 볼 수는 있지만, 대체로 무관심한 태도를 보이거나 심지어 통쾌함을 느끼기까지 한다. 소셜 미디어는 이 같은 방식으로 인간의 판단 능력을 위기로 몰아넣는다. 컴퓨터나 태블릿, 스마트폰은 수많은 표정으로 감정을 나타내는 인간의 얼굴은 물론, 다양한 높낮이와 음색으로 강조나 망설임을 드러내는 목소리 또한 대체할 수 없다. 토론이나 대화를 통해 서로의 생각과 의견을 나누는 상호작용도 마찬가지다. 이들 기기는 가상의 공간에서 마치 편을 가르듯 '그들'과 '우리'를 분리함으로써 정형화된 생각을 타파하기보다 더욱 고착화한다. 기기 속 가상세계에는 맥락상 의미가 빠져 있으므로, 현실 속 상호관계에서 활성화되는 판단 장치는 자연히 약화된다.

9장

두려움 없이 관계를 맺고 어울려 살아가는 법

"판단을 끊임없이 점검하면서 수정하는 일은 지치고 힘들지만
상당한 보상이 따르는 것은 물론 아주 신나는 일이기도 하다."

과거 수천 년 동안 인간의 판단 장치는 공감 능력과 더불어 미묘한 차이를 감지해 내는 능력을 탑재해 깊이 있게 발전해 왔다. 프린스턴 대학교의 피터 싱어Peter Singer 교수는 인간의 판단 장치가 선사 및 역사 시대를 거쳐 오랫동안 발전해 왔음을 강조했다. 아주 오래전, 우리의 공감 범위는 가까운 가족이나 친지 정도로 국한되어 있었다. 이후 조금씩 넓어져 자기가 속한 집단, 국가, 나아가 같은 종으로까지 확대되었다.[1] 싱어가 명명한 '공감의 대상 범위 확대'는 언어, 생각의 공유, 그리고 다양한 사람과의 교류를 통해 더욱 팽창해 나갔다.

물론 그 과정이 그리 순탄한 것만은 아니었다. 마치 주가지수가 큰 폭으로 변동을 이어 가듯 수많은 오르내림이 있었다. 그러나 장기적인 관점에서 주가는 결국 오르게 되어 있듯 공감의 범위 확대도 현실이 되었다. 인지과학자 스티븐 핑커Steven Pinker는 지난 1000년 동안 살인, 군사 충돌, 대학살, 고문, 아동 학대 등을 포함한 전반적인 폭력이 감소했다는 사실에 주목했다.[2] 물론 두려움이나 편파적 관점으로 인해 판단이 끊임없는 도전에 직면한 것도 사실이다. 하지만 전체적인 관점에서 보면 시간이 지날수록 인간의 행동 및 관용, 이성의 수준은 점차 개선되었다. 그리고 이것은 '선량한 본성', 즉 공감, 자기통제, 도덕심, 이성이 확대된 결과로 볼 수 있다. 선량한 본성은 우리의 판단 장치가 주도하는 다양한 활동을 통해 더욱 개발된다. 인간은 사회적 존재이기 때문에 다른 사람의 판단을 끌어내어 자기 스스로의 판단과 비교해 보고자 한다. 또 본능적으로 모험을 즐기기 때문에 다양한 사람과 어울리며 그들에게 판단받고자 한다. 이성적으로 사고할 수 있는 능력도 있어 상대방의 판단을 조정하고 개선할 수도 있다.[3]

그러나 나는 이 책에서 인간의 판단에 대한 전체적인 역사보다는, 판단 장치가 어떻게 발전해 왔는가에 집중했다. 어린아이들조차 사랑하는 사람을 기쁘게 해 주려는 욕구를 지니고 있는 것을 보면 인간의 판단은 평생 과업임을 알 수 있다. 그리고 인간이 사회적 동물로서 다른 사람의 칭찬과 비난에 상당한 에너지를 쏟는다는 것을 의미한다. 우리는 다른 사람의 반응에 끊임없이 주목한다. 그리고 하루에도 몇 번씩 궁금해한다. '저 사람이 내 말에 상처받았나?' '아빠를 실망시켜드린 건 아닐까?' '내가 남편을 화나게 했나?' '친구는 내가 왜 자기를 배신했다고 생각할까?' '동료들이 이제 나를 무능하다고 여길까?' '나에 대한 생각이 완전히 바뀐 걸까, 아니면 일시적으로 거부하는 걸까?' '내가 자존감 없는 사람으로 비치는 건 아닐까?' '사람들과의 관계 속에서 나의 위치는 여전히 안정적일까?' 요컨대 애착의 안정성 여부와는 상관없이 사랑하는 사람에게 받는 칭찬과 비난은 우리의 매우 중요한 관심사다. 그러면서 애착 관계가 얼마나 단단하게 유지되고 있는지, 이 관계에서 위로와 편안함을 느끼는지, 둘 사이가 인정 혹은 거부로 가득 차 있는지 끊임없이 살핀다. 이처럼 다른 사람의 판단과 자신의 판단 사이에 균형을 맞추는 일은 우리의 평생 숙제다. 아주 어린 아이라면, 부모의 칭찬이라는 따뜻한 테두리를 벗어나거나 비난에 무관심하다는 건 상상할 수도 없다.

흔히 청소년기를 질풍노도의 시기라고 한다. 이 또래의 아이들은 부모의 판단과 스스로의 판단을 끊임없이 구분지으려 한다. 동시에 부모에게 자신의 새로운 자아를 인정받으려고 힘겨운 싸움을 벌인다. 10대 자녀와 부모가 겪는 전형적인 갈등은 주로 아이들이 부모에게 느끼는 불만에서 비롯된다. 이는 현재의 불만일 수도 있지만, 상당수는 과거의 칭찬과 비난이나 부모의 판단 자체에 대한 불만과 관련되어 있다. 이 과정에서 아이들은 점차 친구에게 의지한다. 친구의 존재는 부모의 판단에서 벗어날 수 있는 유일한 탈출구가 된다. 그러나 부모의 판단에서 벗어났다고 해서 모든 문제가 해결되는 건 아니다. 아이들은 친구의 판단이라는 새로운 사슬에 묶여 버린다. 결국 무엇이 우리의 판단을 입증하고 확대하는 데, 그리고 우리의 판단을 제한하고 왜곡시키는 데 영향을 주는지 살피는 일은 평생의 과업인 셈이다.

어떻게 해서든 다른 사람과 대화를 시도해 보려는 욕구는 인간

발달에 기본 요소다. 이는 스스로의 판단을 형성하고 그것을 정당화하기 위한 탐색 과정이기도 하다. 우리는 일종의 안전지대에서 벗어나 비판적인 잣대로 스스로를 평가해 보기도 하고, 다른 사람을 관찰하며 그들의 판단을 살피기도 한다. 하루에도 몇 번씩 우리는 자기의 판단 장치에 주목한다. '나는 공정한가?' '내가 무엇을 잘못했나? 왜 나한테 불평하는 걸까?' '내 친구나 남편, 혹은 부모님은 이 상황을 어떻게 판단할까?' 그러다가 누군가가 가시 돋친 말을 하면 그 자리에서 날카롭게 쏘아붙인다. 하지만 시간이 지나 조금씩 의심이 걷히면 '내 잘못이 맞나?', '내가 부주의했나?', '내 생각이 짧았나?' 하고 자기 자신을 되돌아본다. 상대방의 마음을 파악하고 대화하며 자신을 돌아보면서 보다 나은 판단을 하려는 욕구를 끊임없이 드러낸다.

우리는 매일 자신의 판단 장치를 점검한다. 연인이나 배우자와 대화를 하면서, 친구들과 수다를 떨면서, 책을 읽고 뉴스를 들으면서, 하루 일과를 마치고 사람들과 주고받은 이야기를 떠올려보면서 부단히 자신을 살핀다. 판단 장치를 계속해서 갈고 닦으려는 노력은 내면의 심리 작용의 일부로, 자신의 생각을 보호하려는 욕구만큼이나 강하다. 판단을 점검하고 수정하려는 기본적인 욕구는 다양한 형태로 드러난다. 대표적인 것이 공개 토론이다. 지성인들의 토론에 참여하거나 이를 지켜보는 것은 매우 흥미로운 일이다. 우리의 판단에 자극을 주기 때문이다. 우리는 자신의 판단을 방어하거나 정당화하면서, 혹은 잘못된 판단을 수정하면서 건강한 방식으로 판단 장치를 보완해 나간다. 정치나 공공정책, 도덕, 종교 등의 문제에 관한 토론은 우리로 하여금 자신의 판단을 식별하고 표현하며 나아가 칭찬과 비난의 복잡한 관계까지 탐색하도록 돕는다. 이 과정에서 우리는 어떤 칭찬과 비난이 누구에게, 왜 주어졌는지를 확인할 수 있다. 때로는 토론에 참여하지 않고 단순히 지켜보며 즐기기도 한다. 공격과 방어의 살벌한 전쟁에서 물러나 안도감을 느낄 수 있기 때문이다.

생각과 판단을 개선하려는 의지는 소설이나 이야기를 즐기는 모습을 통해서도 나타난다. 소설가 이언 매큐언Ian McEwan이 언급한 것처럼 인간은 '문학적 동물'이다. 그래서 칭찬과 비난에 대한 내용을 이야기로 풀어낸 형식을 선호한다. 이를테면 누가 칭찬받고 누가 비난받아야 하는지, 우리를 거부한 사람을 어떻게 대해야 하는지, 다른 사람의 비난에 어떻게 대처해야 하는지, 상처받은 자존심은 어떻게 회복해야 하는지 등의 핵심적인 질문이 담겨 있는 대표적인 이야기 형태가 소설이다.[4] 소설을 통해 우리는 판단 장치를 상상 속에서 미리 연습해 볼 기회를 가질 수 있다.[5]

위대한 소설은 중대한 도덕적 결함만을 주제로 다루지 않는다.[6] 판단상의 작은 실수와 관련된 이야기도 많다. 자기중심적 사고를 다룬 희극이나 편협한 생각과 관련된 비극처럼 말이다. 소설의 인기는 스토리를 이끌어 가는 원동력으로써 '판단의 중요성'에 좌우되는 경우가 많다. 예를 들어 제인 오스틴Jane Austen의 『오만과 편견』에는 스스로 매우 잘났다고 생각해서 자신의 판단은 항상 옳다고 여기는 인물들이 여럿 등장한다. 이들은 자신의 생각에 동조하는 사람들과만 이야기를 나누고, 그렇지 않은 사람들의 의견은 철저히 무시한다. 이후 오만과 편견에 가득 찬 스스로의 모습과 마주했을 때, 이들은 한없이 초라해진다. 그리고 자신의 판단이 얼마나 잘못된 것일 수 있는지를 깨닫고 깊은 수치심마저 느낀다. 이 같은 혹독한 교훈은, 그러나 대개 소설의 행복한 결말을 위해서 반드시 필요한 부분이다. 독자로서 우리는 인간의 판단 장치가 얼마나 미약한 것인지 간접적으로 깨닫는다. 이와 더불어 우리는 내면의 판단 장치 속에서 들려오는 깊은 울림을 못 듣고 지나친다는 사실도 알게 된다.

내면의 판단 장치를 돌아보고자 하는 우리의 욕구는 드라마를 즐기는 모습에서도 쉽게 찾아볼 수 있다. 곤경에 처한 주인공은 이런저런 선택과 위기의 과정을 거치고, 좋은 판단 혹은 나쁜 판단의 결과는 단 몇 시간 안에 확연히 드러난다. 보통 드라마는 칭찬과 비난에 대한 일종의 '수수께끼'로 시작된다. 이 같은 드라마의 기원은 그리스 3대 비극작가로 꼽히는 소포클레스Sophocles의 가족 간 불화에 대한 이야기에서 찾아볼 수 있다. 이후 중세시대의 신비극(그리스도의 삶, 죽음, 부활을 다룬 중세의 연극 - 옮긴이)은 죄로 인해 비난받던 주인공이 인정과 칭찬을 받는다는 전형적인 구조로 이야기가 전개되었다. 관객은 연극이라는 대리 경험을 통해, 그리스도의 자녀인 자신이 얼마나 특별하고 존귀한 존재인지 깨달았다.

칭찬과 비난, 수치심, 혹은 관계 속에서 주고받는 판단의 강력한 힘은 오늘날 영화나 텔레비전 드라마에서도 주된 소재로 사용된다. 이들 내용은 난처한 위기 상황에서부터 모욕과 비난(공정하든 그렇지 않든), 편견, 갈등, 자아 발견으로 꽉 채워진다. 때로 전체적인 내용이 다소 가볍고 주인공의 판단도 단순하게 이루어지는 이야기를 선호하는 사람도 있다. 하지만 대개는 내용이 다소 복잡하더라도 보다 큰 울림이 있는 작품을 선호한다.

우리는 영화나 드라마를 통해 수많은 경험을 간접적으로 체험한다. 그 속에서 특별한 가능성을 발견하기도 하고, 전에는 알지 못했던 새로운 세상에 눈을 뜨기도 한다. 한 사람의 생애나 역사에 관한 내용이든 허구에 기반한 내용이든 상관없이, 이러한 이야기들을 통해 우리는 대상을 판단하는 새로운 기준을 갖게 된다. 모든 이야기에는 그만의 고유한 판단 기준이 내재되어 있기 때문이다.

세부적인 내용이나 인물, 맥락 등이 적합한 판단에 근거하여 묘사되는 경우, 이는 우리의 판단 기준에 직접 영향을 미친다. 이 과정에서 우리는 양질의 정보를 흡수하면서 다른 사람 혹은 자기 자신에 대해 갖고 있던 여러 고정관념들을 깨뜨려 나간다. 보통 시작 부분에 비난의 대상으로 묘사되었던 인물은 결말에 이르면 칭찬의 대상으로 묘사되곤 한다. 물론 그 반대의 경우도 있다. 그러면서 우리는 자신과는 전혀 다른 사람이라고 생각했던 인물을 자신과 꼭 닮은 사람으로 느끼기도 한다.[7] 대개 영화나 드라마를 보는 것에는 많은 시간과 에너지가 소모된다. 그럼에도 소포클레스 시절부터 지금까지 그 인기가 지속되는 이유는, 인간의 판단에 많은 도움을 주기 때문이다.

　다른 사람에 대한 우리의 판단과 더불어 우리에 대한 다른 사람의 평가는 나 스스로를 어떻게 바라보느냐에 큰 영향을 미친다. 자신을 긍정적으로 평가하는 것은 소소한 일상에서뿐만 아니라 장기적인 목표에도 커다란 동력이 될 수 있다. 우리 내면을 겹겹이 둘러싸고 있는 존중감에 대한 욕구는 다른 사람에게 존중받기 위한 최소한의 필요조건이기도 하다.[8] 긍정적인 자기 평가가 이루어지지 않으면 우리는 진정한 안식을 누릴 수 없다. 우리는 종종 더 높은 위치의 누군가가 우리에게 부족하다고 지적할 것 같은 두려움에 휩싸인다.[9] 그러면서 비난 어린 시선은 얼른 사라지고 칭찬의 눈길만 남기를 원한다.

　삶의 전환점마다 우리는 자신의 판단을 되돌아보게 된다. 예를 들어 부모가 되면 어린 시절의 부모님을 떠올리며 이런 생각을 한다. '어떻게 부모님에게 과잉보호를 한다며 비난할 수 있었을까? 내가 아이를 낳아 키워 보니 부모님의 심정을 알 것 같아.' 또 실수를 저지른 경우에는 '왜 그렇게 다른 사람에게 모질게 대했을까? 아무리 훌륭한 사람도 때로 잘못을 저지를 수 있는데 말이야'라고 뉘우치기도 한다.

　중년에 접어들었을 때도 스스로의 판단을 보다 넓은 시각에서 바라볼 수 있는 기회를 갖는다.[10] 소위 '중년의 위기'로 일컬어지는 시기에는 보통 새롭고 강력한 '또 하나의 눈'과 마주하는 경우가 많다. 이것은 다른 사람의 이목에만 관심을 두어 깊은 판단을 하기 어렵게 만든다. 그래서 이 시기에 우리는 타인의 시선에서 벗어나려고 익숙한 습관에서 벗어나 모험을 즐기며 평소와 전혀 다른 사람처럼 행동한다. 그러면서 스스로에게 질문한다. '직업을 선택하고 배우자와 결혼한 것도 단순히 사람들에게 인정받고 싶어서였을까? 나는 나 스스로의 판단을 다른 사람의 판단만큼 중요하게 생각하고 있을까?'

한편 우리의 판단에는 도덕적 판단을 포함해 훨씬 광범위한 영역의 판단까지 포함된다. 일부 철학자들은 이처럼 광범위한 판단은 개인의 선호도에 지나지 않는다며 그 의미를 축소한다.[11] 지극히 개인적이며, 늘 보편적인 가치에 바탕을 두고 있지는 않기 때문이다. 그러나 우리가 누군가를 칭찬하거나 비난할 때는 내면의 깊은 생각이나 감정이 관여하게 마련이다. 이를 통해 판단의 방향이 정해지고 자리 잡는다. 우리의 판단 장치, 곧 다른 사람을 판단하면서 스스로의 판단을 방어하려는 욕구는 대인 관계의 전체적인 그림을 그려 가는 거대한 판단 시스템의 일부[12]인 셈이다.

우리의 판단은 어린 시절의 사랑과 욕구, 두려움과 깊이 연관되어 있다. 이 기억들은 우리의 내면에 깊이 자리하면서 삶과 성취, 인생의 의미는 과연 무엇인가에 대한 판단의 근거로 작용한다. 결국 이것이 우리의 정체성에 핵심을 이룬다. 판단은 '우리가 누구인가?'에 대한 정체성을 갖추는 데 기억보다 훨씬 중요한 역할을 한다. 뇌의 손상이 성격에도 영향을 줄 수 있다는 사실은 이미 입증된 바 있다. 예를 들어 치매 환자는 더 이상 이전과 '같은 사람'으로 여기지 않는다. 누군가를 이전과 같은 사람으로 인지하는가의 여부는, 그 사람에 대한 과거의 '기억'보다는 현재의 '판단'으로 형성된 반응과 선호도, 상호작용에 좌우되는 경우가 많다.[13] 그래서 판단은 한 개인이 부모로서, 친구로서, 배우자로서, 동료로서, 사회의 구성원으로서 성공적인 삶을 살아가는 데 가장 밀접하게 연관된 요소다. 하지만 이 같은 판단은 지금껏 대체로 억누르고 자제해야 하는 것으로 여겨져 왔다.

판단을 억누르면 어떻게 될까? 아무런 판단 없이 살아가는 인간의 삶은 지금보다 훨씬 나은 모습일까? 사람들은 몇 가지 방법을 내세우며 '끊임없이 돌아가는 판단 장치에서 해방될 수 있다'라고 주장한다. 다른 기계와 마찬가지로 뇌와 신체에도 휴식 시간이 필요하다는 것이다. 운동을 하거나 영화를 보는 등의 여가 생활을 즐기면서 우리는 잠시나마 판단의 쳇바퀴에서 벗어날 수 있다. 술을 마시고 텔레비전이나 게임을 즐길 수도 있지만 그리 긍정적인 방법은 아니다. 명상이나 마음 챙김처럼 보다 정교한 기술을 요하는 형태도 있다.

마음 챙김Mindfulness은 고대 불교의 명상에서 유래한 것으로, 1970년대 이후 '생각과 감정은 의식하되 판단은 배제하는 상태'를 유지하는 명상 방법의 하나로 발전했다. 마음 챙김을 실천하면서 사람들은 일상적인 판단의 모든 억압과 속박에서 벗어난다. 민감하게 반응하고 지나치게 방어적이었던 평소의 태도에서 벗어나 스스로의 감정을 효과적으로 다스리게 된다. 그 결과 마음의 평정 상태를 유지하면서, 자기 회의나 자기 의문, 비난과 독선의 날카로운 감정은 점차 가라앉는다. 이보다 한층 높은 수준의 집중 상태를 유지하는 사람들

도 있고,[14] 수련 과정에서 만성 통증이 감소되는 경우도 있다.[15]

마음 챙김은 명상이 뇌의 활동을 변화시킨다고 주장하는 학자들의 연구에서도 효과가 입증되고 있다. 명상은 두려움과 고통을 관장하는 영역의 활동을 한동안 감소시킨다는 것이다.[16] 다만, 상당한 위험도 뒤따르는데 이러한 위험이 거의 논의되고 있지 않다는 데 문제가 있다. 마음 챙김은 모든 판단을 배제한 채 있는 그대로를 수용하는 수련 방식이다. 그래서 부정적인 반응과 함께 긍정적인 반응도 제외시킨다.[17] 긍정적인 판단에서 오는 즐겁고 의욕적인 감정마저 사라지는 것이다. 또한 우리의 생각과 믿음, 기억에 대한 비판적인 평가가 중단된다. 심리학자들은 비판적 평가 과정이 없으면 다른 사람의 생각이나 제안에 쉽게 휘둘릴 수 있으며, 심지어 잘못된 기억마저도 그대로 수용해 버린다고 말한다.[18] 판단 장치는 상대방의 의견을 선별하여 수용하는 기능을 하면서도 자신의 생각과 믿음, 기억을 평가하는 역할도 수행한다. 그런데 판단 장치의 가동을 중단시키면 높은 수준으로 평가하고 식별할 수 있는 능력도 잃게 된다.

마음 챙김을 포함한 각종 명상 수련은 우리의 마음을 쉬게 하고 재충전할 수 있는 기회를 제공해 준다. 그러나 삶에 대한 의지와 열정마저 사그라지게 할 수 있는 위험도 있다.[19] 자기 자신은 물론 다른 사람에 대한 감정과 판단은 우리의 정체성을 형성하는 데 필수적이다. 그런데 마음 챙김을 경험한 몇몇 사람들은, 자신의 정체성이 조각나 버리는 듯한 감정 속에서 결과적으로 이전보다 더 많은 불안과 혼란

으로 고통받게 되었다고 언급한다.[20]

나는 판단이 역동적이고 활력 있는 대인 관계 형성에 필수적이라고 생각한다. 그래서 무조건 억누르기보다는 자신의 판단을 충분히 이해하고 끊임없이 성찰해 가는 과정이 중요하다고 강조하고 싶다. 우리가 판단에 얼마나 많은 에너지와 시간, 감정을 쏟는지 보면서, 또 자신의 판단은 늘 공정하고 균형적이길 바라는 모습을 보면서 우리의 판단이 각종 편견과 단순화에 얼마나 취약한지 다시 한 번 깨닫는다. 그렇다면 높은 수준의 개인적 판단을 신뢰하면서 잘못된 판단의 위험은 피할 수 있는 방법은 없을까?

우선 적극적으로 자신의 판단을 탐색하고 조사해야 한다. 적극성은 자기 수용의 바탕 위에서 가능하다. 즉, 우리는 판단하는 존재이고 내면의 판단 장치는 사회적 동물로서 우리의 삶에 반드시 필요한 부분이라는 사실을 받아들여야 한다. 이때에 비로소 판단에 대한 두려움에서 벗어날 수 있다. 흔히들 "난 너를 판단하지 않아"라고 말한다. 하지만 이는 상대방에게 혼란만 주는 솔직하지 못한 표현이다. 대신 이렇게 자문해 보자. '내 판단은 어떠한가? 공정한가?'

이러한 적극성을 제대로 갖추고 나면 자연스레 다음 단계로 넘어갈 수 있다. 다음 단계는 우리의 판단이 사실에 기반하고 있는지 확인하는 것이다. '이 사람에 대한, 혹은 나에 대한 판단은 사실을 바탕으로 이루어졌는가? 추측만으로 판단하거나 부적절한 반응을 좇아간 것은 아닌가?' 이렇듯 판단을 세부적으로 관찰하거나 상대방과의 관계 속에서 판단이 어떤 역할을 하는지 살펴보면, 좋은 판단과 그렇지 못한 판단을 가려낼 수 있다.

심리학의 초기 시절부터 '대화 치료',21 곧 자신의 생각과 감정을 구체적으로 언급하는 행위는 표현으로 야기되는 부정적 효과를 줄여 준다고 여겨졌다. 오늘날에는 '정서 명명하기'라는 보다 전문적인 용어로 일컬어진다. 이것은 편도체(불안과 공포와 관계된 영역으로 방어 태세를 유발한다)의 활동은 감소시키는 반면 전두엽(반성 및 충동 제어와 관계된 영역)의 반응은 강화시키는 것으로 나타났다.22 대체로 자기 방어와 편견은 스스로의 자존감은 보호하면서 상대방의 자존감은 약화시킨다. 그런데 자기 생각과 감정에 하나하나 이름을 붙임으로써 자기 방어와 편견을 정확하게 분별하게 되고, 결과적으로 판단에 관한 유용한 도구를 얻을 수 있다는 것이다. 마지막으로, 우리의 판단이 삶에 어떠한 영향력을 미치는지 몇 가지 질문을 통해 살펴보자.

나의 판단은 내게 긍정적으로 작용하는가, 부정적으로 작용하는가? 다시 말해 나의 욕구와 바람, 가치, 흥미를 만족시켜 주는 사람과 교제하는가? 아니면 나를 다그치며 몰아세우는 사람 곁에서 아무런 만족이나 기쁨, 의미 없이 그저 쓸데없는 감정을 낭비하고 있는가?

나의 판단은 충분히 유연한가? 다른 사람에 대한 새로운 정보를 기꺼이 수용하는가? 상대방에 대한 나의 판단에 수정이 필요한 경우 감정이 심하게 흔들리지는 않는가? 혹은 상대방의 모습에 부정적인 반응이 생겨날 때, 기존의 정서적 관계나 애착에 문제가 생기지는 않는가? 정서적 안정성과 엄격성이 적절한 균형을 이루고 있는가? 나의 판단에 대한 비판을 듣고 기꺼이 판단을 수정할 의지가 있는가?

나의 판단이 개인적인 관심사를 지나치게 단순화한 것은 아닌가? 실수의 중요성과 그것이 미치는 영향력을 분별하는가? 예를 들어 많은 불편을 초래할 수 있는 실수가 전혀 의외의 하찮은 오류에서 생겨날 가능성이 있다는 것을 인지할 수 있는가?

다른 사람의 판단도 기꺼이 받아들일 준비가 되어 있는가?[23] 나의 생각도 얼마든지 바꿀 수 있는가? 나와 반대되는 입장을 지지하는 증거가 등장했을 때, 이를 거부하려는 내적인 저항이 있는가? 이러한 저항을 억누르고 눈앞의 증거만 따라 행동할 수 있는가? 나와 전혀 다른 관점이나 시각도 정당화될 수 있다는 사실을 받아들이겠는가?

외모, 종교, 민족, 성별, 정치 성향 등으로 상대방을 부당하게 판단하고 있지는 않은가? 만약 그렇다면 그 사실을 스스로 인지할 수 있는가? 편견의 취약성에서 벗어나려면 스스로 편견에서 자유롭다는 확신이 있어야 한다. 우리가 무언가에 반응할 때는, 무의식적으로 연결되어 떠오르는 부분이 있다. 이를 통해 내면의 깊은 가치를 발견하고 충만한 기쁨을 얻기도 한다. 하지만 무의식적 연결은 때로 다른 사람은 물론 자기 자신에게조차 공정하지 못한 결과를 불러오기도 한다. 우리는 편견의 취약성을 인지하고 자신의 판단을 끊임없이 점검해야 한다. 그리고 이 과정을 긍정적인 자세로 받아들여야 한다.

감정이 개입되는 상황에서도 나의 판단을 신뢰할 수 있는가? 완전한 답을 내놓을 수 없는 질문이지만, 이것은 아주 중요한 문제다. 우리는 판단 장치를 사용하면서 매 순간 생각을 자제할 필요가 있다. 즉, 상황을 정확하게 판단하도록 돕는 감정과 잘못된 판단을 하도록 왜곡시키는 감정을 분별해야 한다.

태어나자마자 우리는 마주하는 모든 것을 탐색하고 판단한다. 그리고 자신에 대한 다른 사람의 판단도 경험하기 시작한다. 다른 사람과 주고받는 칭찬과 비난을 어떻게 다루느냐에 따라 우리의 정체성과 행동, 관계가 형성된다. 이러한 판단은 우리의 깊은 욕구와 소망에 기인한다. 내면의 판단 장치에 귀를 기울이면서 필요에 따라 자신의 판단을 수정하는 것은 우리가 평생 동안 중요하게 다루어야 할 과제다. 우리의 판단을 끊임없이 점검하면서 수정하는 일은 때로 지치고 힘들지만 상당한 보상이 따르는 것은 물론 아주 신나는 일이기도 하다. 동시에 사람들과 어울려 살아가는 최선의 방법이다.

이 책에 인용된 대부분의 연구 결과는 수십 년간 취합한 것이다. 그중에서도 케임브리지 클레어 홀에서 수집한 자료는 10대 자녀와 부모, 중년으로의 변화 패턴을 연구하는 데 핵심적인 역할을 했다. 뉴넘칼리지 지원 역시 빼놓을 수 없다. 특히 10대 자녀와 부모, 형제자매, 보다 일반적인 가족 체계에 대한 연구에 많은 도움을 받았다. 또한 레버흄 에메리투스 펠로우십 수상을 통해 레버흄 재단으로부터도 아낌없는 지원을 받았다. 레버흄 재단의 도움으로 가트맨 연구소를 방문해 광범위한 자료 조사를 수행할 수 있었다. 또한 각종 연구 활동을 성공적으로 진행할 수 있었던 것은 수많은 참가자들의 자발적인 노력과 헌신 덕분이었다. 평생 갚을 수 없을 만큼의 많은 빚을 졌다. 참가자들의 꾸준한 참여와 지속적인 관심으로 주목할 만한 다수의 성과를 일구어 낼 수 있었다. 이에 더욱 활발한 연구 활동으로 감사한 마음에 보답하고자 한다.

많은 동료가 다양한 방법으로 지원을 아끼지 않았다. 루텔렌 요셀슨은 연구 활동 참여는 물론 우정에 관한 여러 장단점을 설명하는 데 방향을 제시해 주었다. 캐럴 길리건 역시 번뜩이는 아이디어로 관련 심리학 이론을 대중이 보다 쉽게 이해할 수 있도록 많은 도움을 주었다. 이와 함께 수치심, 그리고 일상적 칭찬의 필요성에 대한 제임스 길리건의 연구 성과는 이 책의 뼈대를 이루는 데 실질적인 역할을 했다. 자넷 레이브스타인Janet Reibstein은 연인 혹은 부부에 대한 개념 형성에 도움을 주었을 뿐만 아니라, 그녀의 수많은 논문은 부부 관계 파탄의 영향력을 깊이 깨달을 수 있는 계기를 마련해 주었다. 철학적 개념 정립에 많은 도움을 준 레이 랭튼Rae Langton, 그리고 판단에 대해 도덕의 범위를 훨씬 넘어서는 철학적 관점의 무수한 자료들을 지원해 준 로빈 장Robin Zhang 역시 빼놓을 수 없다. 이와 더불어 적극적인 관심과 격려를 보내 준 노튼 출판사의 런던 및 뉴욕 팀 모든 분들께 감사의 마음을 전하고 싶다. 끝으로 이 책은 노튼 출판사의 질 비알로스키Jill Bialosky 편집장의 지원과 헌신이 없었더라면 결코 빛을 보지 못했을 것이다. 책의 구상 단계에서부터 출간에 이르기까지 매 순간 성심껏 애를 써준 그에게 진심으로 감사의 마음을 전하고 싶다.

주석

프롤로그
인정받고 싶지만 평가에 매달리긴 싫은 당신에게

1. 존 바그, "First Second: The Preconscious in Social Interactions," *Unconscious Opinion*. 1994년 6월, 워싱턴 D.C. 소재 미국 심리학회 회의에서 발표.

2. 리처드 J. 데이비드슨, 샤론 베글리, 『너무 다른 사람들』, 뉴욕: 플럼, 2012, p. 39.

3. 셸리 L. 게이블, 해리 T. 레이스, 앤드류 J. 엘리엇, "Evidence for Bivariate Systems: An Empirical Test of Appetition and Aversion Across Domains," *Journal of Reaserch in Personality* 37, 제5호, 2003, pp. 349-372. 셸리 L. 게이브, 에이미 스트라크만, "Approaching Social Rewards and Avoiding Social Punishments: Appetitive and Aversive Social Motivation," *Handbook of Motivation Science*, 제임스 Y. 샤, 웬디 L. 가드너 편집, 뉴욕: 길포드 프레스, 2008, pp. 561-575. 찰스 S. 카버, 마이클 F. 샤이어, "Feedback Processes in the Simultaneous Regulation of Action and Affect," *Handbook of Motivation Science*, 제임스 Y. 샤, 웬디 L. 가드너 편집, 뉴욕: 길포드 프레스, 2008, pp. 208-224. 로니 야노프 불먼, 사나 셰이크, 서배스천 헤프, "Proscriptive

Versus Prescriptive Morality: Two Faces of Moral Regulation," *Journal of Personality and Social Psychology* 98, 제3호, 2009. pp. 521-537.

4. 영국 엘리자베스 가렛 앤더슨 병원에서 진행된 이 연구는 비록 출간되지는 못했지만, 당시 '유대'의 본질을 밝히기 위해 진행된 다수의 연구 가운데 하나였다.

5. 테리 앱터, *The Confident Child*, 뉴욕: W. W. 노튼, 2006.

6. 앱터, *The Confident Child*, pp. 102-104.

7. 테리 앱터, 『엄마의 리더십』, 뉴욕: 밸런타인, 1991. 테리 앱터, *You Don't Really Know Me: Why Mothers and Teenage Daughters Fight, and How Both Can Win*, 뉴욕: W. W. 노튼, 2004.

8. 예시: 테리 앱터, 『엄마의 리더십』, pp. 66-73.

9. 테리 앱터, *The Confident Child*, 테리 앱터, 『엄마의 리더십』, 테리 앱터, *Difficult Mothers: Understanding and Overcoming Their Power*, 뉴욕: W. W. 노튼, 2012. 테리 앱터, 루텔렌 요셀슨, *Best Friends: The Pleasure and Peril of Girls and Womean's Friendships*, 뉴욕: 크라운, 1998.

10. 테리 앱터, *Secret Paths: Women in the New Midlife*, 뉴욕: W. W. 노튼, 1995.

11. 이와 관련하여 언급한 방대한 자료의 출처는 각 장의 주석에 기재하겠으나, 특히 피터 포나기, 제임스 길리건, 로빈 던바, 브루스 후드, 마사 누스바움의 연구 자료를 주로 사용했다.

12. 로빈 던바, "The Social Brain Hypothesis," *Evolutionary anthropology* 6, 제5호, 1998, p. 178.

13. 브루스 후드, 『지금까지 알고 있던 내 모습이 모두 가짜라면』, 런던: 컨스터블, 2012.

14. S. R. 오트, S. M. 로저스, "Gregarious Desert Locusts Have Substantially Larger Brains with Altered Proportions Compared with The Solitary Phase," Proceedings of the Royal Society B, 277, 2010. pp. 3087-3096.

15. 모든 뇌세포는 일종의 '돌기', 즉 시냅스를 통해 다른 뇌세포와 연결된다. 뇌세포 간 전자 신호를 전달하는 이 시냅스가 같은 방식으로 반복적인 자극에 노출되면, 해당 신호가 빠르고 효과적으로 전달되는 하나의 통로가 형성된다. 이 정형화된 뇌세포 전달 체계를 뇌 속의 '하드 와이어링'으로 일컫는다. 이 용어는 일부 신호

전달 통로가 선천적인 것임을 나타내며 잘못 사용되기도 한다. 그러나 아주 명백한 영구적 통로라 하더라도 모든 통로는 후천적으로 학습된 것이다. 보다 자세한 설명은 다음 자료를 참고하기 바란다. 엘라인 쉬버, "Brain Development and Mastery of Language in the Early Childhood Years," *Intercultural Development Research Association*, http://www.idra.org/resource-center/brain-development-and-mastery-of-language-in-the-early-childhood-years/.

16. 로빈 던바, 수전 슐츠, "Evolution in the Social Brain," *Science* 317, 제5843호, 2007, pp. 1344-1347.
17. 마이클 마멋, *The Status Syndrome: How Social Standing Affects Our Health and Longevity*, 뉴욕: 홀트 라인하르트, 2005.

1장
그냥 보는 눈은 없다, 판단하는 눈만 있을 뿐

1. 댄 시겔은 '마음보기(mindsight)'라는 용어를 대중 심리학에 처음 사용했다. 보다 자세한 내용은 다음 자료를 참고하기 바란다. 댄 시겔, *The New Science of Personal Transformation*, 뉴욕: 반탐, 2010. 하지만 마음보기의 본질, 곧 자신의 내면세계를 들여다보고 다른 사람의 내면세계를 통해 그들을 이해하는 것은 '정신화(mentalizing)'라는 용어로 사용된다. 이 개념은 피터 포나기가 고안해 낸 것으로 구체적인 내용은 다음 책에 등장한다. 피터 포나기 외, *Affect Regulation, Mentalization, and the Development of the Self*, 런던: 카낙 북스, 2003.
2. 우리는 다른 사람을 일종의 '의도적 개체'로 보아야 한다. 구체적인 예는 다음 자료를 통해 확인할 수 있다. 마이클 토마셀로, "The Human Adaptation for Culture," *Annual Review of Anthropology* 28, 1999, pp. 509-529. 브루스

후드, *The Domesticated Brain*, 로스앤젤레스 그레트너, 펠리칸, 2014.

3. 윌리엄 제임스, Chapter X("The Consciousness of Self"), 『심리학의 원리』, 뉴욕: 홀트, 1890, pp. 291-401. 제임스의 실제 언급: "나는 오늘날 존재하지 못했을 것이다."

4. 컬러 샤츠, "MHC Class I: An Unexpected Role in Neuronal Plasticity," *Neuron* 64, no.1(2009): 40-45, 애니타 헨드릭슨, "Development of Retinal Layers in Prenatal Human Retina," *American Journal of Ophthalmology* 161, 2016, pp. 29-35.

5. 테레사 페로니 외, "Eye Contact Detection in Humans from Birth," *Proceedings of the National Academy of Sciences* 99, 2002, pp. 9602-9605.

6. 어린아이들은 노래에도 육체적인 반응을 보인다. 어린 시절에 들었던 노래의 기억은 우리 머릿속에 평생 남아 깊은 위안을 준다. 보다 구체적인 내용은 다음을 참고하기 바란다. 제인 M. 스탠들리, 클리포드 K. 매드슨, "Comparison of Infant Preferences and Responses to Auditory Stiuli: Music, Mother, and Other Female Voice," *Journal of Music Therapy* 27, 제2호, 1990, pp. 54-97. 유지나 코스타 기오미, "Infants' Preferential Attention to Sung and Spoken Stimuli," *Journal of Research in Music Education* 63, 제2호, 2014, pp. 188-194.

7. 댄 스턴, *The Present Moment*, 뉴욕: W. W. 노튼, 2004, p. 107.

8. 도널드 윈코트는 평범한 일상에서의 보살핌이 발달에 중요하다는 점을 언급하기 위해 '충분한 보살핌을 주는 엄마' 개념을 사용했다. 이는 '완벽한 엄마'의 개념과는 다소 차이가 있다. 구체적인 내용은 다음 자료를 참고하기 바란다. 도널드 윈코트, *The Child, the Family and the Outside World*, 런던: 펭귄, 1964, p. 17, p. 44. 또한 에드 트로닉의 연구는, 신생아가 전달하는 신호의 30퍼센트를 부모가 알아채고 이에 맞출 때 건강한 발달이 이루어짐을 보여 준다. 보다 자세한 내용은 다음 자료를 참고하기 바란다. *The Neurobehavioral and Social-Emotional Development of Infants and Children*, 뉴욕: W. W. 노튼, 2007, p. 20.

9. 실비아 M. J. 하인스, 다윈 W. 뮤어, "Effects of Stimulus Contingency in Infant-

Adult Interactions," *Infant Behavior and Development* 19, 1996, pp. 49-61.

10. 앨리슨 고프닉, 앤드류 멜초프, 패트리샤 쿨, 『아기들은 어떻게 배울까』, 런던: 웨이든펠드 앤 니콜슨, 2001.

11. 수전 T. 피르케, 에이미 J. C. 커디, 피터 글릭, "Universal Dimensions of Social Cognition: Warmth and Competence," *Trends in Cognitive Sciences* 11, 2007, pp. 77-83.

12. 어맨다 L. 우드워드, "Infants Selectively Encode the Goal Object of an Actor's Reach," *Cognition* 69, 1998, pp. 1-34.

13. 크리스티안 케이서스, 『아기들은 어떻게 배울까』, 캘리포니아 주 로스 가토스: 스매시워즈, 2011.

14. 케이서스, 『아기들은 어떻게 배울까』.

15. 어떤 사람들은 마음보기 능력이 유독 뛰어나지만, 이 능력이 전혀 없는 사람들도 있다. 상대방의 얼굴이나 목소리, 몸짓이 보내는 의미와 의도를 쉽게 알아채지 못하는 상태는 '아스퍼거 증후군'으로 알려져 있다.

16. 찰스 다윈, Chapter 13, "Self-Attention-Shame-Shyness-Modesty: Blushing," 『인간과 동물의 감정 표현』, 런던: 존 머레이, 1872, p. 325. 심리학자 대처 켈트너는 당황스러운 순간에 나타나는 홍조 현상의 뿌리는 다른 영장류에게 있다고 보았다. 서로 싸우고 나면 이들도 먼 곳을 보거나 고개를 숙이고 몸을 구부림으로써 당황한 기색을 드러낸다는 것이다. 이 같은 켈트너의 주장은 다른 학자들의 의견과 대치되는 것으로, 보다 자세한 내용은 다음 책에서 확인할 수 있다. 대처 켈트너, *Born to be Good*, 뉴욕: W. W. 노튼, 2009, pp. 76-97.

17. 다윈, 『인간과 동물의 감정 표현』.

18. 켈트너, *Born to Be Good*.

19. 폴 에크만이 명명한 '뒤셴 미소.' 보다 자세한 내용은 다음 책에서 확인할 수 있다. 폴 에크만, *What the Face Reveals*, 뉴욕: 옥스퍼드 대학교 출판부, 1998.

20. 후드, *The Domesticated Brain*, p. 272.

21. 예외도 있다. 다른 사람이 자신에게 주목할 것이라는 희망을 완전히 놓아 버린

경우다. 보다 자세한 내용은 다음 책에서 확인할 수 있다. 존 볼비, *Attachment and Loss*, 제1권, *Attachment*, 재판, 뉴욕: 베이직 북스, 1983.

22. 기요르기 게르게이, 카탈린 에제드, 일디코 키랄리, "On Pedagogy," *Developmental Science* 10, 2007, pp. 139-146.

23. 브루스 후드, 더그 윌렌, 존 드라이버, "An Eye's Direction Detector Triggers Shifts of Visual Attention in Human Infants," *Psychological Science* 9, 1998, pp. 53-56.

24. 존 H. 플라벨, 수전 G. 십스테드, 캐런 크로프트, "What Young Children Think You See When Their Eyes Are Closed," *Cognition* 8, 1980, pp. 369-387.

25. 제임스 러셀, 브리오니 지, 크리스티나 블라드, "Why Do Young Children Hide by Closing Their Eyes? Self-Visibility and the Developing Concept of the Self," *Journal of Cognition and Development* 13, 제4호, 2012, pp. 550-576. 보다 확장된 연구에서는, 최소 4세까지 누군가를 보고 아는 것은 서로 간의 의사소통 '흐름'이 양방향으로 이루어지는지 확인할 수 있는가에 달려 있다고 설명한다. 자세한 내용은 다음 자료에서 확인 가능하다. 헨리케 몰, 앨리 카룰리안, "'Not See, Not Hear, Not Speak': Preschoolers Think They Cannot Perceive of Address Others Without Reciprocity," *Journal of Cognition and Development* 18, 제1호, 2017, pp. 152-162.

26. 마이클 폰 그루나우, 크리스티나 앤스턴, "The Detection of Gaze Direction: A State-in-the-Crowd Effect," *Perception* 24, 1995, pp. 1296-1313.

27. 레지널드 애덤 외, "Effects of Gaze on Amygdala Sensitivity to Anger and Fear Faces," *Science* 300, 2003, p. 1536.

28. 선천적으로 시력을 상실한 아이도 피부의 촉각을 통해 자의식을 기르고 상대방의 마음을 읽어 내는 능력을 개발해 나간다. 심지어 손을 잡는 것만으로도 서로의 존재를 확인하고 상대방의 인정과 반응을 직접적으로 느낀다. 하지만 대부분의 아이에게 마주보기는 상대방의 존재 혹은 부재를 확인하는 주된 수단이다.

29. 앤터니 디캐스퍼, 윌리엄 피퍼, "Of Human Bonding: Newborns Prefer their Mothers' Voices," *Science* 208, no 4448(1980): 1174-76, 존 가트맨, 줄리

슈워츠 가트맨, 『우리 아이를 위한 부부 사랑의 기술』, 뉴욕: 크라운, 2007, p. 31.

30. 과거에는 한 가지 감각 기능이 상실된 경우 다른 감각이 보내는 신호에 더 집중하는 것으로 여겨졌다. 예를 들어 시각 장애인은 청각 신호에, 청각 장애인은 시각이나 촉각 신호에 보다 집중하는 식이다. 그러나 최근의 연구 결과 우리의 뇌는 일부 감각 기능을 사용할 수 없게 되어도 사용 가능한 감각 경험에 따라 변화하고, 이들 감각을 극대화하는 방식으로 상실한 감각을 대체해 나간다는 것이 밝혀졌다. 이 같은 적응 과정은 '통합 감각적 가소성'으로 알려져 있으며, 이는 뇌 손상 이후에 생겨나는 신경가소성의 한 형태로 볼 수 있다. 보다 자세한 내용은 다음 자료에 언급되어 있다. 크리스티나 케언스, 마크 도우, 헬렌 네빌, "Altered Cross-Modal Processing in the Primary Auditory Cortex of Congenitally Deaf Adults: A Visual-Somatosensory fMRI Study with the Double-Flash Illusion," *Journal of Neuroscience* 32, 제28호, 2012, pp. 9626-9638.

31. 필립 리버만, *Eve Spoke: Human Language and Human Evolution*, 뉴욕: W. W. 노튼, 1998.

32. 지난 30여 년간, 동물의 의사소통과 관련해 큰 연구 성과가 있었다. 인간 외에 다른 종이 내는 소리의 의미를 식별하는 것은 극도로 어려운 작업이다. 예를 들어 돌고래의 경우 인간의 언어 중 일부 요소를 이해하고 있으며, 청각과 시각 요소를 포함한 이들만의 복잡한 언어 체계를 갖고 있음이 밝혀졌다. 보다 자세한 내용은 다음 자료를 통해 확인 가능하다. 존 스튜어트 레이드, 잭 캐스위츠, *Conversations with Dolphins*, 캘리포니아 주 로스앤젤레스: 스토리 머천트 북스, 2013. 할 호드슨, "Decoding Dolphins: Dolphin Whistle Translated Instantly by Computer," *New Scientist*, 2014. 3. 29, http://www.newscientist.com/article/mg22129624.300-dolphin-whistle-instantly-translated-by-computer.html#.VVR6MNjbKcM.

33. 아이들은 각기 다른 방식으로 감정적 어조를 처리해 나갔다. 잦은 다툼에 노출된 아이들은 그렇지 않은 아이들에 비해 화난 목소리에 훨씬 더 경계하는 것으로 나타났다. 자세한 내용은 다음 자료에서 확인할 수 있다. 그레이엄, 피셔, 페이퍼, "What Sleeping Babies Hear," pp. 782-789.

34. 앨리스 그레이엄, 필립 피셔, 제니퍼 페이퍼, "What Sleeping Babies Hear: a Functional MRI Study of Interparental Conflict and Infants' Emotion Processing," *Psychological Science* 24, 2013, pp. 782-790.

35. 로런스 콜버그, *Essays on Moral Development*, vol.2, *The Psychology of Moral Development: The Nature and Validity of Moral Stages*, 뉴욕: 하퍼 앤 로우, 1984.

36. 리처드 아피냐네시 외, *Introducing Melanie Klein*, 케임브리지: 케임브리지 대학교 출판부, 2006, p. 173.

37. 네하 마하잔, 캐런 윈, "Origins of 'US' versus 'Them': Prelinguistic Infants Prefer Similar Others," *Cognition* 124(2012): 227-33.

38. 후드, *The Domesticated Brain*, 54-55.

39. 마치에이 추덱 외, "Culture-Gene Coevolutionary Theory and Children's Selective Social Learning," *Navigating the Social World: What Infants, Children and Other Species Can Teach Us*, 마자린 R. 바나지, 수전 A. 젤먼 편집, 뉴욕: 옥스퍼드 대학교 출판부, 2012. pp. 181-185.

40. 킬리 햄린, 폴 블룸, 캐런 윈, "Social Evaluation by Preverbal Infants," *Nature* 450, 2007, pp. 557-559.

41. 후드, *The Domesticated Brain*, p. 55.

42. 마이클 토마셀로, *A Natural History of Human Morality*, 매사추세츠 주 케임브리지: 하버드 대학교 출판부, 2016.

43. 옌스 옐가르드 크리스티안센, "Evil Origins: A Darwinian Genealogy of the Popcultural Villain," *Evolutionary Behavioral Sciences* 10, 제2호, 2016, pp. 109-122.

44. 리처드 데이비드슨, 샤론 베글리, 『너무 다른 사람들』, 뉴욕: 플럼, 2012, p. 35.

45. 데이비드슨, 베글리, 『너무 다른 사람들』, p. 40.

46. 도덕적 믿음과 개인적 선호를 구분해 놓은 자료는 다음 문헌을 포함하여 매우 많다. 알프레드 J. 에어, *Language, Truth and Logic*, 런던: 골란츠, 1936. 리처드 메르빈 헤어, *Moral Thinking: Its Levels, Method, and Point*,

옥스퍼드: 클라렌든 프레스, 1981. 데이비드 흄, 『자연종교에 관한 대화』, 뉴욕: 밥스 메릴, 1947. 임마누엘 칸트, 『실천이성비판』, 메리 그레거 편집, 케임브리지: 케임브리지 대학교 출판부, 1997. 임마누엘 칸트, 『실천이성비판』, 폴 가이어, 앨런 W. 우드, 편집, 케임브리지: 케임브리지 대학교 출판부, 1998. 임마누엘 칸트, 『도덕형이상학의 기초』, 메리 그레거 편집, 케임브리지: 케임브리지 대학교 출판부, 1998. G.E. 무어, *Principia Ethica*, 케임브리지: 케임브리지 대학교 출판부, 1903. 존 롤스, 『정의란 무엇인가』, 매사추세츠 주 케임브리지, 하버드 대학교 출판부, 1971.

47. 예시: "World Thinkers 2013," *Prospect Magazine*, 2013. 4. 24, https://www.prospectmagazine.co.uk/magazine/world-thinkers-2013.

48. 조너선 하이트는 도덕적 판단에 대한 사회적 직관주의 모델을 제시한다. 이 모델은 도덕적 판단이 의식적 추론보다는 자동적으로 처리되는 직관에 기초하고 있음을 설명한다. 그러나 도덕적 판단은 추론 행위에 의해 개선 및 검증될 수 있다. 이와 관련된 핵심 자료는 다음과 같다. 조너선 하이트, 『바른 마음』, 뉴욕: 빈티지, 2013.

49. 조너선 하이트, "The Emotional Dog and Its Rational Tail: A Social Intuitionist Approach to Moral Judgement," *Psychological Review* 108, 제4호, 2001, pp. 814-834.

50. 찰스 로드, 리 로스, 마크 레퍼, "Biased Assimilation and Attitude Polarization: The Effects of Prior Theories on Subsequently Considered Evidence," *Journal of Personality and Social Psychology* 37, 제11호, 1979, pp. 2098-2109.

51. 그럼에도 조너선 하이트는 판단을 면밀히 살펴보는 것이 매우 가치 있는 일이며, 다른 사람의 판단을 이해함으로써 보다 관대해질 수 있다고 생각했다. 자세한 사례는 다음 자료에서 확인할 수 있다. 하이트, 『바른 마음』.

52. 조너선 하이트는 다양성과 균형감을 통한 판단의 성찰 및 수정을 적극 지지했다. 관련 자료는 다음 웹사이트 참고. HeterodoxAcademy.org.

53. 폴 슬로빅, 멜리사 피누케인, 엘렌 피터스, 도널드 맥그리거, "The Affect Heuristic," *European Journal of Operational Research* 177, 2007, pp.

1333-1352.

54. 안토니오 다마지오는 감정과 이성은 별개의 영역이라는 기존의 개념을 성공적으로 바꾸었다. 그는 감정적 평가, 그리고 이와 관련된 접근 및 회피 성향은 우리의 사고 체계에서 핵심 역할을 수행한다는 것을 증명했다. 이전까지 이 같은 사고 체계는 오직 이성과 논리를 기초로 한다고 여겨져 왔다. 보다 자세한 내용은 다음 자료에서 확인 가능하다. 안토니오 다마지오, 『데카르트의 오류』, 뉴욕: 하퍼 콜린스, 1995. 재판, 뉴욕: 펭귄, 2005. 또한 다마지오는 인간은 탁월한 추론 능력을 지니고 있지만 개인적 의미와 평가적 요소가 결합된 감정 없이는 추론 능력을 제대로 발휘할 수 없음을 증명했다. 즉 감정이 결여된 상태에서는 의미 있는 상호작용을 할 수 없다는 것이다. 가치도, 우선순위도 없기 때문에 무엇을 할지, 어떻게 할지에 대한 의사결정을 할 수가 없다.

55. 감정의 지식에 관한 지속된 논쟁 내용은 다음 자료를 참고하기 바란다. 마사 누스바움, *Upheavals of Thought: The Intelligence of Emotion*, 케임브리지: 케임브리지 대학교 출판부, 2004.

56. 감정을 판단의 중심에 놓는 사회적 직관주의 모델은 이성을 통해 판단이 개선될 수 있다고 본다. 이와 관련해 조너선 하이트는 우리 자신은 물론 상대방의 판단을 이해하고 조정하는 데 이성이 매우 유용한 도구임을 강조한다.

2장

칭찬 : 괜찮은 사람으로 인정받고 싶은 욕망

1. 크리스틴 P. 엘스워스, 다윈 W. 뮤어, 실비아 M. 하인스, "Social Comptetence and Person-Object Differentiation," *Developmental Psychology* 29, 1993, pp. 63-73.

2. 애덤 J. 과스텔라 외, "Does Oxytocin Influence the Early Detection of Angry

and Happy Faces?," *Psychoneuroendocrinology* 34, 2009, pp. 220-225.

3. 마르쿠스 하인리히 외, "Selective Amnesic Effects of Oxytocin on Human Memory," *Physiology and Behavior* 83, 2004, pp. 31-38.

4. 타니아 싱어 외, "Effects of Oxytocin and Prosocial Behavior on Brain Responses to Direct and Vicariously Experienced Pain," *Emotion* 8, 2008, pp. 781-791.

5. 마르쿠스 하인리히, 베르나데트 폰 다반스, 그레고르 돔스, "Oxytocin, Vaso-pressin and Human Social Behaviour," *Frontiers in Endrocrinology* 30, 제4호, 2009, pp. 548-577.

6. 마이클 코스펠드 외, "Oxytocin Increases Trust in Humans," *Nature* 435, 제7042호, 2005, pp. 673-676.

7. 베티 하트, 토드 R. 리슬리, *Meaningful Differences in the Everyday Experience of Young American Children*, 런던: 브룩스 퍼블리싱, 1995.
   제니퍼 헨더롱, 마크 R. 레퍼, "The Effects of Praise on Children's Intrinsic Motivation: A Review and Synthesis," *Psychological Bulletin* 128, 제5호, 2002, pp. 774-795.

8. 수전 N. 하버, "The Primate Basal Ganglia: Parallel and Integrative Networks," *Journal of Chemical Neuroanatomy* 26, 제4호, 2003, pp. 317-330.

9. 요한 룬드스트롬 외, "Maternal Status Regulates Cortical Response to the Body Odor of Newborns," *Frontiers in Psychology* 5, 2003, http://dx.doi.org/10.3389/fpsyg.2013.00597.

10. 자코모 리촐라티, 라일라 크레게로, "The Mirror-Neuron System," *Annual Review of Neuroscience* 27, 2004, pp. 169-192.

11. 앤드류 멜초프, "Born to Learn: What Infants Learn From Watching Us," *The Role of Early Experience in Development*, 네이선 A. 폭스, 루이스 A. 레빗, 존 G. 워홀, 뉴저지 주 스킬먼: 소아학회 출판부, 1999, pp. 1-10. 1970년 처음 출간된 멜초프의 연구 성과는 아기가 얼마나 빨리 타인과 상호작용을 하는지에 관한

기존의 생각을 완전히 뒤바꾸어 놓았다. 이전까지만 해도 심리학자 장 피아제는, 생후 9개월이 지나서야 비로소 다른 사람을 흉내 내기 시작한다고 믿었다. 멜초프의 연구는 기존의 이론을 정면으로 반박하는 것이었다. 자세한 내용은 다음 자료를 참고하기 바란다. 자닌 우첸브록 외, "Comprehensive Longitudinal Study Challenges the Existence of Neonatal Imitation in Humans," *Current Biology* 26, 제10호, 2016, pp. 1334-1338.

12. 앤드류 N. 멜초프, M. 키스 무어, "Explaining Facial Imitation: A Theoretical Model," *Early Development and Parenting* 6, 제34호, 1997, pp. 179-192.

13. 타니아 L. 차트란드, 존 A. 바그, "The Chameleon Effect: The Perception-Behavior Link and Social Interaction," *Journal of Personality and Social Psychology* 76, 1999, pp. 893-910.

14. 제시카 L. 라킨, 타니아 L. 차트란드, "Using Nonconscious Behavioral Mimicry to Create Affiliation and Rapport," *Psychological Science* 14, 2003, pp. 334-339.

15. 하임 기너트, 『부모와 아이 사이』, 뉴욕: 맥밀란, 1965, p. 39.

16. 존 바스콘셸루스, *The Social Importance of Self Esteem* 서문, 앤드류 메카, 닐 스멜서, 존 바스콘셸루스 편집, 버클리: 캘리포니아 대학교 출판부, 1989, pp. xi-xxi.

17. 로버트 로젠탈, 레노어 제이콥슨, *Pygmalion in the Classroom: Teachers' Expectations and Pupils' Intellectual Development*, 뉴욕: 라인홀트 앤 윈스턴, 1968.

18. 이 같은 가정을 뒷받침하는 또 다른 근거로 '호손 효과(Hawthorne Effect)'를 들 수 있다. 시카고 서부 전자업체 호손 공장에서는 누군가가 자신을 지켜본다는 것을 인지하는 것이 근로자의 작업 성과에 영향을 미치는지에 대한 실험을 진행했다. 작업 환경 및 조건과의 연관성을 파악하기 위해 조명의 정도를 각기 다르게 했다. 한 실험군에는 오래된 전구를 새것이 아닌 완전히 똑같은 낡은 전구로 교체했지만, 작업 효율은 향상되었다. 이를 통해 작업 성과는 실제의 근무 환경이나 조건보다 근로자의 생각과 믿음에 좌우되는 것임이 밝혀졌다. 안타깝게도 연구 내용이 담긴

기록물은 모두 유실되었다. 이와 관련된 내용으로는 다음 자료를 참고하기 바란다. 에드윈 게일, "The Hawthorne Studies – A Fable For Our Times?," *QJM: An International Journal of Medicine* 97, 제7호, 2004, pp. 4393-4449, http://dx.doi.org/10.1093/qjmed/hch070.

19. 보다 구체적인 내용은 다음 자료를 참고하기 바란다. 루텔렌 요셀슨, *Playing Pygmalion: How People Create One Another*, 메릴랜드 주 란함: 주식회사 제이슨 애런슨, 2007.

20. 로이 F. 바우마이스터, 데브라 G. 허턴, 케네스 J. 케언스, "Negative Effects of Praise on Skilled Performance," *Basic and Applied Social Psychology* 11, 2010, pp. 131-148.

21. 상게서.

22. 상게서.

23. 테리 앱터, *The Confident Child: Raising Children to Believe in Themselves*, 뉴욕: W. W. 노튼, 1998.

24. 메리 버드 로우, "Relation of Wait-Time and Rewards to the Development of Language, Logic, and Fate Control: Part II Rewards," *Journal of Research in Science Teaching* 11, 1974, pp. 291-308.

25. 알피 콘, *Punished by Rewards: The Trouble with Gold Stars, Incentive Plans, A's, Praise, and Other Bribes*, 뉴욕: 호튼 미플린, 1993.

26. 캐럴 S. 드웩, "Motivational Processes Affecting Learning," *American Psychologist* 41, 제10호, 1986, pp. 1040-1048.

27. 캐럴 S. 드웩, 치유 치우, 잉이 홍, "Implicit Theories and Their Role in Judgments and Reactions: A World from Two Perspective," *Psychological Inquiry* 6, 제4호, 1995, pp. 267-285.

28. 테리 앱터, *The Confident Child*, 윌리엄 데이먼, *Greater Expectations: Overcoming the Culture of Indulgence in America's Home and Schools*, 뉴욕: 프리 프레스, 1995.

29. J. 패터슨 외, "Improving Mental Health Trough Parent Training Progra-

mmes," *Archives of Disease in Childhood* 87, 2002, pp. 472-477.

30. 테리 앱터, *The Confident Child*.

31. 과장된 칭찬이 효과가 없다는 사실은 다양한 연구를 통해 확인되었다. 구체적인 예는 다음 자료를 참고하기 바란다. 에디 브루멜만, 제니퍼 크로커, 브래드 부시맨, "The Praise Paradox: When and Why Praise Backfires in Children with Low Self-Esteem," *Child Developmental Perspectives* 10, 제2호, 2016, pp. 111-115.

32. 아이들은 "잘했어!" 같은 칭찬보다 "모양별로 나눠 놓았네? 잘했어!"처럼 구체적인 칭찬을 선호한다. 일반적인 칭찬은 구체적인 칭찬보다 훨씬 효과가 적고, 일부 연구에 따르면 칭찬을 안 하는 것과 다름없었다. 보다 자세한 내용은 다음 자료를 참고하기 바란다. 로버트 라이언 셰어, "The Relative Effects of General Versus Descriptive Praise On a Card sorting Task," 메릴랜드 대학교 박사학위 논문 1976.

33. 1990년대 10대의 나이로 연구에 참여했던 지금의 중년 여성과 그들의 10대 자녀 관련 연구 프로젝트에 포함된 내용이다(아직 출간 전이다). 관련 내용은 다음 자료를 참고하기 바란다. 테리 앱터, 『엄마의 리더십』, 뉴욕: W. W. 노튼, 2004. 테리 앱터, *Altered Loves: Mothers and Daughters During Adolescence*, 뉴욕: 밸런타인, 1990.

34. 테리 앱터, 『엄마의 리더십』.

35. 1990년대 10대의 나이로 연구에 참여했던 지금의 중년 여성과 그들의 10대 자녀 관련 연구 프로젝트에 포함된 내용이다(아직 출간 전이다). 관련 내용은 다음 자료를 참고하기 바란다. 앱터, 『엄마의 리더십』. 앱터, *Altered Loves*.

36. 이 연구는 레버흄 재단의 지원을 받아 진행되었다.

37. 이 비유는, 당시 부부의 가사노동 분담에 관한 연구를 진행 중이던 알리 러셀 혹실드로부터 1988년 버클리의 한 세미나에서 들은 것이다.

38. 제프리 브레넌, 필립 페팃, "The Hidden Economy of Esteem," *Economics and Philosophy* 16, 2000, pp. 33-98. 브레넌과 페팃은 칭찬보다는 비난으로 이어질 가능성이 높은 행동에 주목한다. 가령 운전을 험하게 하는 10대의 행동은

주변으로부터 냉대받을 위험을 무릅쓴 것이다. 물론 곧바로 제지당해 벌금 딱지를 끊고 면허증마저 뺏길 가능성이 높다. 그렇다면 존중감의 경제학 관점에서 이 아이의 행동은 비이성적이라고 볼 수 있을까? 10대 아이의 마음속을 들여다보면 그렇지 않다는 것을 금방 알 수 있다. 아이가 원하는 존중감은 '나도 차를 몰 수 있다'라는 자부심이다. 친구들이 갖고 있는 운전에 대한 환상을 자신이 드러내기 원한 것이다. 아이의 이 같은 행동은 어리석어 보일 수 있지만, 존중감의 경제학 차원에서 보면 전혀 그렇지 않다.

39. 브레넌, 페팃, "The Hidden Economy of Esteem," pp. 33-98.

40. '판단 장치'는 필자가 조어한 것으로 브레넌과 페팃은 서로를 평가하는 행위를 두고 '상호 감독'이라는 용어로 묘사한다.

41. 브레넌, 페팃, "The Hidden Economy of Esteem," p. 79.

42. 상게서, 33-98.

43. 최근의 연구 결과, 금전적인 기쁨과 존중감을 얻는 데서 오는 기쁨, 사회적 지위를 누리면서 얻는 기쁨은 모두 뇌의 같은 영역(선조체)에서 처리되는 것으로 밝혀졌다. 자세한 내용은 다음 자료를 참고하기 바란다. 캐럴린 F. 징크 외, "Know Your Place: Neural Processing of Social Hierachy in Humans," *Neuron* 58, 제2호, 2008, pp. 273-283. 이 연구에서 한 과학자는 이렇게 말한다. "각기 다른 보상 형태도 같은 통화체계에 의해 암호 처리된다." 이것은 다음 글에 언급되었다. 니킬 스와미나탄, "For the Brain, Cash is Good, Status is Better," *Scientific American*, 2008. 4. 24, https://www.scientificamerican.com/article/for-the-brain-status-is-better/.

44. "우리는 각자의 자리에 존재하는 것만으로 보상과 처벌을 주고받으며 서로의 행동을 입력한다. 이 같은 보상과 처벌에 대한 기대는 우리의 행동을 이에 맞춰 조절해 가도록 이끌어 나간다." 브레넌, 페팃, "The Hidden Economy of Esteem," p. 79.

45. 올라 스벤슨, "Are We All Less Risky and More Skilled Than Our Fellow Drivers?" *Acta Psychologica* 47, 제2호, 1981, pp. 143-148.

46. 코델리아 파인, 『뇌 마음대로』, 뉴욕: W. W. 노튼, 2008, p. 7(171페이지 이하 여러

페이지의 주석).

47. K. 패트리샤 크로스, "Not Can, but Will College Teachers Be Improved?," *New Directions for Higher Education* 17, 1977, pp. 1-15.

48. 에즈라 W. 주커만, 존 T. 조스트, "What Makes You Think You're So Popular? Self Evaluation Maintenance and the Subjective Side of the 'Friendship Paradox'," *Social Psychology Quarterly* 64 제3호, 2001, pp. 207-223. "It's Academic," *Stanford GSB Reporter*, 2000. 4. 24, pp. 14-15.

49. 마크 엘리케, 올레샤 고보룬, "The Better-Than-Average-Effect," *The Self in Social Judgment*, 마크 엘리케, 데이비드 더닝, 요아힘 크뤼거 편집, *Studies in Self and Identity*, 영국 호브: 사이콜로지 프레스, 2005, pp. 85-106.

50. 게리슨 케일러, *Lake Wobegon Days*, 뉴욕: 더 바이킹 프레스, 1985.

51. 베라 후렌스, "Self Enhancement and Superiority Biases in Social Comparisons," *European Review of Social Psychology* 4. 제1호, 1993, pp. 113-139.

52. 운전이나 시험, 사람 이름 외우기 등 특정한 임무 수행 결과가 좋지 못한 이들은 자신의 능력을 과대평가하는 반면, 뛰어난 결과를 보이는 사람들은 오히려 스스로의 능력을 과소평가하는 것으로 나타났다. 이에 대한 근본적인 원인은 좋은 결과를 내는 사람들은 자기 실수를 잘 발견하고 다른 사람의 성과를 과대평가하는 데 비해, 좋지 못한 결과를 내는 사람들은 자신의 부족한 부분을 보지 못하기 때문이다. 이 같은 현상을 '불완전함의 이중적 저주'라고 부른다. 보다 자세한 내용은 다음 자료를 참고하기 바란다. 조이스 얼링거 외, "Why Unskilled Are Unaware: Further Explorations of (Absent) Self-Insight among the Incompetent," *Organizational Behavior and Human Decision Process* 105, 제1호, 2008, pp. 98-121. 저스틴 크루거, 데이비드 더닝, "Unskilled and Unaware of It: How Difficulties in Recognizing One's Own Incompetence Lead to Unflated Self-Assessments," *Journal of Personality and Social Psychology* 77, 1999, pp. 1121-1134. 본 자료에서는, 낮은 결과를 보인 사람들은 자신의 성과를, 높은 결과를 보인 사람들은 다른 사람의 성과를 잘못 판단하기 때문에 양쪽 모두 백분위 예상 순위를 제대로 추측하지 못한다는 내용도 다루고 있다.

53. W. 키스 캠벨, 콘스탄틴 세디키데스, "Self-Threat Magnifies the Self-Serving Bias: A Meat-Analytic Integration", *Review of General Psychology* 3, 제10호, 1999, pp. 23-43.

54. 제임스 R. 라슨, "Evidence For a Self-Serving Bias in the Attribution of Causality," *Journal of Personality* 45, 1977, pp. 430-441.

55. 에밀리 프로닌, 대니얼 Y. 린, 리 로스, "The Bias Blind Sot: Perceptions of Bias in Self Versus Others," *Personality and Social Psychology Bulletin* 28, 제3호, 2002, pp. 369-381.

56. 이 사례는 다음 자료에서 차용한 것이다. 테리 앱터, *Secret Paths: Women in the New Midlife*, 뉴욕: W. W. 노튼, 1995, pp. 287-290.

57. 파인, 『너 마음대로』, p. 9.

58. 애덤 스미스는 '합리적인 자기 이익과 경쟁의 추구는 경제의 번영과 안정으로 이어진다'라고 설파한 것으로 더욱 유명하다. 동시에 그는 도덕적 철학자로 말년에는 『도덕감정론』이라는 책을 썼다. 이 책에서 그는 양심, 동정, 이타심 등의 항목을 사회적, 경제적으로 가장 강력한 동인이 된다고 설파했던 합리적 자기 이익과 일치시키고자 노력했다.

59. 애덤 스미스, "The Theory of Moral Sentiments," *Glasgow Edition of the Works and Correspondence of Adam Smith*, 제1권, D. D. 라파엘, A. L. 맥피 편집, 옥스퍼드: 옥스퍼드 대학교 출판부, 1982.

60. 기너트, 『부모와 아이 사이』, p. 39.

61. 루텔렌 요셀슨, *The Space Between Us: Exploring the Dimensions of Human Relationships*, 샌프란시스코: 조세이 바스, 1992.

1. 준 P. 탱니, D. 마셱, 제프리 스투윅, "Shame, Guilt, and Embarrassment: Will the
   REal Emotion Please Stand Up?," *Psychological Inquiry* 16, 제1호, 2005,
   pp. 44-48.

2. E. R. 도즈, *The Greeks and the Irrational, Sather Classical Lectures*, 버클리:
   캘리포니아 대학교 출판부, 1951. 이 책은 잘못된 행동으로부터 느끼는 스스로의
   죄책감과 용인될 수 없는 행동이 사람들에게 노출되었을 때 느끼는 수치심을
   구분하고 있다. 하지만 보다 최근의 연구에서는 죄책감과 수치심 모두 '사회적,
   도덕적 수용 가능성에 대한 즉각적이고 핵심적인 피드백 역할을 한다'라는 사실이
   밝혀졌다. 하지만 이 같은 공적, 사적 감정 구분에 대한 실증적 증거는 없다. 홀로
   느끼는 수치심은 죄책감만큼이나 흔하게 발생하는 감정이다. 보다 자세한 내용은
   다음 자료를 참고하기 바란다. 준 탱니, "Recent Empirical Advances in the
   Study of Shame and Guilt," *American Behavioral Science* 38, 1995. pp.
   1132-1145.

3. '비난과 비난받을 만한 행동'이라는 주제에 대한 논쟁은 이미 무수히 진행되었다.
   '비난은 어떤 경우에 적절한가?'라는 질문에 대한 도덕 철학자와 법 철학자 간
   논쟁은 아직 진행 중이다. 대개는 스스로의 노력 없이 다른 사람에게 묻어 가는
   이른바 '무임승차자'에 대한 비난은 타당하다는 데 동의한다. 이들 무임승차자는
   자신의 행동이 잘못되었다는 것은 알지만 행동은 반대로 한다. 보다 많은 사례는
   다음 자료를 참고하기 바란다. 버나드 윌리엄스, *Morality: An Introduction to
   Ethics*, 케임브리지: 케임브리지 대학교 출판부, 1972. 버나드 윌리엄스, *Shame
   and Necessity*, 버클리, 캘리포니아 대학교 출판부, 1993.

4. 이 같은 논쟁의 사례는 다음 자료에서 찾을 수 있다. 조너선 하이트, "Morality,"
   Perspectives on Social Science 3, 2008, pp. 65-72. 데니스 L. 크렙스, "Morality:
   an Evolutionary Account," *Perspectives on Psychological Science* 3, 2008,
   pp. 149-172.

5. 로런스 콜버그, "The Psychology of Moral Development: Moral Stages and the Idea of Justice," *Essays on Moral Development*, 제1권, 뉴욕: 하퍼 앤 로우, 1981, 로런스 콜버그, "The Psychology of Moral Development: The Nature and Validity of Moral Stages," *Essays on Moral Development*, 제2권, 뉴욕: 하퍼 앤 로우, 1984, 캐럴 길리건, 『다른 목소리로』, 매사추세츠 주 케임브리지: 하버드 대학교 출판부, 1983.

6. 대니얼 골먼은 이 같은 반응을 두고 '편도체 납치'라고 명명했다. 보다 자세한 내용은 다음을 참고하기 바란다. 대니얼 골먼, 『EQ 감성지능』, 런던: 블룸스버리, 1996, p. 79.

7. 레이먼드 J. 돌란, "Emotion, Cognition and Behavior," *Science* 298, 2002, pp. 1191-1194, 요셉 르두, "Emotion Circuits in the Brain," *Annual Review of Neuroscience* 23, 제1호, 2000, pp. 155-184.

8. 양쪽 경우 모두 뇌섬과 뇌량 부분(뇌 속에서 가장 큰 회백질 영역으로 우반구와 좌반구를 연결해 줌)이 활성화된다. 보다 자세한 내용은 다음 자료를 참고하기 바란다. 나오미 이센브레거, 매튜 리버만, "Why Rejection Hurts: A Common Neural alarm System for Physical and Social Pain," *Trends on Cognitive Sciences* 8, 제7호, 2004, pp. 294-300. 이 자료는 다음 책에서 인용했다. 패트리샤 처치랜드, *Braintrust: What Neuroscience Tells Us About Morality*, 뉴저지 주 프린스턴: 프린스턴 대학교 출판부, 2012, p. 39.

9. '회복 기능'으로써의 고독에 대한 논의는 다음 자료를 참고하기 바란다. 수전 카인, 『콰이어트』, 뉴욕: 브로드웨이 북스, 2012.

10. 브루스 후드, *The Domesticated Brain*, 루이지애나 주 그레트너: 펠리칸, 2008, p. 229에서 인용.

11. 후드, *The Domesticated Brain*, p. 230. 프란스 드 왈은 다음과 같이 언급했다. "사형선고 다음으로 가장 극단적인 처벌은 독방 감금이다. 그것은 인간이 혼자서는 살 수 없도록 지어졌기 때문이다." 프란스 드 왈, *Primates and Philosophers: How Morality Evolved*, 스테판 마세도, 요시야 오버, 뉴저지 주 프린스턴: 프린스턴 대학교 출판부, 2009, p. 5.

12. 셸던 코헨 외, "Types of Stressors that Increases Susceptibility to the Common Cold in Healthy Adults," *Health Psychology* 17, 제3호, 1998, pp. 214-223.

13. 스티브 W. 콜 외, "Social Regulation of Gene Expression in Human Leukocytes," *Genome Biology* 8, 2007, R189, 디지털 논문 고유식별자(doi): 10.1186/gb-2007-8-9-r189.

14. 줄리언 홀트 룬스타드 외, "Loneliness and Social Isolation as Risk Factors for Morality: A Meta-Analytic Review," *Perspectives and Psychological Science* 10, 제2호, 2015, pp. 227-237.

15. 키플링 D. 윌리엄스, 스티브 A. 니다, "Ostracism: Consequences and Coping," *Current Directions in Psychology* 20, 제2호, 2011, pp. 71-75.

16. 드 왈, *Primates and Philosophers*.

17. 로즈닛 로스 하나니아, 메이얀 다비도브, 캐럴린 잔 왁슬러, "Empathy Development From 8 to 16 Months: Early Signs of Concern for Others," *Infant Behavior and Development* 34, 제3호, 2011, pp. 447-458.

18. 마틴 호프먼, "Empathy, Social Cognition, and Moral Action," *Moral Behavior and Development: Advances in Theory, Research and Applications*, 제1권, 윌리엄 M. 쿠르틴스, 제이콥 L. 게르위츠, 뉴욕: 존 윌리 앤 선즈, 1984.

19. 레슬리 브라더스, "A Biological Perspective on Empathy," *American Journal of Pschiatry* 146, 제1호, 1989, pp. 10-19. 골먼, 『EQ 감성지능』, p. 102.

20. 외상 후 스트레스 장애(PTSD)는 꼭 자신이 겪은 일로 오지 않는다. 무언가 충격적인 장면을 목격한 데서 오는 결과로 생기기도 한다.

21. '고통을 관찰하는 것'과 '고통을 가하는 것' 사이에는 생리학적 연관성이 존재한다. 고통의 장면을 목격하는 순간, 고통의 당사자가 우리인 것 같은 생각이 들 뿐만 아니라 고통을 가하는 주체마저 우리인 것 같은 착각이 든다. 보다 자세한 내용은 다음 자료를 참고하기 바란다. 조슈아 그린, 『옳고 그름』, 뉴욕: 펭귄, 2014, p. 37. 이 책에서 조슈아는 일명 '혈관수축 효과(Vasoconstriction Effect),' 즉 누군가 고통당하는 장면을 목격하면 우리 뇌는 마치 그 고통을 대신해서 갚아 주는 듯한

반응을 유발한다는 내용의 연구를 인용하고 있다.

22. 그린,『옳고 그름』.

23. 마이클 토마셀로, *A Natural History of Human Morality*, 매사추세츠 주 케임브리지: 하버드 대학교 출판부, 2016.

24. 토마셀로는 유인원의 마지막 종이었던 인류의 조상에게서 '우리'와 '그들'이라는 집단의 정체성이 처음 발생했을 것이라고 추측한다. 무리 지어 살아가는 가운데 협동과 경쟁의 개념이 싹트고 다른 사람을 돕고자 하는 성향도 생겨났다는 것이다. 이 같은 진심 어린, 기본적인 공감 능력이 없었다면 오늘날의 인류로 성장하지 못했을 것이라고 그는 설파한다. 보다 자세한 내용은 다음 자료를 참고하기 바란다. 토마셀로, *A Natural History of Human Morality*.

25. 아이들은 "이건 해"라는 지시보다 "이건 하지 마"라는 지적에 훨씬 빨리 반응한다. 보다 자세한 내용은 다음 자료를 참고하기 바란다. 그라지나 코찬스카, "Committed Compliance, Moral Self and Internalization: A Mediational Model," *Developmental Psychology* 38, 제3호, 2002, pp. 339-351.

26. 카르스텐 K.W. 드 드루, 버나드 A. 나이스타드, "Mental Set and Creative Thought in Social Conflict: Threat Rigidity Versus Motivated Focus," *Journal of Personality and Social Psychology* 95, 제3호, 2008, pp. 648-661.

27. 아론 벡, *Cognitive Therapies and Emotional Disorders*, 뉴욕: 머리디언, 1979.

28. W. 키스 캠벨, 콘스탄틴 세디키데스, "Self-Threat Magnifies the Self-Serving Bias: a Meta-Analytic Integration," *Review of General Psychology* 3, 제1호, 1999, pp. 23-43.

29. 캐럴 태브리스, 엘리엇 애런슨,『옳고 그름』, 신판, 보스턴: 마리너 북스, 2008, p. 10.

30. 다음 책에 등장하는 내용이다. 태브리스, 애런슨 공저,『거짓말의 진화』.

31. 이와 관련된 반응으로 '역화 효과(Backfire Effect)'라는 개념을 들 수 있다. 자신의 믿음과 배치되는 증거를 거부할 뿐만 아니라 오히려 자기 생각은 정당하다고 더욱 강하게 우기는 현상을 일컫는다. 보다 자세한 내용은 다음 자료를 참고하기 바란다.

브렌든 니한, 제이슨 레이플러, "When Corrections Fail: the Persistence of Political Misconceptions," *Political Behavior* 32, 제2호, 2010, pp. 303-310, 디지털 논문 고유식별자(doi):10.1007/s11109-010-9112-2.

32. 태브리스, 애런슨, 『거짓말의 진화』, p. 27.

33. 프란신 패터슨, 유진 린든, *The Education of Koko*, 뉴욕: 홀트, 린하트 앤 윈스톤, 1981.

34. 코델리아 파인, 『거짓말의 진화』, 뉴욕: W.W. 노튼, 2006. p. 14. 파인은 본 책에서 다음을 포함한 다수의 연구 내용을 인용했다. 콘스탄틴 세디키데스, 제프리 데이비드 그린, "On the Self-Protective Nature of Inconsistency-Negativity Management: Using the Person Memory Paradigm to Examine Self-Referent Memory," *Journal of Personality and Social Psychology* 79, 제6호, 2000, pp. 906-922. 라시드 보 새니티오소, 지바 쿤다, 제프리 퐁, "Motivated Recruitment of Autobiographical Memories," *Journal of Personality and Social Psychology* 59, 제2호, 1990, pp. 229-241.

35. 프레데릭 바틀렛, *Remembering: A Study in Experimentla and Social Psychology*, 케임브리지: 케임브리지 대학교 출판부, 1932.

36. 어린 시절의 기억은 특히 더 바뀌기 쉽다. 지금의 내가 이해하는 방식으로 과거의 기억을 조합하기 때문이다. 보다 자세한 내용은 다음 자료를 참고하기 바란다. 엘리자베스 F. 로프터스, 존 C. 팔머, "Reconstruction of Automobile Destruction: An Example of the Interaction Between Language and Memory," *Journal of Verbal Learning and Verbal Behavior* 13, 1974, pp. 585-589. 엘리자베스 로프터스, "Leading Questions and the Eyewitness Report," *Cognitive Psychology* 7, 1975, pp. 560-572.

37. 그다음으로는 대개 과거의 일을 자꾸 떠올리거나 걱정하는 과정이 이어진다. 보다 자세한 내용은 다음 자료를 참고하기 바란다. 피터 킨더만, 마티아스 슈어나우어, 엘리너 폰틴, 세라 타이, "Psychological Processes Mediate the Impact of Familial Risk, Social Circumstances and Life Events on Mental Health," *PLoS One* 8, 제1호, 2013, pp. 1-8, PMID: 24146890.

38. 앨리스 밀러, *The Drama of Being a Child*, 뉴욕: 베이직 북스, 1995, pp. 99-100.

39. 제임스 길리건, "Shame, Guilt, and Violence," *Social Research* 70, 제4호, 2003, pp. 1149-1180.

40. 상게서. 제임스 길리건, *Violence: Reflection on a National Epidemic*, 뉴욕: 빈티지, 1997.

41. 샐리 S. 디커슨 외, "Immunological Effects of Induced Shame and Guilt," *Psychosomatic Medicine* 66, 제1호, 2004, pp. 124-131.

42. 보다 자세한 내용은 다음 자료를 참고하기 바란다. H. G. 브루너 외, "Abnormal Behaviour Associated with a Point Mutation in the Structual Gene for Monoamine Oxidase A," *Science* 262, 1993, pp. 578-580. 도파민이나 세로토닌 같은 신경 전달 물질은 편도체를 향해 침착하고 진정하라는 신호를 보내는데, 전사 유전자는 이 대화 과정을 차단해 버린다. 브루스 후드는 중요한 임무 수행을 방해한다는 이유에서, 전사 유전자는 애초에 폭력성을 나타내도록 개발된 유전자보다 훨씬 더 게으른 유전자라고 표현한다(후드, *The Domesticated Brain*, p. 141). 그래서 뇌의 경보 장치가 한번 작동하기 시작하면 부정적인 감정은 걷잡을 수 없이 퍼져 나간다. 이 같은 브루너의 연구 결과는 1990년대 처음 출간되었다. 후성 유전학이라는 분야가 유전자 체계에 대한 이해를 완전히 바꾸어 놓기 전이었다. 당시에는 전사 유전자를 폭력적 행동의 가장 강력한 예측 변수로 규정했다. 심지어 법원에서 유전자 표지를 범죄 재판의 증거로 채택하기도 했다. 폭력 혐의로 고소를 당한 피고인은 변형 유전자를 내세워 처벌을 피하고자 했다. "당시 제 행동은 이 유전자 때문입니다. 그래서 저는 아무 책임이 없습니다." 그러나 후속 연구 결과 유럽인 3명 가운데 1명은 변형 유전자를 가졌으며 이 유전자를 가진 남성 10명 중 8명은 어떠한 반사회적 특징도 보이지 않았다. 변형 유전자를 가진 남성 가운데 이 유전자가 활성화될 수 있는 환경에서 자란 경우에만 반사회적 성향을 보였다. 폭력적 성향의 표출을 촉진하는 것은 장기간의 신체적, 언어적, 성적 학대처럼 '냉대'나 수치심으로 이어질 수 있는 경험이었다.

43. 안토니오 다마지오, 『데카르트의 오류』, 뉴욕: 하퍼 콜린스, 1995. 조너선 하이트,

"The Emotional Dog and Its Rational Tail: A Socia Intuitionist Approach to Moral Judgement," *Psychological Review* 108, 제4호, 2001, p. 825에서 인용.

. 준 P. 탱니, "Moral Affect: The Good, the Bad, and the Ugly," *Journal of Personality and Social Psychology* 61, 제4호, 1991, pp. 598-607. 준 P. 탱니, 패트리샤 E. 와그너, 데보라 힐 발로우, 도나 E. 마르셸, 리처드 그램조우, "The Relation of Shame and Guilt to Constructive Versus Destructive Responses to Anger Across the Lifespan," *Journal of Personality and Social Psychology* 70, 1996, pp. 797-809. 마이클 로스 외, "Cross-Cultural Discrepancies in Self Appraisals," *Personality and Social Psychology Bulletin* 31, 제9호, 2005, pp. 1175-1188. 폴 로진, 조너선 하이트, 클락 R. 맥컬리, "Disgust: The Body and Soul Emotion," *Handbook of Cognition and Emotion*, 팀 달글레이시, 믹, J. 파워, 뉴욕: 존 윌리 앤 선즈, 1999, pp. 429-445.

45. 랠프 엘리슨이 1952년 발표한 소설 『보이지 않는 인간』은 폭력적인 서사를 통해 사회 속에서 투명인간으로 취급받는 이들을 대변하고 있다.

46. 아낫 브런스틴 외, "Bullying, Depression, and Suicidality in Adolescents," *Journal of the American Academy of Child Adolescent Psychiatry* 46, 2007, pp. 40-49.

47. 매트 해밀턴, "Father Fights Back Against Bullying After Son's Suicide," *Los Angeles Times*, 2013. 10. 19.

48. 애슐리 데이비스, "Teen Gregory Spring Kills Self After Bullying, Bullying Continues on Condolence Page," 2013. 7. 26, http://www.opposingviews.com/i/society/family-says-9-year-old-boy-was-bullied-death.

49. 제니 디스키, "The Secret Shopper: The History of Shoplifting," *The New Yorker*, 2011. 9. 26, http://www.newyoker.com/magazine/2011/09/26/the-secret-shopper.

50. 필립 셰넌, "His Medals Questioned, Top Admiral Kills Himself," *The New York Times*, 1996 5. 17, http://www.nytiems.com/1996/05/17/us/his-

medals-questioned-top-admiral-kills-himself.html.

51. 길리건, "Shame, Guilt, and Violence," pp. 1149-1180.

52. 후드, *The Domesticated Brain*, pp. 225-226.

53. 로버트 제임스 R. 블레어, "The Amygdala and Ventromedial Prefrontal Cortex: Functional Contributions and Dysfunction in Psychopathy," *Philosophical Transactions of the Royal Society B: Biological Sciences* 363, 제1530호, 2008, pp. 2557-2565, 디지털 논문 고유식별자(doi):10.1098/rstb.2008.0027.

54. 허비 클렉클리, *The Mask of Sanity: An Attempt to Clarify Some Issues About the So-Called Psychopathic Personality*, 코네티컷 주 이스트퍼드: 마르티노 파인 북스, 1988. 폴 바비액, 로버스 헤어, *Snakes in Suits: When Psychopaths go to work*, 뉴욕: 하퍼 비즈니스, 1988, p. 38.

55. 콜린 J. 팔머 외, "'Subtypes' in the Presentation of Autistic Traits in the General Adult Population," *Journal of Autism and Developmental Disorders* 45, 2015, pp. 1291-1301.

56. '사이코패스적 성향'은 일부 사법체계 및 언론이나 소설에서 자주 등장하는 용어지만, 사실 '사이코패스'라는 질병에 대한 의학적 진단은 아직 승인되지 않은 상태다. 이에 대한 자세한 내용은 다음 자료를 참고하기 바란다. R. 헤어, "Hare Psychopathy Checklist," *Encyclopedia of Mental Disorders*, http://minddisorders.com/Flu-Inv/Hare-Psychopathy-Checklist.html. 사이코패스에 관한 보다 초창기의 설명은 다음 자료에서 확인할 수 있다. 클렉클리, *The Mask of Sanity*.

57. 전체 인구 가운데 약 1퍼센트, 그리고 교도소 수감자 가운데 약 25퍼센트는 사이코패스적 성향을 갖고 있는 것으로 알려져 있다. 이들은 특히 범죄 행동의 위험이 높은 집단으로 볼 수 있다. 보다 자세한 내용은 다음 자료를 참고하기 바란다. 아드리안 레인, 호세 산마르틴 편집, *Violence and Psychopathy*, 네덜란드 도르드레흐트: 클루베. 존 론슨, *The Psychopath Test: A Journey Through the Madness Industry*, 뉴욕: 리버헤드, 2011.

58. 보다 자세한 내용은 다음 자료를 참고하기 바란다. 론슨, *The Psychopath Test*. 올리버 제임스, *Office Politics: How to Survive in a World of Lying, Backstabbing and Dirty Tricks*, 런던: 버밀론, 2013.

59. 안토니오 R. 다마지오, 대니얼 트라넬, 해나 다마지오, "Individuals with Sociopathic Behavior Caused by Frontal Damage Fail to Respond Autonomically to Social Stimuli," *Behavioral Brain Research* 41, 1990, pp. 81-94.

60. 크리스토퍼 패트릭 외, "Emotion in the Criminal Psychopath: Fear Image Processing," *Journal of Abnormal Psychology*, 1994, p. 103.

61. 제니퍼 자케, 『수치심의 힘』, 뉴욕: 판테온, 2015.

62. 로니 야노프 불먼, 세나 셰이크, 서배스천 헤프, "Proscriptvie Versus Prescriptive Morality: Two Faces of Moral Regulation," *Journal of Personality and Social Psychology* 96, 제3호, 2009, pp. 521-537.

63. 조지 베일런트, 『행복의 비밀』, 매사추세츠 주 케임브리지: 벨크냅, 2015.

64. 하워드 테넌, 글렌 어플렉, "Blaming Others for Threatening Events," *Psychological Bulletin* 108, 제2호, 1990. pp. 209-232.

65. 캐슬린 A. 롤러 외, "The Unique Effects of Forgiveness on Health: An Exploration of Pathways" *Journal of Behavioral Medicine* 28, 제2호, 2005, pp. 157-167.

66. 후드, *The Domesticated Brain*, p. 223.

4장
가족 : 자존감의 크기가 결정되는 곳

1. 가족 간 상호작용에 대한 고도의 복잡한 수학적 모델은 다음 자료를 참고하기 바란다. *The Mathematics of Marriage: Dynamic Nonlinear Models*, 매사추세츠 주 케임브리지: 메사추세츠 공과대학교 출판부, 2005.

2. 제리 루이스, 로버트 비버즈, 존 고세트, 버지니아 필립스, *No single Thread: Psychological Health in Family Systems*, 영국 옥스퍼드: 브루너/마젤, 1976. 마사 J. 콕스, 블레어 페일리, "Families as Systems," *Annual Review of Psychology* 48, 1997, pp. 243-267. 린다 개리스 크리스티앙, "Understanding Families: Applying Family Systems Theory to Early Childhood Practice," *Young Children* 61, 제1호, 2006, pp. 12-20.

3. 이 같은 차이는, 다이애나 바움린드가 주장하는 '권위주의 대 권위주의적 훈육'의 내용과 유사하다. 자세한 내용은 다음 자료를 참고하기 바란다. 다이애나 바움린드, "Effects of Authoritative Parental Control on Child Behavior," *Child Development* 37, 제4호, 1966, pp. 887-907.

4. 총 127회의 언쟁이 다음의 책에 기록되었다. 테리 앱터, 『엄마의 리더십』, 뉴욕: W. W. 노튼, 2004.

5. 이에 대한 보다 자세한 분석 및 유사한 언쟁은 다음의 책을 참고하기 바란다. 앱터, 『엄마의 리더십』.

6. 자기공명영상(MRI)은 뇌의 물리적 구조, 기능적 자기공명영상(fMRI)은 뇌 속 혈액의 흐름을 나타내어 어떤 영역이 활성화되어 있는지를 보여 준다.

7. 세라 제인 블랙모어 외, "Adolescent Development of the Neural Circuitry for Thinking about Intentions," *Social Cognitive and Affective Neuroscience* 2, 2007, pp. 130-139.

8. 상게서.

9. 리처드 데이비드슨, 샤론 베글리, 『너무 다른 사람들』, 뉴욕: 플럼, 2012. p. 74.

10. 보다 일반적인 논쟁은 다음의 내용을 참고하기 바란다. "The Teen Brain: Still

Under Construction," *National Institute of Mental Health*, 2011, https://
infocenter.nimh.nih.gov/pubstatic/NIH%2011-4929/NIH%2011-4929.pdf.
보다 자세한 내용은 다음의 책을 참고하기 바란다. 프랜시스 옌센, *The Teenage
Brain: A Neruoscientist's Survival Guide to Raising Adolescents and
Young Adults*, 뉴욕: 하퍼 토슨, 2015.

11. 데이비드슨, 『너무 다른 사람들』, p. 74.

12. 앱터, 『엄마의 리더십』.

13. 상게서, pp. 152-154.

14. 테리 앱터, *Difficult Mothers: Understanding and Overcoing their Power*,
뉴욕: W. W. 노튼, 2012. pp. 46-47.

15. W. 키스 캠벨, 콘스탄틴 세디키데스, "Self-Threat Magnifies the Self-Serving
Bias: a Meta-Analytic Integration," *Review of General Psychology* 3, 제1호,
1999, pp. 23-43.

16. 남은영, "A Cross-Cultural Comparison of Korean american and European
American Parental Meta-Emotion Philosophy and Its Relationship to
Parent-Child Interaction," 워싱턴 대학교 박사학위 논문, 2006, p. 127.

17. 매튜 리버만 외, "Putting Feelings into Words: Affect Labeling Disrupts
Amygdala Activity," *Psychological Science* 18, 제5호, 2007, pp. 421-428.

18. 샐리 디커슨, 마거릿 케메니, "Acute Stressors and Cortisol Responses:
A Theoretical Integration and Synthesis of Laboratory Research,"
Psychological Bulletin 1130, 2004, pp. 355-391. 샐리 디커슨 외, "Immun-
ological Effects of Induced Shame and Guilt," *Psychosomatic Medicine* 66,
제1호, 2004, pp. 124-131.

19. 관련 연구 내용은 다음 자료를 참고하기 바란다. 대니얼 펑켄스타인, "The
Physiology of Fear and Anger," *Scientific American* 192, 제5호, 1955, pp.
74-80.

20. 상게서. 기타 다양한 연구 내용은 다음의 책을 참고하기 바란다. *Anger, Aggression
and Interventions for Interpersonal Violence*, 티모시 A. 카벨, 케냐 T. 말콤

편집, 뉴저지 주 마와: 로렌스 엘바움, 2007.

21. 너스 혜례로 외, "What Happens When We Get Angry? Hormonal, Cardiovascular and Asymmetrical Brain Responses," *Hormones and Behavior* 57, 제3호, 2010, pp. 276-283.

22. 앱터, *Difficult Mothers*, pp. 57-58.

23. 상게서, pp. 43-47.

24. 2000년부터 2015년까지 필자는 케임브리지 뉴넘 대학교에서, 미국 대학으로 치면 학장에 상응하는 직책으로 근무했다.

25. 칼 필레머 외, "Mothers' Differntiation and Depressive Symptoms among Adult Children," *Journal of Marriage and Family* 72, 2010, pp. 333-345.

26. 스테판 뱅크, 마이클 칸, *The Sibling Bond*, 뉴욕: 베이직 북스, 2008.

27. 필레머, 수이터, 파르도, 헨더슨, "Mothers' Differentiation and Depressive Symptoms," pp. 333-345.

28. 페그 스트립, *Mean Mothers: Unloved Daughters and the Legacy of Hurt*, 뉴욕: 하퍼 콜린스, 2009.

29. 테리 앱터, *The Myth of Maturity: What Teenagers Need from Parents to Become Adults*, 뉴욕: W. W. 노튼, 2001, pp. 56-60.

30. 로빈 스키너, 존 클리스, *Families and How to Survive Them*, 런던: 메수엔, 1983. p. 121.

31. 마사 누스바움, *Upheavals of Thought: the Intelligence of the Emotions*, 뉴욕: 케임브리지 대학교 출판부, 2001.

32. 캐럴 길리건, 『기쁨의 탄생』, 뉴욕: 크노프, 2001.

33. D. W. 위니캇, "Ego Distortion in Terms of True and False Self," *The Maturational Process and the Facilitating Environment: Studies in the Theory of Emotional Development*, 뉴욕: 주식회사 인터내셔널 UP, 2965. pp. 140-152.

34. 내면의 감시자에 대한 설명은 2장에 자세히 설명되어 있다.

35. 애덤 스미스의 '공정한 감시자'는 스스로의 높은 기준에 따라 자신의 행동과 동기,

태도를 감시한다. 하지만 여기에는 따뜻하고 공감 어린 시선이 배어 있다. 보다 자세한 내용은 다음 자료를 참고하기 바란다. 애덤 스미스, "The Theory of Moral Sentiments," *Glasgow Edition of the Works and Correspondence of Adam Smith*, 제1권, D. D. 라파엘, A. L. 맥피 편집, 옥스퍼드: 옥스퍼드 대학교 출판부, 1982.

36. 필립 풀먼, *His Dark Materials*, 뉴욕: 랜덤 하우스, 2007.

37. 매트 트리비 외, "Shame, Guilt, and Facial Emotion Processing: Initial Evidence for a Positive Relationship Between Guilt-Proneness and Facial Emotion Recognition Ability," *Cognition and Emotion* 30, 제8호, 2016, pp. 1504-1511.

38. 데이나 크롤리 잭, *Silencing the Self: Women and Depression*, 매사추세츠 주 케임브리지: 하버드 대학교 출판부, 1991.

39. 테리 앱터, *Secret Paths: Women in the New Midlife*, 뉴욕: W. W. 노튼, 1995.

40. 리처드 J. 데이비드슨, 샤론 베글리, 『너무 다른 사람들』, 뉴욕: 플럼, 2012. p. 41.

41. 상게서. p. 79.

42. 이 과정은 '파열과 보수'로 언급된다. 보다 자세한 내용은 다음 자료를 참고하기 바란다. 앨런 스코어, *Affect Dysregulation and Disorders of the Self*, 뉴욕: W. W. 노튼, 2003.

43. 데이비드슨, 베글리, 『너무 다른 사람들』, p. 74.

44. 대부분의 사람들은 나이가 들면서 이 두 가지 욕구의 균형을 잘 맞춰 나가는 것으로 증명되었다. 구체적인 사례는 다음 자료를 확인하기 바란다. 앱터, *Secret Paths: Women in the New Midlife*.

45. 피터 포나기 외, *Affect Regulation, Mentalization, and the Development of the Self*, 뉴욕: 아더, 2002.

46. 피터 포나기 외, "The Capacity for Understanding Mental States: The Reflective Self in Parent and Child and its Significance for Security of Attachment," *Infant Mental Health Journal* 12, 제3호, 1991.

5장
우정 : 무리에서 배제되지 않기 위한 투쟁

1. 브렛 라우센 외, "Friendship Moderates Prospective Associations Between Social Isolation and Adjustment Problems in Young Children," *Child Development* 78, 제4호, 2007, pp. 1395-1404.

2. 제니스 키콜드 글래서, 진 필립 구앵, 리사 한수, "Close Relationships, Inflammation and Health," *Neuroscience and Biobehavioral Reviews* 35, 제1호, 2010, pp. 33-38. 존 카코포, 제임스 파울러, 니컬러스 크라스타키스, "Alone in a Crowd: The Structure and Spread of Loneliness in a Large Social Network," *Journal of Personality and Social Psychology* 97, 제6호, 2009, pp. 977-991.

3. 테리 앱터, 루텔렌 요셀슨, *Best Friends: The Pleasure and Perils of Girls' and Women's Friendships*, 뉴욕: 크라운, 1998, pp. 22-23. 로빈 던바, *Grooming, Gossip, and the Evolution of Language*, 매사추세츠 주 케임브리지: 하버드 대학교 출판부, 1996.

4. 앱터, 요셀슨, *Best Friends*, pp. 20-25.

5. 앱터, 요셀슨, *Best Friends*.

6. 엘리너 매코비, 캐럴 나지 재클린, "Gender Segregation in Childhood," *Advances in Child Development and Behavior*, 제20권, 헤인 리즈, 캘리포니아 주 샌디에이고: 아카데믹, 1987, pp. 239-287.

7. 브루스 후드, *The Domesticated Brain*, 루이지애나 주 그레트너: 펠리칸, 2014, pp. 54-55.

8. G. M. 알렉산더, 멜리사 하인스, "Sex Difference in Response to Children's Toys in Nonhuman Primates (Cercopithecus Aethiops Sabaeus)," *Evolution and Human Behavior* 23, 2002, pp. 467-479.

9. 에이미 셸던, "Pickle Fights: Gendered Talk in Preschool Disputes," *Discourse Processes* 13, 제1호, 1990. pp. 5-31.

10. 예시: 데보라 탄넨, *You Just Don't Understand: Women and Men in Conversation*, 뉴욕: 모로우, 1991.

11. 셸던, "Pickle Fights," pp. 5-31.

12. 알렉산더, 하인즈, "Sex Differences in Response to Children's Toys," pp. 467-479.

13. 남녀 간의 성적인 차이는 타고난 것이 아니다. 빠른 속도로 발전하고 있는 후성유전학의 연구 결과를 보면, 후천적인 경험과 환경이 유전자를 어떤 식으로 활성화 또는 비활성화시키는지 알 수 있다. 공 하나가 크고 작은 도랑과 수로가 많은 길을 굴러간다고 생각해 보자. 깊은 수로를 지날 때는 그대로 계속 굴러갈 수 있지만, 얕은 수로를 지날 때는 아주 작은 충격에도 튕겨져 나와 다른 길로 들어갈 가능성이 높다(이에 대한 자세한 내용은 다음 자료를 참고하기 바란다. 콘래드 할 와딩턴, *Organizers and Genes*, 미시간 주 앤 아버, 대학 출판부, 1940). 공의 궤적과 공이 굴러가는 각기 다른 길, 크고 작은 수로에 들어갔다가 다시 튕겨져 나올 가능성은, 흡사 유전자와 관련하여 일생 동안 개발해 가는 인간의 성격적 특징과 매우 비슷하다. 따라서 여자아이들이 그들만의 특징적인 우정을 따르고 기차놀이보다는 인형놀이를 좋아하고, 체스클럽이나 토론클럽 가입은 꺼리는 성향은 이후 특정 기술과 역량만 학습받을 수 있는 환경을 조성한다. 이 같은 학습은 새로운 관심을 유도하고 성장의 기회를 제공하며 다른 사람들과 가까워질 수 있는 통로가 된다.

14. C. L. 마틴, D. 러블, "Children's Search for Gender Cues: Cognitive Perspectives in Gender Development," *Current Directions in Psychological Science* 13, 제2호, 2004, pp. 67-70.

15. 앱터, 요셀슨, *Best Friends*, pp. 92-96.

16. 1997년 워싱턴 D.C.에서 테리 앱터가 진행한 인터뷰.

17. 앱터, 요셀슨, *Best Friends*, pp. 54-55.

18. 엘리카 넘수, 시리 에이나르, 브루스 M. 후드, "Best Friends: Children Use Mutual Gaze to Identify Friendship in Others," *Developmental Science* 15, 2012, pp. 417-425.

19. 어빙 고프만, 『상호작용 의례』, 뉴욕: 앵커 북스, 1967. 어빙 고프만, 『자아연출의

사회학』, 에든버러: 에든버러 대학교 사회과학연구센터 펴냄, 1959.

20. 앱터, 요셀슨, *Best Friends*.

21. 니오베 웨이, *Deep Secrets: Boys' Friendships and the Crisis of Connection*, 매사추세츠 주 케임브리지, 하버드 대학교 출판부, 2011.

22. 실번 톰킨스, *Affect, Imagery and Consciousness*, 제1권, *The Positive Affects*, 뉴욕: 스프링거, 1962.

23. 폴 에크만, *Emotions Revealed*, 재판, 뉴욕: 홀트, 2007.

24. 크리스토퍼 뵘, *Hierarchy in the Forest: The Evolution of Egalitarian Behavior*, 매사추세츠 주 케임브리지, 하버드 대학교 출판부, 1999.

25. 로빈 던바, "Gossip in Evolutionary Perspective," *Review of General Psychology* 8, 제2호, 2004, pp. 100-110.

26. 상게서, p. 100.

27. 상게서.

28. 로빈 던바, 닐 덩컨, 애나 매리어트, "Human Conversational Behavior," *Human Nature* 8, 제3호, 1997, pp. 231-246, 던바, "Gossip in Evolutionary Perspective," p. 105.

29. 제프리 G. 파커, 스테파니 티즐리, "The Effects of Gender, Friendship and Popularity on the Targets and Topics of Adolescent Gossip"(인디애나 주 인디애나폴리스 소재 아동발달연구협회의 격년 회의에서 1995년 3월 소개된 논문).

30. 던바, "Gossip in Evolutionary Perspective," pp. 100-110.

31. 이 책의 2장을 참고하기 바란다.

32. 던바, "Gossip in Evolutionary Perspective," pp. 100-110.

33. 앱터, 요셀슨, *Best Friends*, 제5장("I'm Not Who You Think I AM"), 제6장("Promise You Won't Tell").

34. 앱터, 요셀슨, *Best Friends*, p. 187.

35. 상게서, p. 132.

36. 상게서, p. 27.

37. 자넷 레버, "Sex Differences in the Games Children Play," *Social Problems* 23, 1976, pp. 478-487, 배리 손, *Gender Play: Girls and Boys at School*, 영국 버킹엄: 오픈 대학교 출판부, 1993.

38. 레버, "Sex Differences," pp. 478-487. 손, *Gender Play*.

39. B. I. 파고, "Beyond the Reinforcement Principle: Another Step Toward Understanding Sex Role Development," *Developmental Psychology* 2, 제6호, 1985. p. 1102, 표3.

40. 윌리엄 폴락, *Real Boys' Voices*, 뉴욕: 랜덤 하우스, 2001.

41. 마티아스 R. 멜 외, "Are Women Really More Talkative Than Men?," *Science* 317, 2007. p. 82.

42. L. M. 제인스, J. M. 올슨, "Jeer Pressure: The Behavioral Effects of Observing Ridicule of Others," *Personality and Social Psychology Bulletin* 26, 2000. pp. 474 - 485.

43. 웨이, *Deep Secrets*.

44. 니오베 웨이는 남자아이들에 대한 고정관념과 실제로 이들이 자신과 친구들에 대해 말하는 것 사이에는 상당한 차이가 있음을 발견하고 각 학년별 남자 고등학생 인터뷰를 진행했다. 실제로 니오베도 남동생이 어린 시절의 가까운 친구들과 갑자기 멀어지면서 힘들어하는 모습을 지켜본 적이 있다. 남동생은 당시의 아픈 기억을 지금까지도 말하지 않는다. 심리학자로서 니오베는 남자아이들의 우정, 그리고 이들의 우정이 내면적으로 어떻게 작동하며 어떤 의미가 있는지 다양한 연구 끝에 남자아이들이 친구들에 대한 이야기를 할 때는 아주 분명하고 또렷하게 활기 넘치는 모습으로 전달하며, 마치 사랑하고 존경하는 사람을 대하듯 애정 어린 시선을 보낸다는 사실을 간파해 냈다. 이들은 또한 친구에게 깊이 의존하며 자신의 속내까지 모두 털어놓았다.

45. 상게서, p. 12.

46. 상게서, p. 21.

47. 상게서, p. 1.

48. 상게서, p. 18.

49. 웨이, *Deep Secrets*.

50. 10대 아이들의 위험한 행동에 대한 신경과학자의 설명은 다음 자료를 참고하기 바란다. B. J. 케이시, P. G. 바히드 편집, "Teenage Brains: Think Different," 특별호, *Developmental Neuroscience* 36, 제3-4호, 2014, pp. 143-358.

51. 제이슨 체인 외, "Peers Increase Adolescent Risk Taking by Enhancing Activity in the Brain's Reward Circuitry," *Development Science* 14, 제2호, 2011, F1-F10.

52. 웨이, *Deep Secrets*, p. 17.

53. 테리 앱터, *The Myth of Maturity*, 뉴욕: W. W. 노튼, 2001.

54. "Psychologist John Cacioppo Explains Why Loneliness is Bad for Your Health," *Institute for Genomics and Systems Biology*, 2011. 1. 25, http://www.igsb.org/news/psychologist-john-cacioppo-explains-why-loneliness-is-bad-for-your-health/.

55. 2011년 5월 24일 영국 케임브리지에서 테리 앱터가 진행한 인터뷰.

56. 야스코 미노우라, "A Sensitive Period for the Incorporation of a Cultural Meaning System: A Study of Japanese Children Growing Up in the United States," *Ethos* 20, 제3호, 1992, pp. 304-339.

57. 제인스, 올슨, "Jeer Pressure," pp. 474-485.

58. 앱터, 요셀슨, *Best Friends*, pp. 62-65.

59. 테리 앱터, 남자아이들의 우정에 대한 미완의 연구 과제(영국 케임브리지에서 2011년 4월부터 6월까지 진행). 당시 박사과정과 병행하며 남자아이들의 우정에 관한 연구를 진행했지만, 여러 가지 이유로 완결되지 못했다.

60. 루이자 페이비, 토비아스 그레이트메이어, 폴 스파크스, "Highlighting Relatedness Promoted Prosocial Motives and Behavior," *Personality and Social Psychology Bulletin* 37, 제7호, 2011, pp. 905-917.

61. 조너선 하이트, "The Emotional Dog and its Rational Tail: A Social Intuitionist Approach to Moral Judgment," *Psychological Review* 108, 제4호, 2001, pp. 814-834, p. 822.

62. 타니아 차트랜드, 존 바그, "The Chameleon Effect: The Perception-Behavior Link and Social Interaction," *Journal of Personality and Social Psychology* 76, 제6호, 1999. pp. 893-910.

63. 엘리야 앤더슨, *Streetwise: Race, Class, and Change in an Urban Community*, 일리오이 주 시카고: 시카고 대학교 출판부, 1990. 앤 캠벨, "Self-Definition by Rejection: The Case of Gang Girls," *Social Problems* 34, 1984, pp. 451-466.

64. 로이 바우마이스터, 요셉 보덴, 로라 스마트, "Relation of Threatened Egotism to Violence and Aggression: The Dark Side of High Self-Esteem," *Psychological Review* 103, 제1호, 1996, pp. 5-33.

65. 윌리엄 F. 바카글리니, *Project Youth Gang-Drug Prevention: A Statewide Research Study*, 렌슬러: 뉴욕청년협회, 1993.

66. 바우마이스터, 보덴, 스마트, "Relation of Threatened Egotism to Violence and Aggression", pp. 5-33.

67. 애덤 왓킨스, 크리스 멜데, "Bad Medicine: The Relationship Between Gang Membership, Depression, Self-Esteem, and Suicidal Behavior," *Journal of Criminal Justice and Behavior* 43, 제8호, 2016. pp. 1107-1126, 디지털 논문 고유식별자(doi): 0093854816631797.

68. 엘리야 앤더슨, *The Code of the Street: Decency, Violence and the Moral Kife of the Inner City*, 뉴욕: W. W. 노튼, 1999.

69. 앤더슨, *The Code of the Street*, p. 33. National Youth Gang Center, 1995 *National Youth Gang Survey*, 워싱턴 D.C. : 미국 법무부, 사법제도실, 소년사법 및 비행방지실, 1997, NCJ 164728.

70. 데이비드 브룩스, "The Columbine Killers," *The New York Times*, 2004. 4. 24, http://www.nytimes.com/2004/04/24/opinion/the-columbine-killers.html.

71. 알렉산더 아바드 산토스, "Who Is Dzhokhar Tsarnaev, the Man at the Center of the Boston Manhunt?," *The Atlantic*, 2013. 4. 19, https://

www.theatlantic.com/national/archive/2013/04/who-is-dzhokhar-tsarnaev-boston/316095/.

72. 후드, *The Domesticated Brain*, p. 268.

73. 이 연구는 2015년 뉴넘 대학교의 간부지원기금의 보조를 받아 진행되었다.

74. 앤 캠벨, *The Girls in the Gang: A report from New York City*, 뉴욕: 바질 블랙우드, 1984/1991.

6장

부부 : 항상 나를 존중하고 있음을 표현해 줘

1. 이것은 영국 교회의 공동 기도서 중 '결혼'에 관한 대목이다. 하지만 대부분의 남편과 아내는 서로에게 칭찬은 이어지고 비난은 최소한, 일시적이길 원한다.

2. 미국 드라마 〈왕좌의 게임〉에 등장하는 결혼식 대사.

3. 이들 열두 쌍의 부부는 모두 이성애자다. 게이와 레즈비언 커플에 대한 연구도 진행 중에 있지만, 칭찬이나 비난이 표현되는 방식이나 그것이 서로의 관계에 어떤 영향을 끼치는가에 대해서는 아직까지 중요한 차이점을 발견하지 못했다.

4. 2015-16 레버흄 에메리투스 펠로우십 수상을 통해 레버흄 재단에서 연구비를 지원받았다.

5. 부부 치료의 첫 번째 과정에 대한 개요는 다음 웹사이트에서 확인할 수 있다. http://www.marriage-couples-counseling-new-york.com/what-to-expect-in-your-first-meeting/. 다음 자료 또한 참고하기 바란다. 킴 테레즈 불만, 존 모르데카이 가트맨, 린 패인실버 카츠, "How a Couple Views Their Past Predicts Their Future: Predicting Divorce from an Oral History Interview," *Journal of Family Psychology* 5, 제3-4호, 1992, pp. 295-318.

6. 존 가트맨, *Why Marriages Succeed of Fail*, 뉴욕: 시몬 앤 슈스터, 1995.

7. 존 가트맨, *The Mathematics of Marriage*, 매사추세츠 주 케임브리지: 매사추세츠 공과대학교 출판부, 2005.

8. 존 가트맨, *Why Marriages Succeed or Fail*, p. 26.

9. 존 가트맨은 폴 에크만의 '표정인자코딩시스템(FACS)'과 부부의 관찰 결과에 대한 코드 값을 통합하여 '특정인자코딩시스템(SPAFF)'을 개발했다. 이전에는 15분간의 상호작용 결과를 복잡하고 정교한 코드 값으로 바꾸려면 무려 25시간이나 걸렸다. 하지만 이 시스템의 개발로 45분으로 대폭 축소되었다. 6분간의 상호작용을 깊이 있게 분석하면 결혼 생활의 지속, 중단 여부 파악에 강력한 예측 변수로 사용할 수 있다. 그러나 일반적인 평가에는 대체로 세 시간 이상의 관찰이 필요하다. 보다 자세한 내용은 다음 자료를 참고하기 바란다. 존 가트맨, 줄리 슈워츠 가트맨, *The Empirical Basis of Gottman Couples Therapy*, 가트맨 연구소, 2013, https://www.gottman.com/wp-content/uploads/EmpiricalBasis-Udate3.pdf. 앞서 언급한 6분이라는 시간은 말콤 글래드웰이 자신의 저서에서 밝힌 내용이다. "The Theory of Thin Slices: How a Little Bit of Knowledge Goes a Long Way," 『블링크』, 런던: 알렌 래인, 2005.

10. 가트맨은 95퍼센트의 정확성으로 결혼 생활이 유지될 수 있는 부부와 그렇지 않은 부부를 가려낼 수 있다고 언급한다. 그러나 이 주장을 둘러싼 몇 가지 의문점은 남아 있다. 첫째, 연구 데이터의 상당수는 '예측'이 아닌, 부부의 결혼 생활이 6년차라는 알려진 '공식'만을 포함하고 있다. 둘째, 기본적인 이혼율(16퍼센트의 부부는 결혼 후 6년이 지나면 이혼한다)은 고려하지 않은 것처럼 보인다. 셋째, 예측이 표현되는 방식을 고려해 보면 예측의 신뢰도는 대다수 부부에 대한 통계적 가능성이 아닌 각 쌍의 부부에게 적용되는 수치로 보인다.

11. 가트맨, *The Mathematics of Marriage*, pp. 5-6.

12. 상게서, p. 18.

13. 칭찬보다 비난에 더 쉽게 휘둘리는 성향을 두고 심리학자들은 '부정 편향'이라고 언급한다. 보다 자세한 내용은 다음 자료를 참고하기 바란다. 로이 바우마이스터 외, "Bad is Stronger than Good," *Review of General Psychology* 5, 제4호, 2001, pp. 323-370.

14. 부정적 반응의 종류에 따라 그 영향력도 다르게 나타난다. 명시적 비난, 이를테면 "당신이 문제야. 당신의 실수와 결점 때문에 얼마나 짜증나는지 알아?" 같은 비판이나 "당신은 정말 형편없어. 못나 빠졌다고!" 같은 경멸은 결혼 후 5년 내에 이혼한다는 예측 변수로 작용하는 것으로 나타났다. 그러나 감정적 분리는 이보다 좀 더 시간이 지난, 대략 16.2년 후 이혼하는 데 예측 변수로 작용했다. 이것은 워싱턴 주 시애틀 소재 가트맨 연구소의 2014년 연구 내용이다. 보다 자세한 것은 다음 자료를 참고하기 바란다. 존 가트맨, 『행복한 결혼을 위한 7원칙』, 수정 편집, 뉴욕: 하모니, 2015.

15. 코르티솔 수치의 급격한 증가에 동반되는 낯선 사람에 대한 혐오감과 두려움은 새로운 사람에 대한 호기심과 설렘으로 완전히 뒤바뀐다. 보다 자세한 내용은 다음을 참조하기 바란다. A. 드 보어, E. M. 반 부엘, G. J. 테르 호스트, "Love Is More Than Just a Kiss: A Neurobiological Perspective on Love and Affection," *Neuroscience* 201, 2012, pp. 114-124.

16. 이 책의 2장, 4장을 참고하기 바란다.

17. 데이나 크롤리 잭의 '또 하나의 눈'에 대한 논의는 이 책의 3장에 포함되어 있다.

18. '이상화'는 결혼 생활에서의 칭찬의 힘을 약화시킨다. 다음 내용을 참고하기 바란다. 제니퍼 톰린슨 외, "The Costs of Being Put on a Pedestal: Effects of Feeling Over-Idealized," *Journal of Social and Personal Relationships* 31, 제3호, 2014, pp. 384-409.

19. 친밀한 관계가 인간의 생존에 미치는 중요성을 감안하면, 관계에 해가 되었다는 비난은 심각한 죄책감을 불러올 수 있다. 보다 자세한 내용은 다음 자료를 참고하기 바란다. 브루스 후드, *The Domesticated Brain*, 로스앤젤레스 그레트너, 펠리칸, 2008, p. 211.

20. 가트맨, *The Mathematics of Marriage*, p. 29.

21. 비난에 대한 이 같은 방어는 이 책의 3장에서 논의한 바 있다.

22. 해럴드 L. 라우흐 외, *Communication, Conflict, and Marriage*, 캘리포니아 주 샌프란시스코: 조세이 바스, 1974, p. 2.

23. 프리츠 하이더, *The Psychology of Interpersonal Relations*, 뉴욕: 존 윌리 앤

선즈, 1958.

24. 준 탱니 외, "Relation of Shame and Guilt to Constructive Versus Destructive Responses to Anger Across the Lifespan," *Journal of Personality and Social Psychology* 70, 1996, pp. 797-809.

25. 부부 사이에는 어쩌다 오가는 비난은 결코 피할 수가 없다. 그러나 부부가 이 같은 상황에 익숙해지기보다 비난이 지속적으로 상대방이 예측 가능할 정도로 이어질 경우, 극도로 예민해져 비난의 징조만 보여도 폭력적인 반응을 보이게 된다. 보다 자세한 내용은 다음 자료를 참고하기 바란다. 세라 J. 셰틀워스, *Cognition, Evolution, and Behavior*, 재판, 뉴욕: 옥스퍼드 대학교 출판부, 2010.

26. 이를 두고 '확증편향'이라고 한다. 보다 자세한 내용은 다음 자료를 참고하기 바란다. 레이먼드 니커슨, "Confirmation Bias: A Ubiquitous Phenomenon in Many Guises," *Review of General Psychology* 2, 제2호, 1998, pp. 175-220.

27. 가트맨, *The Mathematics of Marriage*, p. 11.

28. 상게서.

29. 탱니 외, "Relation of Shame and Guilt," pp. 797-809.

30. 캐럴 태브리스, 엘리엇 애런슨, 『거짓말의 진화』, 신판, 보스턴: 마리너 북스, 2008, p. 171.

31. '감정의 과잉'이라는 표현은 폴 에크만이 처음 사용했다. 보다 자세한 내용은 다음 자료를 참고하기 바란다. 폴 에크만, "Expression and the Nature of Emotion," *Approaches to Emotion*, 클라우스 R. 셰러, 폴 에크만 편집, 뉴저지 주 힐스데일: 로렌스 얼바움 협회 출판부, 1984, pp. 319-344.

32. 가트맨, 『행복한 결혼을 위한 7원칙』, p. 95. 이 연구 결과는 이성 부부를 바탕으로 한 것이다. 하지만 레즈비언 부부 사이에서도 '돌담 쌓기'는 일어나기 때문에, 이 같은 돌담 쌓기는 남자만의 방어 전략이 아니라는 것에 주목해야 한다. 다음 자료를 참고하기 바란다. 존 가트맨, *The Seven Principles of Making Marriage Work*, 뉴욕: 하모니, 2015.

33. 가트맨, *Why Marriages Succeed or Fail*, pp. 94-95.

34. 상게서, p. 94.

35. 배우자의 부정행위가 미치는 영향은 다음 책에 구체적으로 기술되어 있다. 셜리 글래스, 진 코폭 스태헬리, *Not Just "Friends": Rebuilding Trust and Recovering Your Sanity After Infidelity*, 뉴욕: 프리 프레스, 2008.

36. 이들 뇌의 영역은 편도체, 중격의지핵, 복측피개부(VTA), 소뇌, 뇌하수체 부분이다.

37. 옥시토신(그리고 프로락틴)은 보통 '여성 호르몬'이라고 불린다. 출산과 모유 수유 기간 동안의 엄마와 아이 간 결합 작용을 담당하기 때문이다. 그러나 이들 호르몬은 아빠와 아이 사이의 결합 과정에도 같은 기능을 한다. 보다 자세한 내용은 다음 자료를 참고하기 바란다. 일래닛 고든 외, "Prolactin, Oxytocin, and the Development of Paternal Behavior Across the First six Months of Fatherhood," *Hormones and Behavior* 58, 2010, pp. 513-518.

38. 드 보어, 반 부엘, 테르 호스트, "Love Is More Than Just a Kiss," pp. 114-124.

39. 코르티솔 수치의 급격한 증가에 동반되는 낯선 사람에 대한 혐오감과 두려움은 새로운 사람에 대한 호기심과 설렘으로 완전히 뒤바뀐다. 보다 자세한 내용은 다음을 참고하기 바란다. 드 보어, 반 부엘, 테르 호스트, "Love Is More Than Just a Kiss," pp. 114-124.

40. 매기 스카프, *September Songs*, 뉴욕: 리버헤드 북스, 2008, p. 238.

41. 스콧 에드워즈, 데이비드 셀프, "Monogamy: Dopamine Ties the Knot," *Nature Neuroscience* 9, 2006, pp. 7-8.

42. 밀접한 관련이 있는 두 개의 종, 곧 '일부일처' 형태로 교미하는 대초원 들쥐와 '일처다부' 방식을 취하는 목초지 들쥐 간의 사회적 행동 및 결합 방식 차이에 대한 연구가 진행된 이후 줄곧 '일부일처'를 유지하는 우리 인간에 대한 의문이 제기되었다. 특정 바소프레신 수용체(V1A)의 경우 '일처다부'의 들쥐보다 '일처일부'의 들쥐에게서 더 높은 수치가 나타났다. 이후 한 실험에서 '일부일처' 들쥐의 V1A 수용체 유전자를 '일부다처' 들쥐의 뇌에 옮겨 심었다. 그러자 '일부다처' 들쥐는 특정 상대에게 강한 선호도를 보이는 것으로 나타났다. 두 개 종의 들쥐 모두 바소프레신(애정 호르몬)과 도파민(보상 호르몬)이 암수의 결합 행동을 조절했지만, 하나의 특정 수용체가 '일부일처'와 '일부다처'의 차이를 결정짓는 것으로 보였다(미란다 M. 림 외, "Enhanced Partner Preference in a

Promiscuous Species by Manipulating the Expression of a Single Gene," *Nature* 429, 2004, pp. 754-757). 신경 수용체 내에 있는 비교 가능한 유전자 변형은 남성, 특히 도파민 수용체에서 발견되었다. 즉 '혼외 성관계는 위험이 높지만 동시에 만족감도 크다'라는 가설은, 남성이 부정행위를 할 경우 도파민이 급격히 분비되어 달콤한 보상이 뒤따르며, 이때 특정 도파민 수용체(D4) 변형이 일어난다는 것이다(저스틴 가르시아 외, "Associations Between Dopamine D4 Receptor Gene Variation with Both Infidelity and Sexual Promiscuity," *PLoS One* 5, 2003, pp. 1-6). 이 같은 연구 결과는 매우 흥미롭지만, 사실 개인의 유전자와 부정행위의 연관성을 나타내기 위한 과학적 근거는 전혀 없다. 하나의 종으로서 인간은 사회적, 성적 행동에 유연한 특징을 보이기 때문이다.

43. 일부일처제는 약 2만 년에서 4만 년 전, 복잡한 사회로 진화하는 가운데 양육에 대한 책임을 느끼면서 번식 전략의 하나로 발달한 것으로 추측된다.

44. 캐릴 E. 러스벌트, J. M. 마르츠, 크리스토퍼 R. 애그뉴, "The Investment Model Scale: Measuring Commitment Level, Satisfaction Level, Quality of Alternatives, and Investment Size," *Personal Relationships* 5, 1998, pp. 357-391. 캐릴 E. 러스벌트, "Commitment and Satisfaction in Romantic Associations: A Test of the Investment Model," *Journal of Experimental and Social Psychology* 16, 1980, pp. 172-186. *The Science and Creation of Fidelity and Infidelity*, 존 가트맨, 줄리 가트맨, 댄 시겔이 2014년 가트맨 연구소에서 진행한 토론 관련 공식 책자.

45. 가트맨, 가트맨, 시겔, *The Science and Creation of Fidelity and Infidelity*.

46. 상게서.

47. 자넷 레이브스타인, "Commentary: A Different Lens for Working with Affairs," *Journal of Family Therapy* 35, 제4호, 2011, pp. 368-380, 2013년 온라인 출간.

48. 상게서.

49. 상게서.

50. 나는 이들 열두 쌍의 부부를 18개월 동안 관찰했다. 부부 관계에 대한 일기를 쓰도록

했으며, 3개월에 한 번씩 만나 그간의 이야기를 나누었다. 연구 자금은 레버흄 재단의 지원을 받았다.

51. 로빈 스턴, 『가스등 이펙트』, 뉴욕: 하모니, 2007.

52. 이 영화는 패트릭 해밀턴의 1938년 희곡 *Angel Street*를 각색한 것이다.

53. 로이 F. 바우마이스터, 알린 M. 스틸웰, 토드 F. 헤더튼, "Guilt: An Interpersonal Approach," *Psychological Bulletin* 115, 제2호, 1994, pp. 243-367.

54. 레이브스타인, "Commentary: A Different Lens for Working with Affairs," pp. 368-380. 데니스 드 루즈몬트, *Love in the Western World*, 역자, 몽고메리 벨지안, 뉴욕: 포셋, 1956,

55. 배신당한 배우자의 슬픔 속에서 발견하는 자신의 추락한 모습은 다음 책에 자세하게 묘사되어 있다. 글래스, *Not "Just Friends,"* p. 116.

56. 태브리스, 애런슨, 『거짓말의 진화』, p. 177.

57. 가트맨, *Why Marriages Succeed or Fail*. 존 가트맨, 줄리 가트맨, *The Marriage Clinic*, 뉴욕: W. W. Norton, 1999. 줄리 슈와르츠 가트맨, *The Marriage Clinic Casebook*, 뉴욕: W. W. Norton, 2004.

58. R. L. 바이스, M. C. 체레토, "The Marital Status Inventory: Development of a Measure of Dissolution Potential," *The American Journal of Family Therapy* 8, 1980, pp. 80-86.

59. 크리스티나 스토셀 외, "Differences and Similarities on Neuronal Activities of People Being Happily and Unhappily in Love: a Functional Magnetic Resonance Imaging Study," *Neuropsychobiology* 64, 제1호, 2011, pp. 52-60.

60. 가트맨, *The Mathematics of Marriage*, p. 19.

61. 일부 연구 결과에 따르면, 부부는 훈련을 통해 얼마든지 서로의 장점에 집중할 수 있는 것으로 나타났다(엘리자베스 A. 로빈슨, M. 개일 프라이스, "Pleasurable Behavior in Marital Interaction: An Observational Study," *Journal of consulting and Clinical Psychology* 48, 1980, pp. 177-188) 이 책의 저자 로빈슨과 프라이스는 '행복하지 않다'라고 느끼는 부부를 관찰한 결과, 이들은

배우자의 장점을 50퍼센트만 발견한 상태였다. 그들은 훈련을 통해 더 많은 장점을 보도록 하는 것이 충분히 가능하다고 설명한다.

62. 상게서.

63. 가트맨, 가트맨, *The Marriage Clinic*.

64. 가트맨, *The Mathematics of Marriage*, 165. 배우자의 부정을 경험한 후 이를 극복해 나가는 과정은 다음 책에 훨씬 자세하게 설명되어 있다. 존 가트맨, 줄리 슈워츠 가트맨, 댄 시겔, *Healing From After An Affair – Gottman Couples Therapy*(2014년 가트맨 재단 배포). 존 가트맨, 줄리 슈워츠 가트맨, *Aftermath of a Fight or Regrettable Incident*(2015년 가트맨 재단 배포).

7장
직장 : 한정된 칭찬을 두고 벌이는 경쟁

1. 벤 다트너, *The Blame Game: How the Hidden Rules of Credit and Blame Determine Our Success or Failure*, 뉴욕: 프리 프레스, 2011, p. 3.

2. 데니스, M. 브룩스 외, "Politics as a Moderator of the Accountability Job Satisfaction Relationship: Evidence Across Three Studies," *Journal of Management* 35, 제2호, 2009, pp. 307-326.

3. 피터 홈, 안젤로 키니키, "Towards a Greater Understanding of How Dissatisfaction Drives Employee Turnover," *The Academy of Management Journal* 44, 제5호, 2001, pp. 975-987.

4. 웨인 A. 호치와터 외, "Strain Reactions to Perceived Entitlement Behavior by Others as a Contextual Stressor: Moderating Role of Political Skill in Three Samples," *Journal of Occupational Health Psychology* 15, 제4호, 2010, pp. 388-398.

5. 윌 펠프스 외, "Turnover Contagion: How Coworkers' Job Embededness and Coworkers' Job Search Behaviors Influence Quitting," *Academy of Management Journal* 52, 제3호, 2009, pp. 545-561.
6. 아가서 7:4(킹 제임스 버전).
7. 영국 런던 대학교에서의 공식 직함은 선임교수였으나, 미국 대학으로 치면 학장에 해당하는 업무를 수행했다.
8. 유럽연합(EU) 주관의 Fifth Framework 프로그램, *Work/Life Balance*(Ralfa.org 및 뉴넘 대학교, 2003).
9. 올리버 제임스, *Office Politics: How to Thrive in a Work of Lying, Backstabbing and Dirty Tricks*, 런던: 버밀리언, 2013.
10. 다트너, *The Blame Game*.
11. 세이어의 법칙은 찰스 이사위의 책에서도 인용된다. *Issawi's Laws of Social Motion*, 뉴욕: 호손 북스, 1973, p. 178
12. 상대방의 행동을 관찰하는 것이 행동을 변화시킬 수 있는가에 대한 질문은 결코 간과할 수 없는 부분이다. '관찰자 효과(Observer Effect)'라고도 불리는 '호손 효과'는 1930년대 한 연구팀에서 조명의 밝기가 근로자의 생산성에 미치는 효과를 평가하며 정립되었다. 연구 결과, 조명도 중요했지만 실제로 생산성을 좌우했던 건 작업 현장을 제삼자가 관찰하고 있느냐의 여부였다. 보다 자세한 내용은 다음 자료를 참고하기 바란다. 엘튼 마요, "Hawthorne and the Western Electric Company," *The Social Problems of an Industrial Civilization*, 런던: 루틀리지, 1949, pp. 60-76. 그러나 호손 효과의 연구 결과에 대해서는 이후 끊임없는 문제 제기가 있었다. 이와 관련해서는 다음 자료를 참고하기 바란다. 스티븐 레빗, 존 리스트, "Was There Really a Hawthorne Effect at the Hawthorne Plant? An Analysis of the Original Illumination Experiments," *American Economic Joural: Applied Economics* 3, 제1호, 2011, pp. 224-238.
13. 브루스 후드, *The Domesticated Brain*, 캘리포니아 주 그레트너: 펠리칸, 2008, pp. 14-15.

14. 제임스, Office Politics, p. 219.

15. 준 후이 위, 대니얼 밸리엇, 폴 A. M. 반 랑게, "Gossip Versus Punishment: The Efficiency of Reputation to Promote and Maintain Cooperation," *Scientific Reports* 6, 2016, 디지털 논문 고유식별자(doi):10.1038/srep23919.

16. 리처드 데이비드슨, 샤론 베글리, 『너무 다른 사람들』, 뉴욕: 플럼, 2012, p. 246.

17. 이와 관련하여 진 프란코이스 만조니와 진 루이스 바르수는 다음과 같이 언급했다. "'비난'이라는 단어는 자칫 과할 수 있다. 제대로 '바로잡아' 준다는 표현이 보다 적절하다." 보다 자세한 내용은 다음 자료를 참고하기 바란다. "The Set-Up To Fail Syndrome," *Harvard Business Review*, 1998년 3-4월 호.

18. 유럽연합(EU) 주관의 Fifth Framework 프로그램, *Family Friendly Policies in Workplaces*(Ralfa.org 및 케임브리지 소재 뉴넘 대학교, 2003).

19. 만조니, 바르수, "The Set-Up To Fail Syndrome."

20. 이 숫자를 인구 전체로 환산하면 약 1퍼센트 정도다. 보다 자세한 내용은 다음 자료를 참고하기 바란다. 폴 바비액, 로버트 D. 헤어, *Snakes in Suits: When Psychopaths Go to Work*, 뉴욕: 하퍼 비즈니스, 2006.

21. 네이선 브룩스, 카트리나 프리츤, "The Emergence of Noncriminal Psychopathy," 2016년 9월 멜버른에서 열린 호주 심리사회학회 모임에서 발표된 논문이다.

22. 이 인터뷰는 Family Friendly Practices에 대한 연구 프로젝트를 위해 2003년 4월 영국 케임브리지에서 테리 앱터가 진행한 것으로, 유럽연합(EU) 주관의 Fifth Framework 프로그램 *Work/Life Balance*(Ralfa.org 및 케임브리지 소재 뉴넘 대학교, 2003)의 지원을 받아 이루어졌다.

23. 진 트웬지, 키스 캠벨, 『나는 왜 나를 사랑하는가』, 뉴욕: 프리 프레스, 2009.

24. 닉 고잉, 크리스 랭던, *Thinking the Unthinkable: A New Imperative for Leadership in the Digital Age*, 런던: 경영회계공인협회, 2016.

25. 제임스, *Office Politics*.

26. 상게서, p. 173.

27. 한나 셀리그슨, *New Girl on the Job*, 뉴욕: 시타델, 2008.

28. 딕 고르테, "The Myth of Performance Metrics," *Harvard Business Review*, 2011. 9. 12, https://hbr.org/2011/09/the-myth-of-performance-metric.

29. '목표 설정이 어떻게 왜곡된 보상을 만들어 내는가?'에 대한 논의는 다음 자료에서 상세히 다루고 있다. 오노라 오네일, "A Question of Trust," 2002년 영국 케임브리지, *BBC Reith Lectures*, http://downloads.bbc.co.uk/rmhttp/radio4/transcrips/20020403_reith.pdf.

30. 스티븐 르신, 스티븐 J. 스펜서, 스티븐 페인, "Prejudice as Self-Image Maintenance: Affirming the Self through Derogating Others," *Journal of Personality and Social Psychology* 73, 제1호, 1997, pp. 31-44.

31. 다음 자료에서 예시를 확인할 수 있다. 제임스, *Office Politics*. 브라버만 외, "Sex Role Stereotypes and Clinical Judgments of Mental Health," *Journal of Consulting and Clinical Psychology* 34, 제1호, 1970, pp. 1-7.

32. 컨설팅 회사, 대학교, 공공병원, 슈퍼마켓 등에서 진행한 연구 프로젝트에서 각기 다른 위치에 있는 17명의 근로자를 대상으로 인터뷰를 진행했다. 이 연구는 유럽연합(EU) 주관의 Fifth Framework 프로그램 *Family Friendly Practices in Workplaces*(Ralfa.org 및 케임브리지 소재 뉴넘 대학교, 2003)의 지원을 받아 이루어졌다.

33. 실비아 바이어, "Gender Differences in the Accuracy of Self-Evaluation of Performance," *Journal of Personality and Social Psychology* 59, 제5호, 1990. pp. 960-970. 헤더 사슨, 고우 수, "Confidence Men? Gender and Confidence: Evidence Among Top Economists," *Harvard Scholar*, 2015. 7. 14, https://scholar.harvard.edu/files/sarsons/files/confidence_final.pdf.

34. 보니타 C. 롱, 샤론 E. 칸, *Women, Work, and Coping: A Multidisciplinary Approach to Workplace Stress*, 토론토: 맥길퀸즈 대학교 출판부, 1993.

35. 루시 켈러웨이, "Kudos to Bosses Who Use Praise Wisely," *Financial Times*, 2009. 5. 24, https://www.ft.com/content/093cc1c6-9154-438d-b5bb-386cc352celc?mhq5j=el.

36. 울프 위 메이어, "Paradoxical Effects of Praise and Criticism on Perceived

Ability," *European Review of Social Psychology* 3, 1992, pp. 259-283.

37. 마자린 바나지, 앤터니 그린왈드, *Blindspot: Hidden Biases of Good People*, 뉴욕: 델라코드 프레스, 2013. 알리 레자이, "Validity and Reliability of the IAT: Measuring Gender and Ethnic Stereotypes," *Computers in Human Behavior* 27, 제5호, 2011, pp. 1937-1941.

38. 이것은 Gender-Career IAT로부터 도출된 결과다. 온라인 페이지에서 개인이 직접 참가하여 점수를 확인해 볼 수 있다. https://implicit.harvard.edu/implicit/user/agg/blindspot/indexgc.htm.

39. 바나지, 그린왈드, *Blindspot*. 다트너, *The Blame Game*, p. 61.

40. 코델리아 파인, 『뇌 마음대로』, 뉴욕: W. W. 노튼, 2007, p. 155. 마크 첸, 존 A. 바그, "Nonconscious Behavioral Confirmation Processes: the Self-Fulfilling Consequences of Automatic Stereotype Activation," *Journal of Experimental and Social Psychology* 33, 제5호, 1997. pp. 541-560.

41. 바나지, 그린왈드, *Blindspot*. 레자이, "Validity and Reliability of the IAT," pp. 1937-1941.

42. 누군가가 고정관념에 반하는 모습을 보이면 이는 오히려 편견을 지속시키는 역할을 한다. 예를 들어 뛰어난 엔지니어가 여자인 경우에도 사람들의 머릿속에는 대부분의 여자들은 엔지니어가 될 만한 기술이 부족하다는 생각이 유지된다. 보다 자세한 내용은 다음 자료를 참고하기 바란다. 지바 쿤다, 캐스린 C. 올레슨, "When Exceptions Prove the Rule: How Extremity of Deviance Determines the Impact of Deviant Examples on Stereotypes," *Journal of Personality and social Psychology* 72, 제5호, 1997, pp. 965-979.

43. 캐릴 리버스, 로잘린드 바넷, *The New Soft War on Women: How the Myth of Female Ascendance Is Hurting Women, Men – And Our Economy*, 뉴욕: 타처, 2015.

44. 리처드 크리스프, *The Social Brain: How Diversity Made the Modern Mind*, 런던: 로빈슨, 2015.

45. 코델리아 파인은 '편견의 안경'이라는 용어를 사용하여 편향적인 시각으로 세상을

바라보는 모습을 묘사한다. 보다 자세한 내용은 다음 책에 등장한다. 파인, 『뇌 마음대로』, p. 145.

46. 많은 대학은 편견이 없음을 증명하기 위해, 또 구성원의 다양성을 개선하기 위해 노력한다. 그래서 특정 부서 수장의 경우, 여성을 임명하는 것이 효과적이라는 공통의 의견을 내놓기도 한다. 그러나 수학과 과학에 뛰어난 여학생들이 많다는 사실을 알고 있음에도, 수학과 과학 분야의 여성 지도자 및 교육을 늘리라는 2012년 대통령자문위원회의 권고가 있었음에도 교수임용위원회는 여성 후보보다 남성 후보의 실력을 월등히 높게 평가했다. 이에 관한 보다 자세한 내용은 다음 자료를 참고하기 바란다. *President's Council of Advisors on Science and Technology*, "Engage to Excel: Producing One Million Additional College Graduates with Degrees in Science, Technology, engineering, and Mathematics," 워싱턴 D. C. 대통령실, 2012, https://obamawhitehouse.archives.gov/sites/default/files/microsites/ostp/pcast-engage-to-excel-final_2-25-12.pdf.

47. 엘리자베스 S. 스펠케, "Sex Differences in Intrinsic Aptitude for Mathematics and Science? A Critical Review," *American Psychologist* 60, 2005, pp. 950-958.

48. 어네스토 르우벤, 파올라 사피엔조, 루이지 징갈리스, "How Stereotypes Impair Women's Careers in Science," *Proceedings of the National Academy of Sciences* 111, 제12호, 2014, pp. 4403-4408. 리사 윌리엄스, "The Problem with Merit-Based Appointments? They're Not Free from Gender Bias Either," *The Conversation*, 2015. 7. 29, http://theconversation.com/the-problem-with-merit-based-appointments-theyre-not-free-from-gender-bais-either-45364. 연구와 혁신을 위한 유럽연합 집행위원회, "Meta-Analysis of Gender and Science Research," 브뤼셀: 유럽연합 집행위원회, 2012, https://ec.europa.eu/research/swafs/pdf/pub_gender_equality/meta-analysis-of-gender-and-science-research-synthesis-report.pdf.

49. 코린느 모스 라쿠신 외, "Science Faculty's Subtle Gender Biases Favor Male

Students," *Proceedings of the National Academy of Sciences* 111, 제2호, 2012, pp. 16474-16479.

50. 존 캠벨, *Margaret Thatcher*, 제1권, *The Grocer's Daughter*, 런던: 조녀선 케이프, 2000.

51. 클로드 M. 스틸, 『고정관념은 세상을 어떻게 위협하는가』, 뉴욕: 노튼, 2010, pp. 119-120, p. 149. 데이비드 새드커, 캐런 R. 지틀만, *Still Failing at Fairness: How Gender Bias Cheats Girls and Boys in School and What We Can Do About It*, 뉴욕: 스크라이브너, 2009. 아이린 V. 블레어, "The Malleability of Automatic Stereotype and Prejudice," *Personality and Social Psychology Review* 6, 제3호, 2002, pp. 242-261.

52. B. L. 프레데릭슨 외, "That Swimsuit Becomes You: Sex Differences in Self-Objectification, Restrained Eating, and Math Performance," *Journal of Personality and Social Psychology* 75, 제1호, 1998, pp. 269-284.

53. 제니 머레이 언급, "What Did Margaret Thatcher Do for Women?," *The Guardian*, 2013. 4. 9, https://www.theguardian.com/politics/2013/apr/09/margaret-thatcher-women.

54. 재니 윌리스, 알렉산더 토도로브, "First Impressions: Making Up Your Mind After a 100-Ms Exposure to a Face," *Psychological Science* 17, 제7호, 2006, pp. 592-598.

55. 자세한 내용은 다음 자료를 참고하기 바란다. 대니얼 카너먼, 『생각에 관한 생각』, 뉴욕: 펭귄, 2012.

56. 알렉산더 토도로브 외, "Inferences of Competence from Faces Predict Election Outcomes," *Science* 308, 제5728호, 2005, pp. 1623-1626. 제러미 비산즈 외, "Do We Know When Our Impressions of Others Are Valid? Evidence for Realistic Accuracy Awareness in First Impressions of Personality," *Social Psychological and Personality Science* 2, 제5호, 2011, pp. 452-459.

57. 존 A. 바그, 이디트 샬레브, "The Substitutability of Physical and Social

Warmth in Daily Life." *Emotion* 12, 제1호, 2012, pp. 154-162, 디지털 논문 고유식별자(doi):10.1037/a0023527.

58. 바그, 샬레브, "The Substitutability of Physical and Social Warmth in Daily Life."

59. 에드거 치엔, *Career Dynamics: Matching Individual and Organizational Needs*, 뉴욕: 애디슨 웨슬리, 1978.

60. 마이클 G. 마멋 외, "Health Inequalities among British Civil Servants: The Whitehall II Study," *Lancet* 337, 제8754호, 1991, pp. 1387-1398.

61. 마이클 마멋, *The Status Syndrome*, 런던: 블룸즈버리, 2005.

62. 콜린스 영어사전, 12판, "horns and halo effect" 부분을 찾아볼 것.

63. 삶의 방식의 개선은 건강의 향상을 가져온다. 하지만 이것이 적용되는 비율은 3분의 1에 불과하다.

64. 사회적 도덕성의 위치에 대한 가장 효과적인 예측 지표는 남성의 경우 직업의 속성을 반영하는 사회과학적 기준이다. 그러나 여성의 경우 일반적인 사회적 위치를 반영하는 기준이다.

65. 칭찬의 상대성에 대한 민감도는 인간에게만 발견되는 특징으로 보일 수 있지만, 다른 영장류에서도 발견된다. 동물학자 프란스 드 발이 원숭이와 침팬지를 대상으로 실험한 결과, 이들 역시 보상의 상대적 가치에 대해 질투나 시기심을 느꼈다. 이들은 똑같은 양의 '일'에 대해 같은 종의 다른 동물에게 더 많은 보상이 주어진 경우 적극적으로 불만을 표시했다. 예컨대 자신이 받은 샐러리와 오이에 만족해하던 원숭이도 다른 원숭이가 훨씬 달콤한 포도를 받은 사실을 알고는 깜짝 놀라며 샐러리와 오이를 받아 들지 않았다. 보다 자세한 내용은 다음 자료를 참고하기 바란다. 세라 F. 브로스넌, 프란스 B. M. 드 발, "Monkeys Reject Unequal Pay," *Nature* 425, 2003, pp. 297-299.

66. '후광 효과'라는 말은 1920년 심리학자 에드워드 손다이크가 회사 경영진이 부하 직원을 평가할 때 양극단 사이에서 더없이 좋게, 혹은 완전히 나쁘게 평가하는 모습을 보고 만들어 낸 개념이다. 이들은 좋은 점, 나쁜 점을 섞어서 말하지 않았다. 어떤 점은 좋고, 어떤 점은 나쁘다는 식으로 말하지도 않았다. 보다 자세한

내용은 다음 자료를 참고하기 바란다. 에드워드 손다이크, "A Constant Error in Psychological Ratings," *Journal of applied Psychology* 4, 제1호, 1920, pp. 25-29. 리처드 니스벳, 티모시 D. 윌슨, "The Halo Effect: Evidence for Unconscious Alteration of Judgements," *Journal of Personality and social Psychology* 35, 제4호, 1977, pp. 250-256.

67. 마모트는 모두 수입이 같다 해도 계급에 따라 건강에 차이가 있을 거라고 말한다. 자세한 내용은 다음 자료를 참고하기 바란다. 마멋, *The Status Syndrome*, p. 63.

68. 알랭 드 보통, 『불안』, 뉴욕: 빈티지, 2005.

69. 조지 베일런트, 『성공적 삶의 심리학』, 보스턴: 리틀, 브라운, p 162.

70. 이 책을 참고하기 바란다. 고잉, 랭딘, *Thinking the Unthinkable: A New Imperative for Leadership in the Digital Age*, 런던: 경영회계공인협회, 2016.

71. 로자베스 모스 칸터, *When Giants Learn to Dance: the Definitive Guide to Corporate Success*, 뉴욕: 시몬 앤 슈스터, 1990.

72. 사회적 상황이 좋지 않은 가운데 누구도 비난을 받아들이려 하지 않을 경우 사회 전체가 혼란에 빠질 수 있다. 이와 관련하여 제러드 다이아몬드는 변화를 수용하고 이에 적응하기를 거부해 사회 전체가 몰락한 처참한 사례를 제시한다. 나라에 닥친 위기 상황을 두고 한 집단이 다른 집단을 비난하자 급기야 전쟁까지 일어났다. 당시 위기에서 벗어날 수 있는 손쉬운 해결책은 생각보다 가까이 있었는데, 서로를 비난하는 데 급급했던 나머지 이를 알아채지 못한 것이다. 보다 자세한 내용은 다음 책을 확인하기 바란다. 제러드 다이아몬드, 『문명의 붕괴』, 런던: 앨런 레인, 2005.

73. 다이앤 L. 쿠투, "Edgar Schein: The Anxiety of Learning – The Darker Side of Organizational Learning," *Harvard Business School Working Knowledge*, 벤 다트너의 *The Blame Game*, p. 145에서 인용.

74. 자기 인식을 통한 효과적인 변화 수용법은 아이비엠(IBM) 최고경영자를 지낸 루 거스너의 책을 보면 잘 나와 있다. 루 거스너, 『코끼리를 춤추게 하라』, 뉴욕: 콜린스, 2002.

75. 이 같은 목적을 위한 가장 일반적인 성격 유형 분류는 마이어스-브릭스 유형 지표(MBTI)를 기본으로 삼는다. 칼 정은 각자의 생각과 의사결정, 우선순위 선정

과정을 처리하고 분류하는 서로 다른 방식을 체계화했고, 이저벨 마이어스와 캐서린 브릭스가 이 같은 분류법을 차용한 것이다. 마이어스-브릭스 유형 지표를 사용하는 간부 트레이너의 경우, 임원급 인사들로 하여금 자신과 다른 사람의 선호도와 접근 방식을 이해함으로써 최대의 성과를 이끌어 내도록 할 수 있다. 보다 자세한 내용은 다음 자료를 참고하기 바란다. 칼 정, *Modern Man in Search of a Soul*, 플로리다 주 올랜도: 하코트, 1993. 이저벨 브릭스 마이어스 외, *MBTI Manual: A Guide to the Development and Use of the Myers-Briggs Type Indicator*, 3판, 캘리포니아 주 마운틴 뷰, 심리학자 컨설팅 출판부, 1998.

76. 최근 들어 마이어스-브릭스 유형 지표는 과학적 근거가 부족하다는 이유로 강한 비판을 받고 있다. 성격 유형을 한 가지로 고정함으로써, 회사 임원진이 직원들이 어떻게 일하는지, 또 어떻게 여러 가지 상황에 반응하는지에 대해 미리 판단하게 한다는 것이다. 이와 관련하여 존 러스트 교수는 다음과 같이 언급한다. "이 지표는 모든 사람을 아주 작은 유형으로 국한해 버리죠. 그래서 사람들은 자신이 특정 유형에 속한다고 믿어요. 점성술과 다를 바 없습니다." 보다 자세한 내용은 다음 자료를 확인하기 바란다. "Is Myers-Briggs up to its job?," *Financial Times*, 2016. 2. 11, https://www.ft.com/content/8790ef0ad040-11e5-831d-09f7778e7377?mhq5j=e1. 애니 머피 폴, *The Cult of Personality*, 워싱턴 D.C.: 프리 프레스, 2004.

77. 앤드류 그린왈드, "The Totalitarian Ego: Fabrication and Revision of Personal History," *American Psychologist* 35, 1980, pp. 603-618.

8장
소셜 미디어 : 내면을 피폐하게 하는 끝없는 비교

1. 판단의 신뢰도는 판단의 정확성과는 크게 연관성이 없다. 상대방이 말하는 사실의

진위 여부를 가리는 데 전문가라고 하는 사람들조차 때로는 추측에 의존한다. 보다 자세한 내용은 다음 자료를 참고하기 바란다. 앨더트 브리, 파르 안데르스 그랜하그, 스테판 포터, "Pitfalls and Opportunities in Nonverbal and Verbal Lie Detection," *Psychological Science in the Public Interest* 1, 제13호, 2010, pp. 89-121.

2. 린 텐 브링케, 다냐 스팀슨, 다타 카니, "Some Evidence for Unconscious Lie Detection," *Psychological Science* 25, 2014, pp. 1098-1105.

3. 미켈라 비카리오 외, "The Spreading of Misinformation Online," *Proceedings of the National Academy of Science* 113, 제3호, 2015, pp. 554-559.

4. 페이스북은 가입 최저 연령을 13세로 제한하고 있지만, 일부 주에서는 추가적인 제한 조치를 시행하고 있다.

5. 2016년 3월 현재 규모, 페이스북 뉴스룸 제공.

6. 매튜 리버먼, *Social: Why Our Brains Are Wired to Connect*, 뉴욕: 브로드웨이 북스, 2014.

7. 페이스북 경영진은 '싫어요' 버튼 추가를 고려했지만, 결국 만들지 않았다. 밝고 긍정적인 모습을 지향한다는 사이트의 모토와 어울리지 않기 때문으로 추측된다. 그러나 페이스북은 '우와', '슬픔', '화남' 등과 같은 이모티콘을 추가하여 사용자들은 댓글과 이모티콘으로 충분한 거부 의사를 나타낼 수 있게 되었다. 보다 자세한 내용은 다음 자료를 참고하기 바란다. 샘 콜트, "Facebook May Be Adding a 'Dislike' Button," *Inc.*, 2014. 12. 12, https://www.inc.com/business-insider/facebook-may-be-adding-a-dislike-button.html. 그러나 이 자료는 아직 일반에 공개되지 않았다. 크리스토퍼 자라, "Facebook Is Testing Out a Dislike Button, But There's a Catch," *Fast Company*, 2017. 3. 6, http://news.fastcompany.com/facebook-is-testing-out-a-dislike-button-but-theres-a-catch-4031826.

8. 이 책을 참고하기 바란다. 낸시 조 세일즈, *American Girls: Social Media and the Secret Life of Teenagers*, 뉴욕: 크노프, 2016.

9. 테리 앱터, *Altered Loves: Mothers and Teenage Daughters*, 뉴욕: 밸런타인,

1991.

10. 연구 결과는 1990년에 출간되었으나, 인터뷰는 1986년에서 1989년 사이에 진행되었다.

11. 앱터, *Altered Loves*, p. 32.

12. 애슐리 A. 앤더슨 외, "The 'Nasty Effect': Online Incivility and Risk Perception in Emerging Technologies," *The Journal of Computer-Mediated Communication* 19, 제3호, 2013, pp. 373-387.

13. 린다는 앱터의 저서 *Altered Loves*, pp. 29-30 부분에서 인용했다.

14. 상게서, p. 29.

15. "Online Bullying," *Bitdefender Resource Center*, 2011. 10. 6.

16. 퓨 리서치 센터, *Teens, Technology and Social Media Overview* 2015: *Smartphones Facilitate Shifts in Communication Landscape for Teens*, 워싱턴 D. C. : 퓨 리서치 센터, 2015, http://www.pewinternet.org/files/2015/04/PI_TeensandTech_Update2015_0409151.pdf.

17. 2012년, 제시카 레니는 자신을 '난잡한 여자'로 몰아세우며 차라리 죽어 버리라는 수많은 댓글에 못 이겨 결국 자살하고 말았다. 보다 자세한 내용은 다음 자료를 참고하기 바란다. "Online Bullying," *Bitdefender Resource Center*, 2011. 10. 6. 제시카 클레랜드 역시 고작 열아홉의 나이에 스스로 생을 마감했다. 페이스북을 통해 쏟아지는 비난의 공격에 무너지고 만 것이다. 이에 대한 구체적인 내용은 다음 자료를 참고하기 바란다. 세일즈, *American Girls*, p. 221.

18. 리언 페스팅거, "A Theory of Social Comparison Processes," *Human Relations* 7, 제2호, 1954, pp. 117-140.

19. 퓨 리서치 센터, *Teens, Technology and Social Media*.

20. 퓨 리서치 센터의 2015년 보고서 "Teens, Technology and Social Media"에 따르면 10대 청소년들은 자신들이 '지속적으로' 소셜 미디어 활동을 이어 가고 있다고 언급한다. 13세부터 17세까지의 연구 대상 청소년 가운데 절반 이상인 56퍼센트는 하루에도 몇 번씩 소셜 미디어 사이트를 방문했고, 하루에 한 번 방문하는 비율도 12퍼센트에 달했다. 일주일에 한 번 방문은 6퍼센트, 그 이하의

주기는 오직 2퍼센트에 그쳤다.

21. 셰리 터클, 『대화를 잃어버린 사람들』, 뉴욕: 펭귄, 2015.

22. 메리언 키스, "Mind Your Head," *Sunday Times*, 2015. 3. 8, https://www.thetimes.co.uk/article/mind-your-head-xnnz860vw3p.

23. 세일즈, *American Girls*, p. 138.

24. 디안드라, 세일즈의 *American Girls*, p. 218 부분에서 인용했다.

25. 루크 클라크 외, "Gambling Near-Misses Enhance Motivation to Gamble and Recruit Win-Related Brain Circuitry," *Neuron* 61, 2009, pp. 481-490. 울프람 슐츠, 피터 다얀, P. 리드 몬테규, "A Neural Substrate of Prediction and Reward," *Science* 275, 1997, pp. 1593-1599.

26. 로버트 크라우트 외, "Internet Paradox: A Social Technology That Reduces Social Involvement and Psychological Well-Being?," *American Psychologist* 53, 제9호, 1998, pp. 1017-1031.

27. 에단 크로스 외, "Facebook Use Predicts Declines in Subjective Well-Being in Young Adults," *PLoS One* 8, 제8호, 2013, 디지털 논문 고유식별자(doi):10.1371/journal.pone.0069841. 조이 굿맨 딘 외, "The Impact of Communication Technologies on Life and Relationship Satisfaction," *Computers in Human Behavior* 57, 2016, pp. 219-229. 모튼 트롬홀트, "The Facebook Experment: Quitting Facebook Leads to Higher Levels of Well-Being," *Cyberpsychology, Behavior, and Social Networking* 19, 제11호, 2016, pp. 661-666.

28. 마르쿠스 애펠 외, "Intensity of Facebook Use Is Associated With Lower Self-Concept Clarity: Cross-Sectional and Longitudinal Evidence," *Journal of Media Psychology: Theories, Methods, and Applications*, 2016, 디지털 논문 고유식별자(doi):10.1027/1864-1105/a000192.

29. 클라크 외, "Gambling Near-Misses Enhance Motivation to Gamble," pp. 481-490.

30. 필자는 '중독'이라는 표현이 적절한 비유라고 생각하지 않는다. 문제는 기쁨의

감격의 오래가지 못하고 더 많은 칭찬을 기대한다는 것이다. 결국, 기대감의 문제다. 우리는 칭찬을 통해 마음의 안정과 따스함을 기대하는데, 생각만큼 칭찬을 받지 못할 경우 우리 스스로 부족한 존재라고 느끼며 더 많은 칭찬을 갈구한다. 그래서 다른 곳으로부터 이 기쁨의 욕구를 채우고자 한다.

31. 조이 굿맨 딘 외, "The Impact of Communication Technologies on Life and Relationships Satisfaction," pp. 219-229.

32. 패티 M. 발켄부르그, 요헨 피터, 알렉산더 P. 샤우텐, "Friend Networking Sites and Their Relationship to Adolescents' Well-Being and Social Self-Esteem," *CyberPsychology Behavior* 9, 제5호, 2006, pp. 584-590, 디지털 논문 고유식별자(doi):10.1089/cpb.2006.9.584.

33. 10대 소녀 낸시 조 세일즈와의 인터뷰 내용을 보면 소셜 미디어에 대한 안 좋은 기억이 결코 사용 자체를 차단할 수 없음을 잘 보여 준다. 10대들은 보통 공통의 의사소통 장에서 혼자만 제외되는 것을 극도로 두려워하며, 다음에는 사람들의 칭찬을 받을 수 있다는 희망을 버리지 않는다.

34. 데이비드 E. 카누스, L. 레이드 핸슨, "Negativity in Evaluations," *Attribution: Perceiving the Causes of Behavior*, 에드워드 엘스워스 존스 외 편집, 뉴저지 주 모리스타운: 제너럴 러닝 출판사, 1972. 로이 F. 바우마이스터, 엘렌 브래트슬라브스키, 캐트린 핀케나우어, "Bad Is Stronger than Good," *Review of General Psychology* 5, 제4호, 2001, pp. 323-370.

35. 일명 '자이가르닉 효과(Zeigarnik effect)'로 불리는 이 현상은 블루마 자이가르닉이 1938년 고안해 낸 개념으로 다음 책에 자세히 묘사되어 있다. 블루마 자이가르닉, "On Finished and Unfinished Tasks," *A Source Book for Gestalt Psychology*, 신판, 윌리스 D. 엘리스 편집, 뉴욕 하이랜드, 게슈탈트 저널 출판사, 1938, pp. 1-15.

36. 바우마이스터, 브래트슬라브스키, 핀케나우어, "Bad is Stronger than Good," pp. 323-370.

37. 물론 개인마다 부정 편향의 정도는 다르다. 극단적인 부정적 기억은 우울증으로 이어지기도 한다(조너선 로이저, 바바라 사하키안, "Hot and Cold Cognition

in Depression," *CNS Spectrums* 18, 제3호, 2013, pp. 139-149). 부정적인 시각에만 지나치게 몰입하는 것은 보수와 진보 간의 정치적 논쟁과도 관련이 있다(드류 웨스턴, *The Political Brain: The Role of Emotion in Deciding the Fate of the Nation*, 뉴욕: 퍼블릭어페어즈, 2007).

38. 이 책의 다음 부분을 참고하기 바란다. 세일즈, *American Girls*, p. 36.

39. 다음 사례를 참고하기 바란다. "Report Cyberbullying," 미국 보건복지부, http://www.stopbullying.gov/cyberbullying/how-to-report/. 교육부, "Cyberbullying: Advice for Headteachers and School Staff," 2014. 11, https://www.gov.uk/government/uploads/system/uploads/attchment_data/file/374850/Cyberbullying_Advice_for_Headtechers_and_School_Staff_121114.pdf. "Bullying and Cyberbullying: Facts and Statistics," National Society for the Prevention of Cruelty to Children, https://www.snpcc.org.uk/preventing-abuse/child-abuse-and-neglect/bullying-and-cyberbullying/bullying-cyberbullying-statistics/.

40. 일부 심리학자의 경우 전혀 다른 주장을 펼치기도 한다. 인터넷에 불쾌하고 모욕적인 게시물을 올리는 사람은 대개 어두운 성격의 소유자라는 것이다. 이를테면 나르시시즘에 빠져 있거나 떠벌리기를 좋아하고 공감 능력이 없으며 매사에 자기중심적이고 부정적이고 권모술수에 능하다. 이들은 충동적이며 자신을 되돌아볼 줄 모르고 지극히 이기적이다. 종종 사이코패스적 성향을 보이기도 한다. 보다 자세한 내용은 다음 자료를 참고하기 바란다. 에린 버클스, 폴 트랩넬, 델로이 파울러스, "Trolls Just Want to Have Fun," *Personality and Individual Differences* 67, 2014, pp. 97-102. 조너선 비숍, "The Effect of De-individuation of the Internet Troller on Criminal Procedure Implementation: An Interview with a Hater," *International Journal of Cyber Criminology* 7, 제1호, 2013, pp. 28-48.

41. 찰스 노타르, 샤론 패드겟, 제시카 로든, "Cyberbullying: A Review of the Literature," *Universal Journal of Educational Research* 1, 제1호, 2013, pp. 1-9.

42. 마이클 왈러브, 와니스 헤어만, "Cyberbullying: Predicting Victimization and Perpetration," *Children and Society* 25, 제1호, 2009, pp. 59-72.

43. 이 내용은 도미니크 브로사르, 디트렘 슈플 두 연구자가 〈뉴욕타임스〉에 작성한 기고문에서 인용한 것이다. 구체적인 내용은 다음 기사를 확인하기 바란다. 도미니크 브로사르, 디트렘 슈플, "This Story Stinks," *New York Tie Sunday Review*, 2013. 3. 2, http://www.nytimes.com/2013/03/03/opinion/sunday/this-story-stinks.html.

44. 앤더슨 외, "'The Nasty Effect'," pp. 373-387.

45. 필리포 멘처, "Fake Onlin News Spreads Through Social Media Echo Chambers," *Scientific American*, 2016. 11. 28, https://www.scientificamerican.com/article/fake-online-news-spreads-through-social-echo-chambers/.

46. 멘처, "Fake Online News."

47. 델 비카리오 외, "The Spreading of Misinformation Online," pp. 554-559.

48. 이것은 확증 편향의 사례에 속한다. 확증 편향이란 자신의 믿음을 뒷받침하는 증거만 받아들이고 그것에 반하는 증거는 무시하는 현상을 뜻한다. 확증 편향은 곧 메아리 효과로 이어진다.

49. 린제이 스톤은 존 론슨의 다음 기사에서 언급되었다. "Overnight, Everything I Loved Was Gone': The Internet Shaming of Lindsey Stone," *Guardian*, 2015. 2. 21, https://www.theguardian.com/technology/2015/feb/21/internet-shaming-lindsey-stone-jon-ronson.

50. 존 술러, "The Online Disinhibition Effect," *CyberPsychology Behavior* 7, 제3호, 2004, pp. 321-326.

51. 매튜 S. 이스틴, 로버트 라로즈, "Internet Self-Efficacy and the Psychology of the Digital Divide," *Journal of Computer-Mediated Communication* 6, 제1호, 2000, 디지털 논문 고유식별자(doi):10.1111/j.1083-6101.2000.tb00110.x.

52. 로버트 라로즈, "Cybercompulsions: Media Habits, Media Addictions and the Internet," *Impact and Issues in New Media: Towards Intelligent Societies*.

폴 S. N. 리, 루이스 렁, 클레멘트 Y. K., *Hampton Press Communication Series*,
뉴저지 주 크레스킬, 햄튼 프레스, 2004.

53. 송인덕 외, "Internet Gratifications and Internet Addictions: On the Uses
and Abuses of the New Media," *CyberPsychology and Behavior* 7, 제4호,
2004, pp. 384-394.

54. 론슨의 다음 글에서 인용했다. "Overnight, Everything I Loved Was Gone.'"

55. 두 가지 사례 모두 존 론슨이 논의한 내용이다. 자세한 내용은 다음 자료를 참고하기
바란다. *So You've Been Publicly Shamed*, 뉴욕: 리버헤드 북스, 2015.

56. 대니얼 카너먼이 논의한 문제를 살펴보기 바란다. 대니얼 카너먼, 『생각에 관한
생각』, 뉴욕: 파라, 스트로스 앤드 지루, 2013. 경솔한 생각이 우리의 시선과 관점,
전문적 연구 결과를 지배하는 경우가 종종 있다. 그러나 대부분의 경우 이는 우리의
행동을 어리석게 만든다.

57. 셰리 터클, 『대화를 잃어버린 사람들』, 뉴욕: 펭귄, 2015.

58. 세라 H. 콘래스, 에드워드 H. 오브라이언, 코트니 싱, "Changes in Dispositional
Empathy in American College Students over Time: A Meta-Analysis,"
Personality and Social Psychology Review 15, 제2호, 2011, pp. 180-189.

59. 유아동 시기의 공감 능력에 대해서는 이 책의 1장에서 3장까지 논의된 바 있다. 이와
더불어 다음 책도 참고하기 바란다. J. K. 햄린, K. 윈, P. 블룸, "social Evaluation
by Preverbal Infants," *Nature* 450, 2007, pp. 557-559.

60. 제이미 발렛, "Who Are the People in the Dark Corners?," *BBC Magazine*,
2015. 4. 28, http://www.bbc.com/news/magazine-32446711.

61. 안네케 뷰폰, 마이클 폴린, "Empathy, Targer Distress, and Neurohormone
Genes Interact to Predict Aggression for Others – Even Without
Provocation," *Personality and Social Psychology Bulletin* 40, 제11호, 2014,
pp. 1406-1422.

62. 레베카 삭스, 낸시 캔위서, "People Thinking about Thinking People: The Role
of the Temporo-Parietal Junction in 'Theory of Mind'," *Neuroimage* 19,
제4호, 2003, pp. 1835-1842. 리앤 영 외, "The Neural Basis of the Interaction

Between Theory of Mind and Moral Judgement," *Proceedings of the National Academy of Sciences* 104, 제20호, 2007, pp. 8235-8240. 에밀리 브루노, 니컬러스 뒤푸, 레베카 삭스, "Social Cognition in Members of Conflict Groups: Behavioural and Neurla Responses in Arabs, Israelis and South Americans to Each Other's Misfortunes," *Philosophical Transactions of the Royal Society B: Biological Sciences* 367, 제1589호, 2012, pp. 717-730.

63. 그러나 다른 사람의 고통을 확인하는 순간에는 애착이나 감정과 관련된 고통의 매트릭스만 활성화된다. 정신적 매트릭스는 작동되지 않는다. 자세한 내용은 다음 자료를 참고하기 바란다. 타니아 싱어 외, "Empathy for Pain Involves the Affective but Not Sensory Components of Pain," *Science* 303, 2004, pp. 1157-1162.

64. 조너선 하이트, 『바른 마음』, 뉴욕: 빈티지, 2013, p. 228.

65. 한 연구에 따르면, 백인 의사는 환자가 유색인종일 경우 그 고통을 과소평가하는 것으로 나타났다. 보다 자세한 내용은 다음 내용을 참고하기 바란다. 마테오 포르기아리니, 마르첼로 갈루치, 안젤로 마라비타, "Racism and the Empathy for Pain on Our Skin," *Frontiers in Psychology* 2, 제108호, 2011, pp. 1-8.

66. 미나 시카라 외, "Their Pain Gives Us Pleasure: How Intergroup Dynamics Shape Empathic Failures and Counter-Empathic Responses," *Journal of Experimental and Social Psychology* 55, 2014, pp. 110-125.

67. 갈등 상황에서 정신적 매트릭스는 계속 작동하는 반면 공감 영역은 그 기능이 차단되는 것에 관한 신경 영상 관련 연구는 다음 자료를 참고하기 바란다. 시카라 외, "Their Pain Gives Us Pleasure," pp. 110-125.

9장

두려움 없이 관계를 맺고 어울려 살아가는 법

1. 피터 싱어, 『사회생물학과 윤리』, 뉴저지 주 프린스턴, 프린스턴 대학교 출판부, 2011.

2. 스티븐 핑커, *The Better Angels of Our Nature: Why Violence Has Declined*, 뉴욕: 펭귄, 2012. 핑커는 이 책의 제목을 에이브러햄 링컨의 첫 번째 취임 연설에서 차용했다. 그는 이 개념을 공감과 자기통제, 도덕적 판단, 추론 등을 모두 아우르는 용어로 사용했다.

3. 스티븐 핑커는 지난 1000년 동안 살인이나 군사적 충돌, 대학살, 고문, 아동 학대 등의 폭력이 감소했다는 데 초점을 맞춘다. 이와는 다른 지표를 근거로 삼는 연구에서는, 오늘날의 젊은층(72명의 대학생이 연구 대상)은 21세기를 기점으로 이전 세대보다 공감 능력이 40퍼센트나 축소된 것으로 나타났다. 연구 팀에서는 이 같은 공감 능력의 감소가 소셜 미디어 및 과도한 경쟁과 관련되어 있다고 추측한다. 보다 자세한 내용은 다음 자료를 참고하기 바란다. 세라 H. 콘래스, 에드워드 H. 오브리엔, 코트니 싱, "Changes in Dispositional Empathy in American College Students Over Time: A Meta-Analysis," *Personality and Social Psychology Review* 15, 제2호, 2010, pp. 180-198. 공감 능력의 감소는 보다 일반적인 현상으로 당연하게 비칠 수 있지만, 싱어와 핑커의 연구 결과는 매우 주목할 만한 내용이다.

4. 조너선 고샬, 데이비드 슬론 윌슨 편집, *The Literary Animal: Evolution and the Nature of Narrative*, Rethinking Theory, 일리노이 주 에반스톤: 노스웨스턴 대학교 출판부, 2006.

5. 기능적 자기공명영상(fMRI) 분야의 연구 결과, 복잡한 소설을 읽고 난 후 소위 공감 네트워크 및 해당 영역에서의 고조된 반응은 사회적 의사결정과 관계된 것으로 나타났다(배내측 전전두엽 피질). 보다 자세한 내용은 다음 자료를 살펴보기 바란다. 춘 팅 수, 마르쿠스 콘래드, 아서 K. 제이콥스, "Fiction Feelings in Harry Potter: Haemodynamic Response in the Mid-Cingulate Cortex Corresponds with

Immersive Reading Experience," *Neuroreport* 25, 제17호, 2014, pp. 1356-1361. 다이애나 I. 타미르 외, "Reading Fiction and Reading Minds: The Role of Stimulation in the Default Network," *Social Cognitive and Affective Neuroscience* 11, 제2호, 2016, pp. 215-224.

6. 문학소설이 대중소설보다 정서적 역량을 증가시킨다는 연구 결과는 이미 많이 도출되었다. 대중소설처럼 편견이 강한 인물이 많이 등장하는 작품은 독자들로 하여금 남녀의 역할이나 인종 등 고정관념의 시각에서 대상을 바라보는 성향을 더욱 굳어지게 하는 데 비해, 문학소설은 단 몇 페이지만 읽어도 다른 사람의 감정을 인정하고 수용하는 역량을 증가시킨다. 보다 자세한 내용은 다음 자료를 통해 확인할 수 있다. 데이비드 카머 키드, 엠마누엘레 카스타노, "Reading Literary Fiction Improves Theory of Mind," *Science* 342, 제6156, 2013, pp. 377-380.

7. 싱어, 『사회생물학과 윤리』. 핑커, 『우리 본성의 선한 천사』.

8. 제프리 브레넌, 필립 페팃, "The Hidden Economy of Esteem," *Philosophy and Economics* 16, 2000, pp. 77-98.

9. 다니엘서 5:27(뉴 킹 제임스 버전). 욥기 31:6(뉴 킹 제임스 버전).

10. 낙관적인 판단이 지속되는 것은 아니다. 사람들은 나이를 먹을수록 이전에 갖고 있던 고정관념으로 회귀하는 성향을 보였다. 나이에 따른 뇌 기능의 축소 현상으로 볼 수 있다. 즉, 나이가 들면서 전두엽이 축소되면 고정관념과 편견이 더욱 강하게 굳어질 수 있다. 보다 자세한 내용은 다음 자료를 참고하기 바란다. 브랜든 스튜어트, 윌리엄 폰 하이펠, 가브리엘 라드반스키, "Age, Race, and Implicit Prejudice: Using Process Dissociation to Separate the Underlying Components," *Psychological Science* 20, 제2호, 2009, pp. 164-168.

11. 도덕적 믿음과 개인적 선호를 구분하는 자료는 매우 많다. 알프레드 J. 아이어, *Language, Truth and Logic*, 런던: 골란츠, 1936. 리처드 메르빈 헤어, *Moral Thinking: Its Levels, Methods, and Point*, 옥스퍼드: 클라렌든 출판사, 1981. 데이비드 흄, 『자연종교에 관한 대화』, 뉴욕: 밥스 메릴, 1947. 임마누엘 칸트, 『실천이성비판』, 메리 그레거 편집 및 번역, 케임브리지: 케임브리지 대학교 출판부, 1997. 임마누엘 칸트, 『순수이성비판』, 폴 가이어, 앨런 W. 우드 편집 및 번역,

케임브리지: 케임브리지 대학교 출판부, 1998. 임마누엘 칸트, 『도덕형이상학의
기초』, 메리 그레거 편집 및 번역, 케임브리지: 케임브리지 대학교 출판부, 1998. G.
E. 무어, *Principia Ethica*, 케임브리지: 케임브리지 대학교 출판부, 1903. 존 롤스,
『정의란 무엇인가』, 매사추세츠 주 케임브리지: 하버드 대학교 출판부, 1971.

12. 조슈아 그린, 『옳고 그름』, 뉴욕: 펭귄, 2013.

13. 니나 스트로밍거, 숀 니콜스, "Neurodegeneration and Identity," *Psychological
Science* 26, 제9호, 2015, pp. 1469-1479.

14. 제프리 M. 그리슨, "Mindfulness Research Update: 2008," *Complement
Health Practice Review* 14, 제1호, 2009, pp. 10-18.

15. 스탠퍼드 대학교 연구소에서는 기능적 자기공명영상(fMRI) 기법을 통해 마음
챙김을 바탕으로 한 스트레스 감소 및 인지 행동 치료, 침술 치료가 만성 허리
통증에 어떠한 영향을 미치는지 연구했다. 자세한 내용은 다음 자료를 참고하기
바란다. 잉 지앙 외, "Perturbed Connectivity of the Amygdala and Its
Subregions with the Central Executive and Default Mode Networks in
Chronic Pain," *Pain* 157, 제9호, 2016, pp. 1970-1978.

16. 리처드 J. 데이비드 외, "Alterations in Brain and Immune Function Produced
by Mindfulness Meditation," *Psychosomatic Medicine* 65, 제1호, 2004, pp.
564-570.

17. 파블로 브리뇰 외, "Treating Thoughts as Material Objects Can Increase or
Decrease Their Impact on Evaluation," *Psychological Science* 24, 제1호,
2012, pp. 41-47.

18. 샌디에이고 소재 캘리포니아 대학교 심리학 연구 팀에서는 무작위로 선발한
153명의 학부생을 세 개의 그룹으로 나누어 기억력 실험을 진행했다. 그 결과, 마음
챙김 수련에 참가한 그룹의 학생들은 그렇지 않은 나머지 두 그룹의 학생들보다
제시된 낱말을 (부정확하게) 훨씬 잘 기억하는 것으로 나타났다. 보다 심층적인
연구에서는 학생들을 두 그룹으로 나누어 한 그룹에게만 마음 챙김 명상 기법을
훈련하도록 했다. 그러자 훈련을 받은 학생들은 훈련받기 전보다 실제로 보지 않은
단어를 더 많이 떠올렸다.

19. '연민 명상'이라고 불리는 기법도 있다. 한 연구에 따르면 뇌의 반응은 감정적 신호에 훨씬 민감하게 반응하는 것으로 나타났다. 이 같은 연구 결과와 연민 명상 기법이 내면의 정서와 반응을 더욱 개선한다는 것이 사실로 입증된다면, 명상은 우리의 판단 장치를 수정하고 조절해 나가는 수단으로 사용될 수 있을 것이다. 보다 자세한 내용은 다음 자료에서 확인할 수 있다. 안투앙 루츠 외, "Regulation of the Neural Circuitry of Emotion by Compassion Meditation: Effects of Meditative Expertise," *PLoS One*, 제3호, 2008, pp. 1-10, 디지털 논문 고유식별자(doi): 10.1371/journal.pone.0001897.

20. 캐슬린 B. 루스틱 외, "Mindfulness Meditation Research: Issues of Participant Screening, Safety and Procedures and Researcher Training," *Advances in Mind-Body Medicine* 2, 제1호, 2009, pp. 21-30.

21. 지그문트 프로이트, 『정신분석 강의』, 뉴욕: 펭귄, 1995, pp. 8-9.

22. 매튜 리버만 외, "Putting Feelings into Words: Affect Labeling Disrupts Amygdala Activity," *Psychological Science* 18, 제5호, 2009, pp. 421-428.

23. 조너선 하이트에 따르면, 다른 사람의 감정과 판단에 동조하고자 하는 마음은 대인 관계의 핵심 요건이다. 보다 자세한 내용은 다음 자료를 참고하기 바란다. 조너선 하이트, 『바른 마음』, 뉴욕: 빈티지, 2013.

나를 함부로 판단할 수 없다

옮긴이 최윤영

한국외국어 대학교와 동 대학교 통번역 대학원 한영과를 졸업했다. 미국 방송국 보이스 오브 아메리카(Voice of America)와 유통 전문 마케팅 기업에서 번역가 및 컨설턴트로 일하다가 전문 번역의 세계로 들어서 영어 번역의 매력에 흠뻑 빠져 있다. 현재 출판 번역 에이전시 글로하나에서 영어 전문 번역가 및 기획자로 활동하며 좋은 외서를 소개하는 데 앞장서고 있다. 주요 역서로는 『큐레이터』 『역사를 바꾼 50가지 전략』 『행복한 결혼을 위한 2분 레시피』 『내추럴 뷰티 레시피』 등이 있다.

표지 그림 '다른 몸' 연작 중에서 틈새, 캔버스에 유채, 76x102cm. 샌디에이고-티후아나 국경 펜스 사이에서의 퍼포먼스 기록.

타인의 시선에서 자유로워지는 심리 수업

나를 함부로 판단할 수 없다

초판 1쇄 인쇄 2018년 8월 16일
초판 1쇄 발행 2018년 8월 22일

지은이 테리 앱터
옮긴이 최윤영
펴낸이 김선식

경영총괄 김은영
책임편집 임소연 **디자인** 황정민 **책임마케터** 최혜령, 김민수
콘텐츠개발4팀장 윤성훈 **콘텐츠개발4팀** 황정민, 임경진, 김대한, 임소연
마케팅본부 이주화, 정명찬, 최혜령, 이고은, 김은지, 유미정, 배시영, 기명리, 김민수
전략기획팀 김상윤
저작권팀 최하나, 추숙영
경영관리팀 허대우, 권송이, 윤이경, 임해랑, 김재경, 한유현
외주스태프 교정교열 임인선

펴낸곳 다산북스 **출판등록** 2005년 12월 23일 제313-2005-00277호
주소 경기도 파주시 회동길 357, 3층
전화 02-704-1724
팩스 02-703-2219 **이메일** dasanbooks@dasanbooks.com
홈페이지 www.dasanbooks.com **블로그** blog.naver.com/dasan_books
종이 (주)한솔피앤에스 **출력 · 인쇄** 민언프린텍 **후가공** 평창P&G **제본** 정문바인텍

ISBN 979-11-306-1868-5 (03180)

다산북스(DASANBOOKS)는 독자 여러분의 책에 관한 아이디어와 원고 투고를 기쁜 마음으로 기다리고 있습니다.
책 출간을 원하는 아이디어가 있으신 분은 이메일 dasanbooks@dasanbooks.com 또는 다산북스 홈페이지 '투고원고'란으로
간단한 개요와 취지, 연락처 등을 보내주세요. 머뭇거리지 말고 문을 두드리세요.